改正 府県制郡制註釈
【明治32年 第2版】

福井　淳　著

地方自治法研究
復刊大系〔第二一八巻〕

改正 府県制郡制註釈

〔明治三十二年第二版〕

日本立法資料全集　別巻
1028

信　山　社

明治卅二年三月公布

第二版

耕雲福井淳著

改正府縣制郡制註釋

大阪 積善館藏版

耕雲 福井淳著

改正 府縣制郡制註釋

大阪 積善館藏版

朕帝國議會ノ協賛ヲ經タル府縣制改正法律ヲ裁可シ茲ニ之ヲ公布セシム

御名御璽

明治三十二年三月十五日

内閣總理大臣　侯爵　山縣有朋

内務大臣　侯爵　西鄉從道

朕帝國議會ノ協贊ヲ經タル郡制改正法律ヲ裁可シ玆ニ之ヲ公布セシム

御名御璽

明治三十二年三月十五日

内閣總理大臣　侯爵　山縣有朋

内務大臣　侯爵　西鄉從道

緒言

府縣及郡ハ他ノ一方ヨリ見ルトキハ自治機關ナリ即チ府縣制並ニ郡制ニ依リテ一部分ノ自治ヲ許スニ至レリ其ノ名稱上ヨリ見レハ府縣郡ノ制度ハ此ノ両法律ニ於テ定マレルカ如シト雖モ此ノ両法律ノ規定スル所ハ只其ノ自治ニ關スル部分ノミニ屬ス而シテ府縣郡ノ自治ハ市町村ノ自治トハ其ノ範圍狹隘ニシテ財産上即チ府縣郡有財産ノ處分及管理ニ付テノミ之ヲ許シ府縣自ラ府縣令ヲ發シ郡自ラ郡令ヲ發スルコトヲ得ス是レ本來府縣ハ自治區畫ニアラスシテ行政區畫トシテ出テタルモノナレハナリ抑モ府縣制郡制共ニ明治二十三年五月ニ初メテ發布セラレ爾來之カ施行ナシツヽアリタルモ今回之ヲ改正シテ發布セラレタルモ自治ノ範圍ニ於テハ前ノ規定ト異ナルコトナシ只其改正ノ主要タル所ハ府縣制ニ在リテ

ハ選擧ノ資格ヲ改メ郡制ニ在リテハ大地主ヲ廢シタルカ如キニ止マルナリ蓋シ選擧ノ弊害ニ於テ大ニ見ル所アリタルニ因ルナリ聞ク郡制ハ當局者ニ於テ大ニ其ノ改正ノ必要ヲ見ルモ未タ十分ノ改正ヲ施スニ至ラス元來郡制ハ却テ府縣制ヲ摸範トシテ制定シ縣ニ比シ僅ニ其ノ自治ノ範圍ヲ擴張シタルニ過キス然リ而シテ郡ハ元ト一國行政ノ爲ニ出テ其ノ共同利益ヲ計ルカ爲ニ出テタルモノニアラサルモ尚ホ之ニ完全ナル自治ヲ許スヘキヤ否ヤハ一問題ナリ今尚ホ議論中ニ在ル乎是レ郡ニ自治ヲ許スノ多少ハ歷史上ノ由來ト地勢上ノ關係トニ由ルヘキモノニシテ郡制ハ斯クセサルヘカラストスル一定不變ノ理由アルニアラサレハナリ

明治三十二年夏五月

著者誌

府縣制講義目錄

目錄終

郡制講義目錄

目錄終

改正
府縣制郡制註釋

福井淳 著

總論

府縣制郡制ハ明治二十三年ニ發布セラレテ爾來《ジライ》實行《ジツカウ》セラレテ居リシモノナリ然ルニ今回《コンクワイ》之ヲ改正《カイセイ》セラレタルハ種々ノ点アレドモ其ノ主《オモ》トスル所ハ複選法ヲ廢シテ直選法トナシ大地主ノ制ヲ廢スルト云フニアリマス何故此等ノ規定ヲ廢《ハイ》スルカト云フニ複選制《フクセンセイ》ト云フモノハ下級團體《カキフダンタイ》即チ町村ノ公民權ヲ有スル者ハ全ク町村會議員ト爲ルコトヲ得マス其者ガ選ンデ出ス所ノモノナルガ故ニ縣會議員モ其選擧者《ソノセンキヨシヤ》タル者ハ自然ニ公民權ヲ有スル者ガ選擧者ト云フ如クニ成ッテ居リ選擧ノ上ニ大ニ弊害ガアルニ因ルナリ而シテ今回ノ改正ニ依リ直選法ヲ執《ト》レバ郡會ハ三圓以上ノ納税資格ヲ與ヘテ縣會議員ノ被選人《ヒセンニン》ハ十圓以上ノ資格ヲ與ヘテ郡會ニ於テハ三圓ノ納税義務《ノウゼイギム》アル者ヲ選擧者ノ資格トシテ被選人ハ五圓ノ納税義務アル者ヲ被選人ノ資格《シカク》ト爲シタリ斯ノ如ク爲シタル以上ハ最早《モハヤ》町村會ノ公民權ヲ有スル者モ一定ノ資格ナキ者ハ縣會議員ヲ選擧《センキヨ》スルコトナク又被選人ト爲ルコト

ヲ得ザルニ至ル即直選法ノ然ラシムル所ナリ
又大地主ヲ廢ンタル所以《ユエン》ハ此ノ大地主ノ制ハ今回複選法ヲ廢《ハイ》シテ直選制ト爲シタル以上ハ一定ノ直接《チヨクセツ》國税ヲ納ムル者ヲシテ選擧被選擧權ヲ享有《キヨウイウ》セシムルニ於テハ地主ノ利害ハ之ヲ議會ニ表彰《アラハ》シテ十分ナルヲ以テ更ニ地價一万圓以上ヲ有スル地主ニ限リ特別ノ參政權ヲ與フルハ毫モ其ノ必要ナキノミナラズ權利ノ分配上却《カヘツ》テ不權衡《フケンカウ》ヲ招クノ嫌《キラヒ》アルヲ以テナリ且大地主ニ關スル現行ノ郡制ノ規定《サダメ》タル甚ダ不完全ニシテ土地ノ所有ニ關シテ一定ノ年限ナク又其ノ所有ニ付テハ登記ヲ爲サシメサレハ一夜作ノ大地主トナリ依テ以テ競爭ヲ試ミルノ弊害《ヘイガイ》アルヲ以テナリト云フノ趣意《シユイ》ナリ
此ノ他ノ改正ハ選擧ノ手續等ニシテ即チ郡市町村ニ依テ選擧區ヲ設ケ選擧ノ競爭ガ一般ニ及ボサヌヤウニ据置《スヘオキ》名簿ノ制ヲ採リ其ノ弊ヲ防《フセ》ガントスルニアリ而シテ据置法ト云ヘハ郡ニ於テハ選擧名簿ヲ一度調製《テウセイ》シテ無事ニ經過スレバ其ノ議員ノ任期間《ニンキカン》ハ名簿ヲ据置クト云フ便宜法ナリ縣ニ於テハ名簿ヲ調製シテ一ケ年ヲ据置クト云フ法ヲ取リタル者ナリ尚ホ後ニ逐條註解《チクデウチウカイ》ノ下ニ於テ詳細ニ説明《セツメイ》スヘシ

第一章　總則

第一條　府縣ハ從來ノ區域ニ依リ郡市及島嶼ヲ包括ス

本條ハ府縣ノ區域《クイキ》ヲ定メタルモノナリ從來《ジユウライ》ノ區域ト云ヘバ三府四十三縣ニシテ此ノ區域ニハ郡市及ビ島嶼《タウシヨ》ヲモアルナリ即チ縣ノ下ニハ郡郡《グン》ノ下ニハ市及町村アルナリ而シテ府縣ト云フニハ地方官府トシテノ府縣ト地方團体トシテノ府縣トアリ地方官府トシテノ府縣ハ其ノ府縣内ニ普通《フツウ》行政ヲ施行《シカウ》スルノ機關《キツクワン》タリ其ノ官府タルノ性質《セイシツ》ニ至ッテハ中央官府ト異《コト》ナル所ナシ同ジク國家ノ機關《キクワン》トシテ國家ノ行政ヲ行《オコナ》フモノナリ只其ノ職權ノ範圍《ハンヰ》カ行政區劃《ククワク》ヲ超ユルコト能ハザルノミ

地方團体トシテノ府縣ハ市及ビ郡ノ上ニ在ル上級地方自治團体ニシテ公法人タルノ資格ヲ有ス然《シカ》レドモ其ノ自治ノ範圍《ハンヰ》ハ極《キハ》メテ狹隘《ヒマリ》ニシテ主ニ財政事務ニ關スルモノトス

第二條 府縣ハ法人トシ官ノ監督ヲ承ケ法律命令ノ範圍内ニ於テ其ノ公共事務並從來法律命令又ハ慣例ニ依リ及將來法律勅令ニ依リ府縣ニ屬スル事務ヲ處理ス

現行法ニ於テハ府縣ト云フモノハ法律ニ於テ法人ト認メタル明文ハナカリシニ今回ノ改正法ニ依リテ府縣モ法人郡モ法人ト云フコトヲ法律ニ規定シテ明カニシタルモノナリ而シテ此ノ法人ト云フコトハ最早今日ニ至テハ之ヲ説明スルノ必要ハナキモノヽ如クナレドモ茲ニ一言スレバ法人トハ法律ガ一ノ無形人ト看做スモノニシテ一個人ト同

一ノモノト見ルナリ其故ハ一個人同ジク權利ヲ有シ義務ヲ負擔スルヲ以テナリ而シテ從來ノ府縣制ハ府縣ノ行政郡ノ行政ト云フコトガ條項ニ設《マウ》ケテナキガ故ニ府縣郡ハ唯官制ノ一部ヲ以テ行政ノ處分ヲ爲セシガ今回ノ改正ニ於テハ本條ヲ規定シテ明ニ行政ノ事項ヲ規定セリ是レハ近來總テノ法律ガ發布ニナリテ府縣郡ニ於テ此ノ法律ト伴フテ總テノ事業ガ發達《ハツタツ》スルニ從ヒ衞生ニ勸業ニ教育《ケウイク》ニ山林ニ其他種々ノ事業ガ發達スルハ云フマデモナケレバ官ノ監督《カントク》ノ下ニアリテ法律命令ノ範圍《ハンイ》內ニ於テ公共ノ事務ヲナシ又幷ニ從來ノ法律命令又ハ慣例ニ依リ及將來ニ於テ法律命令ニヨリテ府縣ノ事務ヲ爲スベキモノト爲シタリ

玆ニ所謂《イハユル》官トハ國家ヲ指シテ云ヒ從來ノ法律命令トハ總《スベ》テノ法律規則命令ヲ云ヒ慣例トハ其ノ地方ノ習慣《シフクワン》ニテ官之ヲ認《ミト》メテ法律ト同一ノ効力ヲ有セシムル慣習法ヲ指スナリ

第三條　府縣ノ廢置分合又ハ境界變更ヲ要スルトキハ法律ヲ以テ之ヲ定ム

府縣ノ境界ニ涉リテ郡市町村境界ノ變更アリタルトキハ府縣ノ境界モ亦自ラ變更ス所屬未定地ヲ市町村ノ區域ニ編入シタルトキ亦

同シ

本條ノ處分ニ付財産處分ヲ要スルトキハ内務大臣ノ關係アル府縣郡市參事會及町村會ノ意見ヲ徴シテ之ヲ定ム但シ特ニ法律ノ規定アルモノハ此ノ限ニ在ラス

本條ハ府縣ノ廢置分合等ニ關スル規定ナリ

府縣ノ區域《イキ》ハ本ト自然ヨリ成《ナ》リタルモノニシテ之ニ依リテ初メ其ノ區域ヲ定メタルモノナレバ妄《ミダ》リニ之ヲ廢シ又ハ設置《セッチ》シ分合シ境界ノ變更ヲ爲スコトヲ得ザルナリ而シテ之ガ廢置分合等ヲ爲スノ必要生ジタルトキハ法律ヲ以テ之ヲ定ムレバ妨ゲナシ又府縣ノ境界ニ涉リテ即チ例ヘバ甲縣下ノ郡市町境界ノ變更ガ乙縣ニ渉ルトキハ府縣ノ境界モ自然ニ變更シテ從來甲縣ニ屬セシ郡市町村ノ境界ガ乙縣下ノ郡市町村ト爲ルニ至ルガ如シ

又從來何レノ區域《クヰキ》ニモ屬《ゾク》セザリシ土地ヲ市町村ノ區域ニ編入《ヘンニウ》シタル場合ハ府縣ノ境界《ケーカイ》ニ自然ニ變更ヲ來タスモノトナシタリ以上ノ變更ハ法律ノ規定ヲ待タズ自然ニ變更スルモノトス即チ町村制第四條ニ曰ク

第一項　町村ノ廢置分合ヲ要スルトキハ關係アル市町村會及ヒ郡參事會ノ意見ヲ聞

キ府縣參事會之ヲ議決シ內務大臣ノ許可ヲ受クベシ

第二項　町村境界ノ變更ヲ要スルトキハ關係アル町村會及ビ地主ノ意見ヲ聞キ郡參事會之ヲ議《ギ》決《ケツ》ス其數郡ニ涉《ワタ》リ若クハ市ノ境界ニ涉《ワタ》ルモノハ府縣參事會之ヲ議決ス

右ノ規定ハ法律ニ代ハルベキ効力アルモノナレバ法律ヲ以テ定ムルノ必要ナシ本條第三項ノ規定ハ府縣ノ廢置《ハイチ》分合又ハ變更ヲ為スニ付テ財產《ザイサン》處分即チ府縣ノ動產不動產等ノ處分ヲ為スベキノ必要アル場合ハ府縣郡市參事會及町村會ノ意見ヲ內務大臣ニ告知シタル上大臣ハ其意見ニ依リテ之ヲ定ムルコトヽ為シタリ然レドモ別段法律ノ規定ニヨリテ此ノ定メナキトキハ其法律ノ規定ニ依ルモノナリ

第二章　府縣會

第一款　組織及選擧

第四條　府縣會議員ハ各選擧區ニ於テ之ヲ選擧ス

選擧區ハ郡市ノ區域ニ依ル但シ東京市京都市大阪市其ノ他勅令ヲ以テ指定シタル市ニ於テハ區ノ區域ニ依ル

地方團体タル府縣ノ機關即チ其ノ活動ヲ為ス者ハ府縣會ナリ府縣會ハ府縣內ノ市及ビ郡ニ於テ選擧シタル議員ヲ以テ組織スルナリ而シテ之ヲ選擧スルニ其ノ選擧區ナルモ

ノガ定マリテアッテ各定リタル選擧區ヨリ之ヲ選出スルモノトシマス其ノ選擧區ハ郡市ノ區域ニ依テ之ヲ定メラレタリ例ヘハ一郡ヲ以テ一區トシ一市ヲ以テ一區ト爲スガ如シ但シ東京市、京都市大阪市ノ如キハ市ヲ區分シテ一區ヲ以テ一選擧區トナシタリ即チ大阪市ノ如キハ東區ヲ以テ一選擧區トナシ西區ヲ以テモ亦一選擧區ト爲シタルガ如シ

第五條 府縣會議員ハ府縣ノ人口七十萬未滿ハ議員三十人ヲ以テ定員トシ七十萬以上百萬未滿ハ五萬ヲ加フル毎ニ一人ヲ增シ百萬以上ハ七万ヲ加フル毎ニ一人ヲ增ス

各選擧區ニ於テ選擧スヘキ府縣會議員ノ數ハ府縣會ノ議決ヲ經內務大臣ノ許可ヲ得テ府縣知事之ヲ定ム

前項議員ノ配當方法ニ關スル必要ナル事項ハ內務大臣之ヲ定ム

本條ハ府縣會議員ノ定員及ヒ配當方法ニ關スル規定ナリ其定員ハ人口ニ割當テ人口七十万ニ滿タザル府縣ニ在テハ議員三十人トシ而シテ七十万以上百万未滿ノ人口アル府縣ハ五万ヲ加フル毎ニ議員ノ數一人ヲ增スコト、セリ然ルニ人口百万以上ニ在テハ七万ヲ加フル毎ニ一人ヲ增スモノトス

本條第一項ニ在テハ人口ノ總數ニ應シテ議員ノ總員ヲ規定シタルモノニシテ第二項ハ議員ノ總數定マリタル上ニテ之ヲ各選擧區ニ配當シテ各區ノ定員ヲ定メザルベカラザルモノトセリ而シテ各選擧區ニ於テ選擧スベキ府縣會議員ノ數ハ府縣會ノ議決ヲ經タル上內務大臣ノ許可ヲ得テ府縣知事之ヲ定ムトセリ

此ノ議員ヲ配當スルニ付テモ其方法ニ必要ナル事項ハ內務大臣ニ於テ之ヲ定ムルモノトシタルナリ

第六條　府縣內ノ市町村公民ニシテ市町村會議員ノ選擧權ヲ有シ且其ノ府縣內ニ於テ一年以來直接國稅年額三圓以上ヲ納ムル者ハ府縣會議員ノ選擧權ヲ有ス

府縣內ノ市町村公民ニシテ市町村會議員ノ選擧權ヲ有シ且其ノ府縣內ニ於テ一年以來直接國稅年額十圓以上ヲ納ムル者ハ府縣會議員ノ被選擧權ヲ有ス

家督相續ニ依リ財產ヲ取得シタル者ハ其ノ財產ニ付被相續人ノ爲シタル納稅ヲ以テ其ノ者ノ納稅シタルモノト看做ス

府縣會議員ハ住所ヲ移シタル爲市町村ノ公民權ヲ失フコトアルモ

其ノ住所同府縣內ニ在ルトキハ之カ爲其ノ職ヲ失フコトナシ
府縣會議員ノ選擧權及被撰擧權ノ要件中其ノ年限ニ關スルモノハ府縣郡市町村ノ廢置分合若ハ境界變更ノ爲中斷セラルヽコトナシ
左ニ揭クル者ハ府縣會議員ノ被撰擧權ヲ有セス其ノ之ヲ罷メタル後一箇月ヲ經過セサル者亦同シ
一　其ノ府縣ノ官吏及有給吏員
二　檢事警察官吏及收稅官吏
三　神官僧侶其ノ他諸宗教師
四　小學校教員
前項ノ外ノ官吏ニシテ當撰シ之ニ應セントスルトキハ所屬長官ノ許可ヲ受クヘシ
撰擧事務ニ關係アル官吏吏員ハ其ノ關係區域內ニ於テ被撰擧權ヲ有セス其ノ之ヲ罷メタル後一个月ヲ經過セサル者亦同シ
府縣ノ爲請負ヲ爲ス者又ハ府縣ノ爲請負ヲ爲ス法人ノ役員ハ其ノ府縣ノ府縣會議員ノ被撰擧權ヲ有セス

府縣會議員ハ衆議院議員ト相兼ヌルコトヲ得ス

府縣會議員ヲ選擧スル者ハ其ノ府縣内ノ市町村公民ニシテ市町村會議員ノ選擧權ヲ有シタル者ガ之ヲ選擧スル權アルモノトス其ノ選擧權資格《センキヨケンシカク》アル者ハ即チ左ノ如シ

一　府縣内市町村ノ公民タルコト故ニ其ノ府縣内ノ者ニ限リテ他府縣ノ者ニ非ザルコトヲ要ス

二　市町村會議員ノ選擧權ヲ有スルコト

三　其ノ府縣ニ於テ一年以來直接國税十圓以上ヲ納ムルコト

又被選擧權ノ資格アル者ハ即チ左ノ如シ

一　府縣内ノ市町村公民タルコト

二　市町村會議員ノ選擧權ヲ有シタル者

三　其ノ府縣内ニ於テ一年以來直接《イライチヨクセツ》國税年額十圓以上ヲ納ムル者トス

而シテ此ノ法律ニ於テ直接税ト云フハ如何ナル種類ヲ指スカハ追テ内務大臣ヨリ之ヲ定ムルモノトスレドモ現行《ゲンカウ》ノ法律ニ依レハ地租又ハ所得税《シヨトクゼイ》ヲ云フナリ

家督相續者ハ被相續人即チ前戸主ガ納メタル税ヲ以テ其ノ家督相續人ノ納税ト見做スベキヲ以テ相續人ハ今日相續シテ未ダ一回モ納税セザルモ選擧被選擧權ヲ有スル者ト

スルナリ
府縣會議員ハ他《タ》縣《ケン》ニ住所ヲ轉《テン》ジタルトキハ公民權ヲ失《ウシナ》フコトハ前ニ述ベタル如クナレドモ其移轉シタル住所ガ其同一府縣內ニ在ルトキハ其ノ權利ヲ失フコトナシトス
府縣會議員ノ選擧權及被選擧權ノ要件中其ノ年限ニ關スルモノトハ即チ其ノ府縣內ニ於テ一年以來直接國稅ヲ納メタル者トアルニ納稅スルコトガ滿一年ニ至ラザルトキハ其ノ資格ナキモノトナレドモ其ノ年限ノ不足ガ府縣郡市町村ノ廢置分合若クハ境界ノ變更ノ爲メニ中斷セラルヽコトナシトス例ヘハ甲縣ニ於テ六ケ月分納稅シタル後其甲縣ノ郡市町村ガ乙縣ノ區《ク》域《イキ》ニ編《ヘン》入《ニフ》セラレ或ハ其ノ甲縣ハ廢《ハイ》セラレタルヲ以テ乙縣內ニ於テ六ケ月ヲ納稅スレバ前ニ甲縣內ニ於テ納稅セル六ケ月ヲ合セテ一年トスルコトヲ得ルモノトス
府縣會議員ノ被選擧權ヲ有セズ即チ府縣會議員ト爲ルコトヲ得ザル者ハ左ノ四項ニ關係アル者トス
一　其ノ府縣ノ官吏是等ノ官吏ハ府縣ヲ管理スル者ナレバ府縣會議員ト爲リテ管理上反對ノ意見ヲ述ブルガ如キ不都合アレバナリ而シテ官吏ヲ罷メタル者ト雖モ一年ヲ經ザル中ニハ府縣會議員ト爲ルコトヲ得ザルナリ

二　檢事警察官吏及收稅官吏檢事等ハ公ノ秩序ヲ維持セザルベカラザルニ國ノ行政區劃《クワク》タル府縣ノ議政ニ參與シテ喙《クチバシ》ヲ容《イ》ルヽ如キハ時ニ弊害アルヲ以テナリ

三　神官僧侶其他諸宗敎師是等ノ者ハ宗敎上信仰者ノ爲メニ持論ヲ狂ル等ノコトナシトスベカラザルヲ以テナリ

四　小學校敎員敎育ニ從事スル者ハ常ニ兒童ノ智ヲ磨キ身ヲ修ムルコトニ深ク意ヲ留メザルベカラズ若シ議員ト爲ルトキハ敎育上ノ怠ルノミナラズ自然敎育上ニ諸種ノ弊害ヲ生ズルニ至レバナリ

選擧事務ニ關係アル官吏吏員ハ其ノ選擧ニ關係シタル區域内ニ於テハ被選擧權ヲ有セズトスルハ自身其ノ事務ニ關係スルニ因リ强テ選擧セシムルニ便ナルコトアルヲ以テ種々ノ弊害ヲ生ズルノ恐アルヲ以テナリ

府縣ノ爲メ請負ヲ爲ス者トハ例ヘバ公共ノ爲メ橋梁架設ノ請負ヲ爲スガ如キ又ハ府縣ノ建築物請負者ノ如キ是等ノ請負事業ヲ爲ス法人ノ役員即チ例ヘバ用達會社ノ取締役ノ如キ者ハ府縣ニ直接關係アル業務ヲ爲スモノナルヲ以テ是等ノ者ヲ選擧スルトキハ大ナル弊害ノ生ズル虞アルベキヲ以テナリ

第七條　府縣會議員ハ名譽職トス

府縣會議員ノ任期ハ四年トス
議員ノ定數ニ異動ヲ生シタル爲又ハ議員ノ配當ヲ更正シタル爲解任ヲ要スル者ハ抽籤ヲ以テ之ヲ定ム

府縣會議員ハ名譽職《メイヨショク》トス名譽職トハ無給ニテ其ノ事務ヲ取《ト》ルモノナリ故ニ相當《サウタウ》ノ財產アル者ニシテ一定ノ納稅ヲ爲ス者ヨリ選任スル所以ナリ何ヲ以テ府縣會議員ヲ名譽職ト爲スヤト云ハヾ其ノ府縣內ニ一年以上住居シテ相當ノ資格ヲ有スル者ナレバ其市ノ公ノ事務ニ從事スルハ一ノ義務ト看做シタルモノナリ
府縣會議員ノ任期ハ四年トシタルナリ舊法ニハ四年トシテ二ケ年每ニ其半數改選ヲ行ヒシモ之ヲ改メテ四ケ年ト爲シタルナリ
議員ノ定數《テイスウ》ニ異動《イドウ》ヲ生シタル爲メトハ其ノ選擧區《センキヨク》內《ナイ》ノ人口ニ增減ヲ生シタル等ノ時ヲ云フ此場合ニ於テ定數ノ如ク解任ヲ爲シ又各選擧區ノ配當方ヲ更正シタル爲メニ解任ヲ爲スコトアリ此ノ場合ニハ抽籤ノ方法ニ依テ之ヲ定ムルモノトス

第八條　府縣會議員中闕員アルトキ及府縣會議員ノ定數ニ異動ヲ生シタル爲又ハ議員ノ配當ヲ更正シタル爲議員ノ撰擧ヲ要スルトキハ三ケ月以內ニ之ヲ行フヘシ

補闕議員ハ其ノ前任者ノ殘任期間在任ス
補闕議員ヲ除ク外本條第一項ニ依リ撰擧セラレタル議員ハ次ノ改撰期マテ在任ス

府縣會議員ニ缺員《ケツヰン》アルトキトハ議員中死亡病氣等《シバウビヤウキトウ》ノ事故ノ爲メニ欠員ヲ生シタルガ如キ場合ナリ又前條第二項ノ如ク議員ノ定數ニ異動ヲ生シタルトキ又ハ議員ノ配當ヲ更正シタル爲メ議員選擧ノ必要《ヒツエウ》ヲ生シタル場合ノ如キハ三ケ月以内ニ選擧《センキヨ》ヲ行フヘキモノトセリ之ヲ議員ノ補缺選擧ト云フ
右ノ如ク補欠選擧ヲ行ヒ其當選者ハ前任者ノ殘期間議員タルモノトス即チ前任者四ケ年中一年若クハ二年間其任ニ在リシトキハ殘期ノ三年又ハ二年ノ間其任ニ在ルモノトス
補欠議員ノ外本條第一項ニ依リ選擧セラレタル者即チ府縣會議員ノ定數ニ異動ヲ生シタル爲メ又ハ議員ノ配當《ハイタウ》ヲ更正《カウセイ》シタル爲メ議員ノ選擧ヲ要《エウ》シテ當選シタル議員ナルニ於テハ次ノ改選期即チ四年ノ後ニ於テスル時期マデハ其任務ニ在ルモノトス

第九條　町村長ハ毎年九月十五日ヲ期トシ其ノ日ノ現在ニ依リ其ノ町村内ノ選擧人名簿二本ヲ調製シ其ノ一本ヲ十月一日マテニ郡長

ニ送付スヘシ
郡長ハ町村長ヨリ送付シタル名簿ヲ合シ毎年十月十五日マテニ其ノ選擧區ノ選擧人名簿ヲ調製スヘシ

選擧人名簿ヲ調製シ其ノ調製スルニ時期ナカルヘカラズ是レ本條ノ規定アリタル所以ナリ即チ本條ハ町村長ハ其管內ノ選擧人名簿ヲ二本調製スルコトヽシ其ノ時期ハ毎年九月十五日マテニ之ヲ調製スヘシトセリ而シテ其調製シタルモノハ其一本ハ各郡長ニ送付スヘク其一本ハ之ヲ保存スヘシ郡長ニ送付スルハ毎年十月一日マテトス
郡長ハ各町村ヨリ送付シ來タル人名簿ヲ合セテ毎年十月十五日マテニ選擧人名簿ヲ各選擧區ニ於テ調製スヘキナリ斯ノ如クシテ始メテ選擧人名簿ハ整頓シタルモノナリ

第十條　市長ハ毎年九月十五日ヲ期トシ其ノ日ノ現在ニ依リ十月十五日マテニ其ノ選擧區ノ選擧人名簿ヲ調製スヘシ

市長ハ自己《ジコ》ノ市內選擧區ノ選擧人名簿《センキヨシンメイボ》ヲ九月十五日ノ現在調査ニテ毎年十月十五日マデニ調製スルハ郡長ト同一ナリ而シテ市ニ於テハ其ノ調製スル人名簿ニ付テハ何本トノ定數ナク亦他ニ送付スヘキノ必要モナシ是レ市ハ獨立シテ調製スレハナリ

第十一條　選擧人其ノ住所ヲ有スル市町村外ニ於テ直接國稅ヲ納ム

ルトキハ九月十五日マテニ當該行政廳ノ證明ヲ得テ其ノ住所地ノ市町村長ニ屆出ツヘシ其ノ期限内ニ屆出ヲ爲サヽルトキハ其ノ納稅ハ選擧人名簿ニ記載セラルヘキ要件ニ算入セス

選擧人ハ納稅ニ依リ其ノ資格ヲ有スルコトハ前ニ述ベタルガ如シ而シテ選擧人ニ於テ住所地以外ノ市町村ニ於テ直接國稅ヲ納メ居ルコトアリ此ノ場合ニハ如何ト云フニ此場合ハ當該官廳即チ其ノ納稅シアル住所地外ノ行政廳ノ證明ヲ得テ其住所地ノ市町村長ニ屆出デザルベカラズ若シ之ヲ屆出デザルトキハ其ノ納稅額ハ選擧人名簿ニ記載セラレズシテ從テ資格ニ關スルノ不利益ナルコトアルベシ而シテ其ノ屆出ノ期限ハ九月十五日マデトス若シ期限マデニ屆出デザルトキハ假令屆出タリトモ其ノ効ナキモノトナル

第十二條　郡市長ハ十月二十日ヨリ十五日間其ノ郡市役所ニ於テ選擧人名簿ヲ關係者ノ縱覽ニ供スヘシ若關係者ニ於テ異議アルトキ又ハ正當ノ事故ニ依リ前條ノ手續ヲ爲スコト能ハスシテ名簿ニ登錄セラレサルトキハ縱覽期限内ニ之ヲ郡市長ニ申立ルコトヲ得此ノ場合ニ於テハ郡市長ハ其ノ申立ヲ受ケタル日ヨリ十日以内ニ之

ヲ決定スヘシ
前項郡市長ノ決定ニ不服アル者ハ府縣參事會ニ訴願シ其ノ裁決ニ不服アル者ハ行政裁判所ニ出訴スルコトヲ得
前項ノ裁決ニ關シテハ府縣知事郡市長ヨリモ亦訴訟ヲ提起スルコトヲ得
選擧人名簿ハ十二月十五日ヲ以テ確定期限トシ確定名簿ハ次年ノ十二月十四日マテ之ヲ据置クヘシ
府縣參事會ノ裁決確定シ又ハ訴訟ノ判決ニ依リ名簿ノ修正ヲ要スルトキハ郡市長ニ於テ直ニ之ヲ修正スヘシ
本條ニ依リ郡市長ニ於テ名簿ヲ修正シタルトキハ其ノ要領ヲ告示シ郡長ハ本人住所地ノ町村長ニ通知シ町村長ハ之ヲ告示スヘシ
確定名簿ニ登錄セラレサル者ハ選擧ニ參與スルコトヲ得ス但シ選擧人名簿ニ記載セラルヘキ確定裁決書若ハ判決書ヲ所持シ選擧ノ當日投票所ニ到ル者ハ此ノ限ニ在ラス
確定名簿ニ登錄セラレタル者選擧權ヲ有セサルトキハ選擧ニ參與

スルコトヲ得ズ但シ名簿ハ之ヲ修正スル限ニ在ラス

異議ノ決定若ハ訴願ノ裁決確定シ又ハ訴訟ノ判決アリタルニ依リ名簿無効トナリタルトキハ九月十五日ノ現在ニ依リ更ニ名簿ヲ調製スヘシ但シ名簿調製ノ期日マテニ選擧權ヲ失ヒタル者ハ名簿ニ登錄スル限ニ在ラス

前項名簿調製ノ期日縱覽修正及確定ニ關スル期限等ハ府縣知事ノ定ムル所ニ依ル

撰擧ニ付キ直接《チヨクセツ》ニ利害ノ關係《クワンケイ》ヲ有スル者ハ撰擧人、被撰擧人其他府縣參事會員府縣知事等ナリ是等ノ者ハ選擧人名簿ノ縱覽ヲ爲スコトヲ得ルモノトス即チ之ガ縱覽ヲ爲シテ異議《イギ》アルトキハ之ヲ訴《ウツタ》フルコトヲ得セシムルナリ而シテ其ノ縱覽《シウラン》ニハ期間アリテ十月二十日ヨリ十五日間トス此ノ期間內ニ縱覽ヲ爲サザレバ撰擧名簿ニ付テ苦情《クシヤウ》アルモ之ニ對《タイ》シテ最早異議ヲ訴フルコトヲ得ズ是レ其ノ關係者《クワンケイシヤ》ニ於テハ苦情ナキモノト看做スヲ以テナリ然レドモ已ムヲ得ザル塲合例ヘバ天災時變若クハ正當ナル事由アリテ前條ノ手續ヲ爲スコト能ハズシテ登錄名簿ニ登載セラレザル者ハ其正當ナル事由ヲ證明シテ其ノ區ノ郡長又ハ市長ヘ申立ヲ爲シテ其ノ記入ヲ受クベキナリ其ノ期間ハ縱覽期

間內ナラザルベカラズ此ノ申立ヲ受ケタル郡長又ハ市長ハ之ヲ受理セシ日ヨリ十日以內ニ其之ヲ許ト否トノ決定ヲ爲スベシ

郡長又ハ市長ニ於テ申立ヲ受ケ其ノ許否《キヨヒ》ノ決定《ケツテイ》ヲ與ヘタルトキ其ノ決定ニ不服《フフク》アル者ニハ必ズ之ニ從《シタガ》ハシメズシテ訴願《ソグワン》セシメ府縣參事會ニ於テ之ガ裁決《サイケツ》ヲナシ尚ホ不服アルニ於テハ行政裁判所ニ出訴セシムルコトヲ得セシメ十分ニ手ヲ盡シテ權利ヲ主張セシムルナリ

前項ノ裁決ニ關《クワン》シテハ獨《ヒト》リ選擧被選擧人ノミナラズ府縣知事郡市長モ之ガ訴訟《ソシヨウ》ヲ提起スルコトヲ許シタルナリ是レ同ジク關係者ナルヲ以テナリ

確定名簿トハ選擧人名簿ヲ關係者ニ縱覽セシメタル上之ニ付テ種々ノ手續ヲ經テ最早爲スベキ手續ナキニ至リタルモノヲ云フナリ而シテ之ヲ確定セシムルニハ十二月十五日ヲ以テ其ノ期限トセリ此ノ確定名簿ハ翌年ノ十二月十四日マテ之ヲ据置クモノトス

据置ト云フハ今回改正法ニ於テ始《ハジ》メテ設ケタル規定《キテイ》デアリマス之ヲ設ケタル所以ハ郡市町村ニ依テ選擧區ヲ設ケタルニ依リ競爭ノ一般ニ及ボサンコトヲ計リテ据置名簿ノ制ヲ以テ其弊ヲ防グト云フニアリ而シテ其ノ据置法トハ郡ニ置テハ選擧名簿ヲ一度調製シテ無事ニ經過スレバ其ノ議員ノ任期間ハ名簿ヲ据置クト云フ便且ツ簡單ナル手續

ヲ採《ト》リ縣ニ於テハ名簿《メイボ》ヲ調製《テウセイ》シテヨリ一ケ年ヲ据置クコトヽシタルナリ若シ名簿ノ修正《シウセイ》ヲ爲《ナ》シタルトキハ不服《フフク》ノ申立人ヲ始メ關係者ニ之ヲ知《シ》ラシムルノ必要ヲ生ズ是レ最初名簿ヲ縱覽セシメタル上ハ之ガ修正ヲ告示スベキハ當然ノ事ナリ而シテ告示方法ハ其ノ修正シタル要領卽チ大体ノ事ヲ告示シ郡長ハ之ヲ本人住所ノ地町村長ニ通知シ町村長ハ之ヲ告示スルモノトス

確定名簿ニ登載セラレテ始メテ撰擧被撰擧人ノ資格ハ確實トナルモノナリ之ニ付テハ議論《ギロン》ノアリシコトアリ或ル人自分《ジブン》ハ撰擧ノ資格アル者ナレバ未ダ確定《カクテイ》名簿ニ登載セラレザル前ニ撰擧ヲ人ニ托シテ旅行シタリ其ノ依託ヲ受ケタル者ハ乃チ其ノ選擧投票ヲ爲シタルニ後當選者ハ右旅行者ノ投票アリシヲ以テ無効ナルコトヲ主張スルニ至リ終ニ行政裁判所ニ訴ヘテ之ガ當否ノ判決ヲ受ケタルニ旅行者ノ投票ハ確定名簿ニ登載セラレザリシ者ナルヲ以テ無効トセラレタリ

斯《カヽ》ノ如《ゴト》クナレバ確定名簿ニ登錄《トウロク》セラレザルモノハ選擧權者ト認《ミト》ムベカラザルヲ以テ假令不服ノ申立中ニアリト雖モ決シテ其選擧ヲ爲スヲ得ズ然レドモ選擧權者ノ申立ガ正當ニシテ選擧人名簿ヘ記載セラルベシトノ府縣參事會ノ確定裁決書若クハ行政裁判所ノ判決書ヲ所持シ選擧ノ當日ニ投票所ニ到ル者ハ選擧ニ參與スルコトヲ得ルナリ

確定名簿ニ登載セラレタル者ニテモ選擧權ナキ者ナシト斷言スヘカラズ是レ調査上ノ疎《ソ》漏《ロ》ヨリ之レアルコトナリ而シテ此等ノ者ハ無論選擧ニ參與スルコトヲ得ザルナリ然レドモ其ノ名簿ハ別《ベツ》ニ之ヲ修正《シウセイ》スルニ及バズ是事實明了《メイレウ》ニシテ決シテ差支ナケレバナリ

郡市長ニ於テ異議ノ申立ニ對シテ決定ヲ與ヘ若クハ府縣參事會ニ於テ訴願ノ裁決ヲ爲シ其裁決ガ確定シ又ハ行政裁判所ノ裁判ノ判決アリタルニ依リテ名簿ノ登錄ガ無效ト爲リタルトキハ更ニ名簿ノ調製ヲ爲サヽルベカラズ此名簿ハ九月十五日ノ現在調ニヨルモノトス然レドモ名簿調製《メイボテウセイ》ノ期日マデニ選擧權ヲ失《ウシナ》ヒタル者ハ名簿ニ登錄スルニ及バザルハ勿論ナリ

前項ニ依リ名簿ガ無效ト爲リタル場合ニ其ノ名簿調製ノ期日縱覽修正及ヒ確定ニ關スル期限ヲ定ムルハ府縣知事《フケンチシ》ノ職權ニ在ルモノトシタリ是レ如何《イカ》ナル日時ニ於テ名簿ガ無《ム》效《カウ》トナルカヲ豫《アラカジ》メ定ムルコトヲ得ザルヲ以テ即チ行政官ニ一任シタル所以ナリ

第十三條　府縣會議員ノ選擧ハ府縣知事ノ告示ニ因リ之ヲ行フ其ノ告示ニハ選擧ヲ行フヘキ選擧區投票ヲ行フヘキ日時及選擧スヘキ議員ノ員數ヲ記載シ選擧ノ日ヨリ少クトモ二十日前ニ之ヲ發スヘ

シ

府縣會議員ヲ選擧《センキヨ》スルハ府縣知事ノ告示《コクシ》ニ依ルモノトス而シテ知事ハ如何《イカ》ニシテ告示ヲ爲スカニ至テハ其選擧ヲ行フベキ選擧區投票ヲ行フベキ日時及ビ選擧スベキ議員ノ員數《ヰンスウ》ヲ記載シテ選擧ノ當日ヨリ少クトモ二十日以前《イゼン》ニ之ヲ發表《ハツペウ》スベシトス是レ二十日以前トスルハ其選擧人ニ於テ各々用意ヲ爲スベキ猶豫ヲ與ヘタルモノナリ

第十四條 府縣會議員ノ撰擧ハ郡市長之ヲ管理ス

府縣會議員ノ選擧ニ關《クワン》スル事務ヲ管理スル者ナカルベカラズ本條ハ此ノ責任者《セキニンシヤ》ヲ郡市長ニ負ハシメタルナリ選擧ノ事務ハ公明止大ナルコトヲ主トスレバ郡市長ヲシテ其責任ニ當ラシメバ此ノ主旨ヲ貫徹スルコトヲ得ルモノト爲スニ因ルナリ

第十五條 投票所ハ市役所町村役場又ハ市町村長ノ指定シタル場所ニ於テ之ヲ設ケ市町村長其ノ事務ヲ管理ス

前項投票所ハ市町村長ニ於テ撰擧ノ日ヨリ少クトモ五日前ニ之ヲ告示スヘシ

特別ノ事情アル地ニ於テハ命令ヲ以テ二箇以上ノ投票所ヲ設ケ其ノ投票ニ關シ特別ノ規定ヲ設クルコトヲ得

選擧投票所《トウヘウシヨ》ヲ定ムルモ必要ナリ其ノ投票所遠隔《エンカク》ノ地ナルトキハ費用《ヒヨウ》ト不便トニ堪ヘザルコトアヲベキヲ以テナリ本條ハ投票所ヲ市役所及ビ町村役場トナシタリ而シテ市町村役場ノミニ限ルモノトセバ前ニ述ベタル困難ヲ生ズルヲ以テ之ヲ定ムルニ付テハ一ニ市町村長ニ任セ隨意ノ場所ヲ指定スルノ權ヲ與ヘタリ尙ホ市町村長ニ在テハ投票所ニ於ケル事務ヲ管理スルノ責任ヲ負ハシメタリ

投票所ハ市町村長ニ於テ選擧當日《センキヨタウジツ》ヨリ五日前ニ選擧人ニ知《シ》ラシムル爲メ之ヲ告示スベシ是レ前ニモ述ベタル如ク選擧人ハ各々業務繰合ノ都合モアレバ突然ニ告示シテ當該セシメザルヤウ自由ヲ與ヘタルモノナリ

投票所ニ就テ不便ナルカ或《アルヒ》ハ其特別ナル事情《ジトヤウ》ノアツテ一ヶ所ノ投票所ニテ不都合《フツガフ》ナリトスルトキハ便宜二個以上ノ投票所ヲ設ケ且投票ニ關シテ特別ナル規定ヲ設ケルコトヲ得ルモノトス

第十六條　市町村長ハ臨時ニ其ノ管理スル投票區域內ニ於ケル選擧人中ヨリ投票立會人二名乃至四名ヲ選任スヘシ
投票立會人ハ名譽職トス

選擧事務ハ市町村長ニ於テ之ヲ管理スルモノナレバ選擧人ガ選擧場ニ於テ投票ヲ爲ス

場合ニハ市町村長ニ於テ臨時ニ會場ニ於テ其管理スル投票區域內ニ於ケル選擧人中ヨリ投票立會人二名乃至四名ヲ選任スベキナリ是レ選擧ノ公明正大ナランコトヲ望ムニアルナリ故《ユヘ》ニ選擧人中ヨリ之ヲ立會《リツクワイ》セシメテ不公平《フコウヘイ》ナキ樣注意スベキ所以ナリ投票立會人ハ名譽職トス蓋シ市村町公民ノ爲メニ公明正大ヲ謀ルニ在リテ全ク其時限リノモノナルトニ因リ被選人ノ側ヨリ云フモ敢テ給料等ヲ望ムコトハ情誼ニ於テモ之レナキモノトスルニ因ルナラン

第十七條　選擧人ノ外投票所ニ入ルコトヲ得ス但シ投票所ノ事務ニ從事スル者投票所ヲ監視スル職權ヲ有スル者ハ此ノ限ニ在ラス
選擧人ハ投票所ニ於テ協議又ハ勸誘ヲ爲スコトヲ得ス

投票ニ關係《クワンケイ》ナキ卽チ選擧人ノ外ハ投票所《トウヘウショ》ニ立入ルコトヲ禁《キン》ズルナリ是レ投票ハ他人ニハ成ルベク漏レヌ樣爲スト且ツ選擧場混雜ナカラシメンガ爲メナリ然レドモ選擧人外ノ者ト雖モ投票所ニテ選擧ノ事務ニ從フ者及ビ之ガ監視ヲ爲スモノハ職務上入場スルコトヲ得ベキハ當然ナリ
投票所ニ於テハ選擧人相互ニ選擧ノ事ニ付テ協議シ又ハ何某ヲ選擧セヨト云フガ如キ勸誘ヲ爲スコトヲ許サズ若シ之ヲ許スニ於テハ自然競爭等ノ弊ヲ生ジ選擧場ヲ騷擾シ

秩序《チツジヨ》ヲ害《ガイ》シ取締上ニ關係スルヲ以テナリ

第十八條　選擧ハ投票ニ依リ之ヲ行フ

投票ハ一人一票ニ限ル

選擧人ハ選擧ノ當日自ラ投票所ニ到リ選擧人名簿ノ對照ヲ經投票簿ニ捺印シ投票スヘシ

選擧人ハ投票所ニ於テ投票用紙ニ自ラ被選擧人一名ノ氏名ヲ記載シテ投函スヘシ

投票用紙ニハ選擧人ノ氏名ヲ記載スルコトヲ得ス

自ラ被選擧人ノ氏名ヲ書スルコト能ハサル者ハ投票ヲ爲スコトヲ得ス投票用紙ハ府縣知事ノ定ムル所ニ依リ一定ノ式ヲ用ウヘシ

選擧方法ニ付テハ古來各國種々《コライカクコクシユヽ》ニ渉《ワタ》リテ或ハ指名選擧ニシ或ハ投票選擧《センキヨ》トシ又ハ投票選擧ヲ無記名トシ記名投票トスル等ナリ而シテ何レモ一利一害アルヲ免ガレザルハ事ノ數ナリト雖モ本法ノ如キハ選擧ハ投票ニシ又單記投票ニシテ一人一票ニ限ルモノトセリ茲ニ本法ノ規定ニ付テノ利害ハ敢テ論セズ只條文ノ意義ニ就テ説明スベシ

本條第一項ハ選擧ハ指名トセズ投票ニ依リテ之ヲ行フモノトス而シテ其ノ投票ヲ爲ス

ニハ單記《タンキ》ニシテ一人ガ一票《ヘウ》ヲ爲スモノトス即チ一個ノ投票ニ數名《スウメイ》ノ被選擧人ヲ記載スルコトヲ得ズ

又選擧人ハ選擧ヲ爲スニハ代人ヲ以テ爲スコトヲ許サズシテ尚ホ其ノ當日ハ必ズ投票所ニ到リ先ヅ選擧人名簿ノ對照ヲ經テ相違ナキコトヲ確メテ而シテ後チ投票簿ニ捺印シ投票スルコトヽス

選擧人ハ投票《トウヘウ》ハ如何ニシテ爲《ナ》スベキヤト云フニ投票所ニ於テ投票用紙ニ自分《ジブン》ニ筆《フデ》ヲ執リテ被選擧人一名ノ氏名ヲ記載シテ之ヲ投票函ノ中ヘ投ズベシ

投票用紙ニハ選擧人ノ氏名ヲ記載スルコトヲ得ズトセリ此ノ方法ハ所謂無記名投票ニシテ無記名投票ノ法ヲ執《ト》リシハ常《ツネ》ニ恩儀《オンギ》アル人亦ハ親キ友人及ビ親族等ノ爲メニ情實ニ拘束サレズ自由公平ニ自己ノ信ズル所ノ人ヲ投票セシムルニ在リ若シ之ヲ記名投票ニシテ撰擧人ノ氏名ヲ記載スルコトヽセバ自己ノ意思ニナキモ情實ニ繫レテ約束シタル人ヲ必ズ投票スルノ止ムヲ得ザルニ至リ遂ニ意ヲ枉ゲテ公明正大ノ投票ヲ爲スコト能ハザルノ弊害ヲ生ズルヲ以テナリ

自ラ被選擧人ノ氏名ヲ書スルコト能ハザル者ハ投票ヲ爲スコトヲ得ズトスルハ其ノ投票ニ錯誤ナキヲ防ギ且ツ代書セシメタル投票ノ如キハ信憑ナキモノトスルニ因ルナリ

投票用紙ハ何紙ニ書スルモ妨ケナシトスルハ乱雑ニ渉リ形式ヲ失フニ至ルヲ以テ一定ノ形式ニ依リ鄭重《テイチヤウ》ヲ主《シユ》トシタルナリ

第十九條　投票ノ拒否ハ投票立會人之ヲ議決ス可否同數ナルトキハ市町村長之ヲ決スヘシ

本條ハ投票ノ有効無効《イウコウムカウ》ニ付テ議決スベキ塲合ヲ規定《キテイ》シタルナリ第二十七條ニ依レバ投票ノ有効無効ハ一目判然スルモノヽ如シト雖モ或ハ其中ニハ其ノ是非ノ決シ難キモノナシトセズ此ノ塲合ニハ投票立會人ハ其ノ投票ヲ許スベキヤ否ヤニ付之ヲ議決スベシ此ノ議決ニ付テ可否《カヒ》即チ之ヲ許《ユル》スベキトスル者ト之ヲ許スベカラザルトスル者トノ數ガ同一ナルトキハ如何ニスベキヤト云フニ此ノ塲合ハ市町村長之ヲ決スベシトセリ

第二十條　市町村長ハ投票錄ヲ製シ投票ニ關スル顚末ヲ記載シ投票立會人ト共ニ之ニ署名スヘシ

投票ヲ終《ナハ》リタラバ其ノ顚末《テンマツ》ヲ記載《キサイ》シ投票錄ヲ製スル等《トウ》ノ處理《シヨリ》ヲ爲サヾルベカラズ而シテ之ヲ爲ス者ハ何人ナルヤヲ定メ置カザルベカラズ本條ハ此等ノ事務ハ市町村長ニ於テ之ヲ爲《ナ》スベキモノトス之ヲ調製《テウセイ》シタルトキハ投票立會人ト共ニ之ニ署名シテ其ノ調製者タルコトヲ表示ズベシ

第二十一條　投票ヲ終リタルトキハ町村長ハ其ノ指定シタル投票立會人ト共ニ直ニ投票函及投票錄ヲ撰擧會場ニ送致スヘシ

投票ヲ終《ヲハ》リタルトキハ町村長ハ直チニ投票函及ヒ投票錄《トウヘウロク》ヲ選擧會場ニ送致《ソウチ》スベシ選擧會場ハ即チ郡役所ナリ之ヲ送致スルトキハ選擧立會人モ亦同ク選擧會場ニ行クベシ町村ニ於テハ此等ノ手續ヲ爲スハ市ト異ニシテ選擧會場ハ別ニ郡役所ニアレバナリ市ハ選擧區ニシテ之ヲ送致スルノ必要ナケレバナリ

第二十二條　島嶼其ノ他交通不便ノ地ニ對シテハ府縣知事ハ適宜ニ其ノ投票期日ヲ定メ選擧會ノ期日マテニ其ノ投票函ヲ送致セシムルコトヲ得

島嶼《トウヨ》其他ノ交通《カウツウ》不便ナル土地ニ於テハ特別《トクベツ》ナル規定ヲ設《マウ》ケザレバ一般《パン》ノ規定ニ從フベキコト能ハザルハ勿論ナリ是レ本條ノ規定アル所以ナリ

第二十三條　選擧會ハ郡役所市役所又ハ郡市長ノ指定シタル場所ニ於テ之ヲ開クヘシ

前項選擧會ノ場所ハ郡市長豫メ之ヲ告示スヘシ

選擧會ハ何《イツ》レニ於テ開《ヒラ》クベキヤヲ定メ置クハ必要《ヒツエウ》ナルベシ本條ハ郡役所市役所又ハ郡

市長ノ指定シタル場所ニ於テ之ヲ開クモノトス是レ郡役所及ヒ市役所ハ各選擧區タルヲ以テナリ而シテ郡役所又ハ市役所ニ於テ開クコト能ハザルトキハ郡市長ニ於テ相當ノ場所ヲ指定スベキモノトス

選擧會場ヲ定メタルトキハ何《イツ》レニ定《サダマ》リタルヲ問ハズ郡市長ニ於テ之ガ告示《コクジ》ヲ爲サヽルベカラズ

第二十四條　郡長ハ各投票所ヨリ參會シタル投票立會人ノ中ヨリ抽籤ヲ以テ選擧立會人二名乃至六名ヲ定ムヘシ

市長ハ選擧人中ヨリ選擧立會人二名乃至六名ヲ撰任スヘシ

選擧立會人ハ名譽職トス

郡長ハ各投票所ヨリ參會《サンクワイ》シタル投票立會人中ヨリ抽籤《チウセン》ヲ以テ選擧立會人ヲ選定スベシ而シテ其ノ實數ハ二名以上六名以下トス此ノ選擧立會人ハ何ノ爲メナルヤト云フニ投票立會人ノ如ク選擧ノ公明正大ヲ保ツニ於テ此ノ選擧會ニ立會ヒ監視スルニアリ

市ノ選擧區ニ於ケル選擧立會人ヲ選任《センニン》スルニハ市長ハ選擧人中ヨリ之ヲ選任《センニン》スルモノトス而シテ市ニ於テハ前項ト異ナリテ投票立會人ニ限ラザルハ投票立會人ノ外尙ホ選擧人ノアルヲ以テ選擧人ノ中ヨリ之ヲ選任スルヲ適當者ヲ得ラルヽトシタルニ因ルナ

リ又選任ノ方法ニ於テモ市ニ於テハ市長之ガ選任ヲ爲スノミニシテ抽籤等ノ方法ニ依ラザルハ是レ選擧人中ヨリ始メテ選任スルニ在ルヲ以テ其人物ヲ選ブノ必要アルモ郡長ノ場合《バアヒ》ニハ各町村長ニ於テ選任《センニン》シタル投票立會ナルヲ以テ同等ノ人物《ジンブツ》ト見做スヲ得ベキヲ以テ抽籤《チウセン》ノ方法《ハウハフ》ニ依ルモノナラン

選擧立會人ハ名譽職トスル所以ハ前ニモ述ベタル理由ナレバ説明ヲ要セズ

第二十五條　郡市長ハ選擧長ト爲リ郡ニ於テハ投票函ノ總テ到達シタル翌日市ニ於テハ投票ノ翌日選擧立會人立會ノ上投票函ヲ開キ投票ノ總數ト投票人ノ總數トヲ計算スヘシ若投票ト投票人トノ總數ニ差異ヲ生シタルトキハ其ノ由ヲ選擧錄ニ記載スヘシ但シ場合ニ依リ選擧會ハ郡ニ於テハ投票函到達ノ日市ニ於テハ投票ノ日之ヲ開クコトヲ得

前項ノ計算終リタルトキハ選擧長ハ選擧立會人ト共ニ投票ヲ點檢スヘシ

選擧ノ事ハ行政上《ギヤウセイジヤウ》ノ事務ナルヲ以テ其ノ事務《ジム》ヲ管理《クワンリ》スル郡市長ハ選擧長ト爲ラザルベカラズ而シテ選擧長ハ選擧事務ヲ總理シ郡ニアリテハ町村ヨリ投票函ヲ送致シ來ルヲ

以テ投票函ノ集リタル翌日ヲ以テ投票ノ点數ヲ計算セザルベカラズ又市ニ在テハ市ニ於テ投票《トウヘウ》ヲ爲スヲ以テ投票ノ翌日《ヨクジツ》ヲ以テ其点數ヲ計算《ケイサン》セザルベカラズ此ノ点撿《テンケン》ノ方法幷ニ手續ハ選擧立會人ヲシテ立會ハセシメタル上ニテ投票函ヲ開キ投票ノ總數ヲ投票人ノ總數ト符合スルヤ否ヤヲ点撿スルニアルナリ此ノ場合ニ其ノ總數ガ符合セザルトキハ其事ヲ選擧錄ニ記載スルニアリ然レドモ必ズシモ右ニ述ベタル如ク爲スモノトセズ場合ニ依リテ選擧會ハ郡ニ於テハ投票函到達ノ日市ニ於テハ投票ノ日之ヲ開クコトヲ得《ウ》ルモノトス是レ其手續ガ完備《クワンビ》シテ翌日ヲ待《マ》ツノ必要《ヒツエウ》ナキニ因ルナリ

右ノ如ク投票ノ計算ガ終リタルトキハ選擧長ハ選擧立會人ト共ニ投票ヲ点撿スベシトス

第二十六條　撰擧人ハ其ノ選擧會ニ參觀ヲ求ムルコトヲ得

選擧人ハ選擧ヲ爲シタル結果ヲ速ニ知ヲント欲スルハ當然ノ事ナリ故ニ參觀シテ選擧會ノ行《オコナ》フベキ点撿等《テンケントウ》ヲ知リテ自己ノ選擧《センキヨ》シタル議員ガ當選セシヤ否《イナ》ヤヲ知ルヲ望ム而シテ此參觀ヲ求ムルハ選擧長ニ爲スベキハ當然ナリ

第二十七條　左ノ投票ハ之ヲ無效トス

一　成規ノ用紙ヲ用ヰサルモノ

二　一投票中二人以上ノ被撰擧人ヲ記載シタルモノ
三　被撰擧人ノ何人タルヲ確認シ難キモノ
四　被選擧權ナキ者ノ氏名ヲ記載シタルモノ
五　被選擧人ノ氏名ノ外他事ヲ記入シタルモノ但シ爵位職業身分住所又ハ敬稱ノ類ヲ記入シタルモノハ此ノ限ニ在ラス

本條ハ投票《トウヘウ》ガ無効《ムカウ》ニ皈《キ》スル場合ヲ列記《レツキ》シタルモノナリ即チ一ヨリ五ニ至ル事項ニ付テ説明セバ左ノ如シ

一　成規ノ用紙ヲ用ヰサルモノ　投票用紙ハ府縣知事ノ定ムル處ニヨリ一定ノ式ヲ用ヒザルベカラズ然ルニ他ノ用紙ニ記入シタルモノハ形式ニ從ハザルモノナレバナリ

二　一投票中《トウヘウチウ》二人以上ノ被選擧人《ヒセンキヨニン》ヲ記載《キサイ》シタルモノ　投票ハ單記《タンキ》ニシテ一票ニ一人ノ被選擧人ヲ記載スベキモノト定メタルヲ以テ必ズ一人ニ限ルベキナルニ二人以上ノ被選擧人ヲ記載シタルハ是亦投票ノ方式ニ違フタルモノナレバ無効タルベシ

三　被選擧人ノ何人タルヲ確認シ難キモノ　投票用紙中ニ記名シタルモ文字不明瞭ニシテ讀ミ難キモノ又ハ文字ハ讀ミ得ルモ氏名ニ誤リアリテ何人ナルヤヲ確ニ認

メルコトノ出來ヌモノヲ云フ

四　被選擧權ナキ者《モノ》ノ氏名ヲ記載《キサイ》シタル者　被選擧人タル資格《シカク》ノナキ者ヲ選擧《センキヨ》スレハ無效ナルコト論《ロン》ヲ俟《マ》タズ

五　被選擧人ノ氏名ノ外他事ヲ記入シタルモノ但シ爵位職業身分住所又ハ敬稱ノ類ヲ記入シタルモノハ此限ニアラズ　投票ハ被選擧人ノ氏名ヲ記載スルノミニシテ他事《タジ》ヲ記載《キサイ》スルトキハ無效《ムカウ》トス而シテ他事トハ無用ノ事項ナリ例《タト》ヘバ何某ヲ選擧《センキヨ》致シ候トカ是非トモ當選ナル樣トカ記載スルガ如キコトヲ書シ又ハ何君ノ爲樣ヲ選擧ストカ何某ノ無言《ムゴン》議員ヲ選擧スルトカノ如キ不敬《フケイ》ノ文字ヲ記載スルガ如キハ選擧會ノ尊嚴ヲ破ルヲ以テ之ヲ無效トスヘキナリ然レドモ尊敬ノ主意タル爵位職業身分住所又ハ何某殿閣下何某博士何某君ト書スルガ如キ文字ヲ記載スルハ無効ト爲サズ併シナガラ他事ヲ書スルハ必要ニアラザルヲ以テ成ルベク記入セザルニ如カズ

第二十八條　投票ノ效力ハ選擧立會人之ヲ議決ス可否同數ナルトキハ選擧長之ヲ決スヘシ

選擧ノ有効無効ヲ決スルハ實ニ重大ノ事件タルモノニシテ輕卒ニ爲スベカラザルハ固

ヨリナレバ投票ノ効力ヲ決スルハ鄭重ニ注意ヲ加ヘ之ヲ調査決定スベキナリ若シ選擧立會人ニシテ可否《カヒ》即チ有効トスル者ト無効トスル者トガ同數《ドウスウ》ナルトキハ選擧長ノ意見《イケン》ニ從ヒ選擧長ニ於テ之ヲ決スベキモノトス蓋シ選擧長タル者ハ公平無私ナルモノトシテ此ノ權限ヲ與ヘタルナリ

第二十九條　府縣會議員ノ選擧ハ有效投票ノ最多數ヲ得タル者ヲ以テ當選トス投票ノ數相同キトキハ年長者ヲ取リ同年月ナルトキハ選擧長抽籤シテ其ノ當選者ヲ定ム

同時ニ補闕員數名ヲ選擧スルトキハ投票ノ數多キ者、投票ノ數相同キトキハ年長者ヲ以テ殘任期ノ長キ前任者ノ補欠ト爲シ同年月ナルトキハ選擧長抽籤シテ之ヲ定ム

府縣會議員ノ選擧ハ有効ノ投票最モ多數ヲ得タル者ヲ以テ當選者ト定ムルナリ即チ此ノ者ハ第一ニ公衆ノ望ミヲ屬スル人ニシテ所謂輿論ノ歸スル所ナリト謂フベシ然レドモ投票《トウヘウ》ノ數相同ジキトキハ年長者《テンチヤウシヤ》ヲ取リ同年月ノ生レナルトキハ選擧長ガ抽籤《チウセン》シテ其ノ籤ヲ抽《ヒ》キタル者ヲ當選者ト定ムルナリ補《ホ》欠員數《ケツ井ンスウ》名ヲ選擧スルトキハ其ノ投票ノ數多キモノハ補欠殘任期ノ長キモノ、補欠ト爲シ又投票ノ數ガ同一ナルトキモ年長者ニ殘

任期ノ長キモノヲ與フルコトヽ為シタリ而シテ同年月ナルトキハ止ヲ得ズ選擧長タルモノハ抽籤ノ方法ニヨリテ之ヲ定ムベキコトヽス

本條ノ規定《キテイ》ノ場合ノ如《コト》キハ往々《ワウ〳〵》之レアルヿニシテ此ノ如キ場合《バアヒ》ハ豫《アラカジ》メ法律ノ規定ナキニ於テハ實際ニ當リテ紛爭ヲ生ズルナリ是レ本條ノ規定アル所以トス

第三十條 選擧長ハ選擧錄ヲ製シテ撰擧ノ顚末ヲ記載シ選擧ヲ終リタル後之ヲ朗讀シ撰擧立會人二名以上ト共ニ之ニ署名シ投票撰擧人名簿其ノ他關係書類ト共ニ選擧ノ效力確定スルニ至ルマテ之ヲ保存スヘシ

選擧錄ヲ保存スルハ後日ニ選擧ノ顚末ヲ證明スルニ必要ニシテ且選擧ノ取消サルヽ場合モアルヲ以テナリ故ニ選擧長《センキヨチヤウ》ハ選擧錄ヲ製《セイ》シテ選擧ノ顚末《テンマツ》ヲ記載《キサイ》シ選擧ノ終リタル後選擧立會人ノ面前《メンピン》ニ於テ之ヲ朗讀《ラウドク》シ若シ誤謬《コビヤウ》アラバ選擧長自ラ之ヲ訂正《テイセイ》シ立會人二名以上ノ者ト共ニ之ニ署名セザルベカラズ而シテ此選擧錄ヲ保存スルニハ投票人名簿及選擧人名簿其他之ニ關係セル書類ト共ニ保存スベシ且其時期ハ選擧ガ確定シテ被選擧人ノ確定スルニ至ルマデトス

第三十一條 選擧ヲ終リタルトキハ選擧長ハ直ニ當選者ニ當選ノ旨

ヲ告知シ同時ニ選擧錄ノ寫ヲ添ヘ當選者ノ住所氏名ヲ府縣知事ニ報告スヘシ

當選者當選ノ告知ヲ受ケタルトキハ十日以內ニ其ノ當選ヲ承諾スルヤ否ヲ府縣知事ニ申立ツヘシ

一人ニシテ數選擧區ノ選擧ニ當リタルトキハ最終ニ當選ノ告知ヲ受ケタル日ヨリ十日以內ニ何レノ選擧ニ應スヘキカヲ府縣知事ニ申立ツヘシ

定期改選增員選擧補欠選擧等ヲ同時ニ行ヒタル場合ニ於テ一人ニシテ其ノ數選擧ニ當リタルトキハ前項ノ例ニ依ル

前三項ノ申立ヲ其ノ期限內ニ爲ササルトキハ當選ヲ辭シタルモノト看做ス

第六條第七項ノ官吏ニシテ當選シタル者ニ關シテハ本條ニ定ムル期間ヲ二十日以內トス

選擧ヲ終《ヲハ》リタルトキハ選擧長ハ直《タヽチ》ニ當選者ニ當選《タウセン》シタルコトヲ通知セザルベカラズ是レ選擧會ニ出席セザル當選者ニ於テハ其ノ當選ヲ知ルニ由ナキヲ以テナリ之ト同時ニ選擧錄ノ寫《ウツシ》ヲ添ヘテ其ノ選擧區ノ當選者ハ何人《ナンピト》ナルカト府縣知事ニ報告《ハウコク》セザルベカラ

ズ而シテ當選者ノ報告ハ其ノ住所氏名ヲ明細ニ記載シテ之ヲ爲スベシ

當撰者ハ當撰《タウセン》シタルモ必ズ之ヲ承諾《シヤウダク》スルモノトハ云ヒ難《ガタ》シ事情《ジヤウ》アリテ之ヲ辭《ジ》スル者アリ則チ當選者ニシテ其ノ告知ヲ受ケタルトキハ十日以内ニ其ノ當撰ノ承諾ノ有無ヲ府縣知事ニ申立ツベキモノトス是《コ》レ府縣知事ハ若《モ》シ當撰者ニ於テ其ノ當選ノ承諾《シヤウダク》ヲ爲サヾル場合ハ更ニ當撰者ヲ出サヾルベカラザルヲ以テナリ

一人ニシテ數選擧區ノ選擧ニ當ルコトアリ例ヘバ大阪府ノ選擧區内ニ於テ地租ヲ納メ神戸市ニ於テ所得稅《シヨクゼイ》ヲ納ムル者ニシテ名望家《メイボカ》ナルトキハ此ノ兩撰擧區ヨリ撰擧《センキヨ》セラルヽコトアリ而シテ何レノ撰擧區ニ於テモ當撰シタルガ如キ場合ハ最終ニ當選ノ告知ヲ受ケタル日ヨリ十日以内ニ何レカ一方ノ選擧區ニ應ズベキヲ府縣知事ニ申立ツベシ

定期改撰トハ議員《ギヰン》ノ任期《ニンキ》ヲ四ケ年トスレバ四ケ年目ニ總撰擧《ソウセンキヨ》ヲ行《オコナ》ハザルベカラズ此ノ改撰ヲ云フナリ又増員《ゾウヰン》撰擧トハ人口等ノ増加《ゾウカ》ニヨリテ増員スベキ場合ヲ云フナリ此等ノ選擧ヲ同時ニ爲シタルトキニ於テ其數選擧ニ就テ一人ガ當選シタルトキモ亦前ノ如ク孰カニ決定シテ屆出デザルベカラズ

當選者ニ於テ前ノ如ク定メタル期間内ニ於テ其申立ヲ爲サヾルニ於テハ最早當選者ハ其承諾ヲ爲サヾル者ト看做サレ期間ヲ經テ承諾ノ申出ヲ爲スモ何等ノ効ナキモノトス

是レ法律ハ怠リタル者ヲ保護スルノ理由ナケレバナリ
第六條第六項ノ以外ノ官吏ニシテ當選シタルトキハ本條ニ定ムル期間ヲ二十日以内トス何ヲ以テ斯ノ如ク期間ヲ延長シタルカト云フニ此等ノ官吏ガ當選ニ應ゼントスルトキハ必ズ所屬長即チ自己ノ奉職セル官衙ノ長官ノ許可ヲ受ケザルベカラザルヲ以テ此等ノ手續ニ時日ヲ費スベキモノトスルニ因ルナリ

第三十二條 府縣會議員ノ當選ヲ辭シタル者アルトキハ更ニ選擧ヲ行フヘシ

二人以上投票同數ニシテ年長ニ由テ當選シタル者其ノ當選ヲ辭シタルトキハ年少ニ由テ當選セサリシ者ヲ以テ當選トス但シ年少ニ由テ當選セサリシ者二人以上アルトキハ年長者ヲ取リ同年月ナルトキハ選擧長抽籤シテ其ノ當選者ヲ定ム

二人以上投票同數ニシテ抽籤ニ依テ當選シタル者其ノ當選ヲ辭シタルトキハ抽籤ノ爲當選セサリシ者ヲ以テ當選トス但シ抽籤ノ爲當選セサリシ者二人以上アルトキハ選擧長抽籤シテ其ノ當選者ヲ定ム

府縣會議員ハ固ヨリ定員アル者ナリ然ルニ當選者ニシテ當選ヲ辭シタルトキハ定員ニ欽《カ》クルヲ以テ更《サラ》ニ選擧ヲ行《オコナ》ヒテ當選者ヲ再《フタ》ヒ出サヽルヘカラズ

又當選ヲ辭シタル者ガ二人以上投票同數ニシテ年長ニ由テ當選シタル者ナルトキハ年少ニ由《ヨツ》テ當選セザリシモノヲ以テ當選者トスルハ當然《タウゼン》ノ事ナリ故ニ別《ベツ》ニ更ニ選擧ヲ行フノ必要ナキナリ然レドモ年少ニ由テ當選セザリシ者二人以上アルトキハ其中ノ年長者ヲ取リ同年月ナルトキハ選擧長抽籤法ニヨリテ其當選ヲ定ムベキモノトス

二人以上ノ者投票ノ數同ジクシテ當選《タウセン》シタルモノガ其當選ヲ辭《ジ》シタルトキハ抽籤《チウセン》ノ方法ニヨリテ當選セザリシモノヲ以テ當選者トスベキコトハ順序トス而シテ前ニ抽籤ヲ爲シタル三人ガ抽籤ヲ受ケ一人當選シ殘リノ抽籤ニ當ヲサル二人ノモノハ又抽籤法ニヨリテ選擧長ガ定ムベキナリ而シテ二人以上ト爲ルトキモ亦同ヲ

第三十三條　當選者其人當選ヲ承諾シタルトキハ府縣知事ハ直ニ當選證書ヲ付與シ及其ノ住所氏名ヲ告示スヘシ

當選者ガ府縣知事ニ當選承諾《シヤウダク》ノ旨《ムネ》ヲ申立タルトキハ即チ當選者ハ當選ヲ承諾シタルモノトス是ヲ以テ府縣知事ハ其當選承諾ヲ證スル爲メニ直チニ當選證書ヲ付與シ其當選證書《シヨウシヨ》ヲ付與《フヨ》シタルモノヽ氏名幷ニ住所《ヂウシヨ》ヲ告知《コクチ》スルモノトス

第三十四條　選擧人選擧若ハ當選ノ效力ニ關シ異議アルトキハ選擧ノ日ヨリ十四日以内ニ之ヲ府縣知事ニ申立ツルコトヲ得

前項ノ異議ハ之ヲ府縣參事會ノ決定ニ付スヘシ

府縣知事ニ於テ選擧若ハ當選ノ効力ニ關シ異議アルトキハ第一項申立ノ有無ニ拘ラス第三十一條第一項ノ報告ヲ受ケタル日ヨリ三十日以内ニ府縣參事會ノ決定ニ付スルコトヲ得

本條府縣參事會ノ決定ニ不服アル者ハ行政裁判所ニ出訴スルコトヲ得前項ノ決定ニ關シテハ府縣知事郡市長ヨリモ亦訴訟ヲ提起スルコトヲ得

選擧若クハ當選ノ効力《カウリヨク》ニ關シテ異議《イギ》アルトハ例《タト》ヘバ其選擧區ニ於テ當選セラレタル者アリテ之ガ爲メニ一方ノ者ガ自己ノ選擧シタルモノハ當選ノ權ヲ害セラレ當選ヲ失ヒタル場合ニ異議《イギ》ヲ申立ツルガ如ク選擧人ハ其ノ異議ノ申立《マヲシタテ》ヲ爲スコトヲ得ベシ而シテ其ノ申立ヲ爲スニハ選擧ノ日ヨリ十四日以内ニ之ヲ府縣知事ニ申立ツルコトヲ得ルモノトス

前項ノ申立ニ付テハ府縣知事《フケンチジ》ハ之ヲ參事會ニ廻《マハ》シ參事會ノ決定《ケツテイ》ニヨリテ其ノ異議ガ果《ハタ》

シテ正當ナリヤ否ヤヲ決スヘキナリ
選擧若クハ當選ノ効力《カウリヨク》ニ關シテハ其關係者タル府縣知事ニ於《オイ》テモ亦選擧人ガ異議《イギ》ノ申立ヲ爲シタルト否トニ拘ハラズ當選者ガ當選承諾申立期間即チ十日ヲ起算点トシテ三十日以內ニ府縣參事會ノ決定ニ異議ヲ付スルコトヲ得ルモノトス
參事會ノ決定ニ不服《フフク》アル者ハ必《カナラ》ズ之ニ服從《フクジウ》スベシト云フニアラズ行政裁判所《ギヤウセイサイバンシヨ》ニ出訴シテ之ガ當否ノ決定ヲ受クルコトヲ得ルモノトス
前項ノ府縣參事會ノ決定ニ對シテハ府縣知事及郡市長ヨリモ亦訴訟ヲ行政裁判所ニ提起スルコトヲ得セシメ公平《コウヘイ》ヲ保《タモ》タシムルナリ

第三十五條　撰擧ノ規定ニ違背スルコトアルトキハ其ノ撰擧ヲ無効トス但シ選擧ノ結果ニ異動ヲ生スルノ虞ナキモノハ此ノ限ニ在ヲス
當選者ニシテ被選擧權ヲ有セサルトキハ其ノ當選ヲ無効トス

選擧ノ規定ニ違背《イハイ》スルトハ一人ノ選擧人ガ選擧ノ規定《キテイ》ニ違《タガ》フ第二十七條ノ場合ノ如クニアラズシテ選擧全体ニ係ル規定ニ違背シタルモノヲ云フ故ニ此ノ場合ハ選擧總体ノ無効トナルナリ然レドモ選擧ノ結果ニ何等ノ影響ヲ及ホサスシテ異動ヲ生ゼザルトキ

即チ選擧ガ爲メニ無効トナルガ如キ結果ヲ生ゼザルトキハ選擧總体ノ無効トナルコトナシ此ノ塲合ハ其ノ違背《イハイ》セシニ因《ヨ》リ選擧ノ仕直《シナホ》シナドノ手數ヲ爲スニ及バズ是レ但書ヲ設ケタル所以ナリ第二項ハ選擧ノ全体ニ關係ヲ及ボサズシテ單ニ被選擧アリト思料シタルモノガ當選《タウセン》ノ後被選擧權ノナキモノナリシトキノ如キヲ云フ此ノ塲合《バアヒ》ハ其ノ當選ノミハ無効ナレドモ他ノ當選者ニ影響ヲ及バサヽルヲ以テ其當選者一人ヲ無効タラシムルニ止マルナリ

第三十六條　選擧若ハ當選無效ト確定シタルトキハ更ニ選擧ヲ行フヘシ但シ得票數ノ査定ニ錯誤アリタル爲又ハ撰擧ノ際被選擧權ヲ有セサル爲當選無效ト確定シタルトキハ第二十九條及第三十一條ノ例ニ依ル

選擧ノ全体ガ無効ト確定シ當選者ニシテ無効ト確定シタルトキハ更ニ選擧ノ仕直シヲナサザルベカラズ然レドモ得票數《トクヘウスウ》即チ投票ノ点數《テンスウ》ヲ査定《サテイ》スル錯誤《サクゴ》アリタル爲メ例《タト》ヘバ百十点ト査定セシニ百八点ノ投票ヨリナキ𪜈ノ如キ又ハ選擧ノ際被選擧權アリト思ヒタル者ニシテ被選擧權ノナキ爲メ當選ガ無効ト確定シタルトキハ第二十九條第三十條ノ例ニ依テ更ニ選擧ヲ行フノ必要ナクシテ次ノ投票ノ數ニ依リテ當選者ヲ出スベキナ

リ

第三十七條　府縣會議員ニシテ被撰擧權ヲ有セサル者ハ其ノ職ヲ失フ其ノ被撰擧權ニ關スル異議ハ府縣參事會之ヲ決定ス

府縣會ニ於テ其ノ議員中被選擧權ヲ有セサル者アリト認ムルトキハ之ヲ府縣知事ニ通知スヘシ但シ議員ハ自己ノ資格ニ關スル會議ニ於テ辯明スルコトヲ得ルモ其ノ議決ニ加ハルコトヲ得ス

府縣知事ハ前項ノ通知ヲ受ケタルトキハ之ヲ府縣參事會ノ決定ニ付スヘシ

府縣知事ニ於テ被選擧權ヲ有セサル者アリト認ムルトキ亦同シ

本條府縣參事會ノ決定ニ不服アル者ハ行政裁判所ニ出訴スルコトヲ得

前項ノ決定ニ關シテハ府縣知事ヨリモ亦訴訟ヲ提起スルコトヲ得

府縣會議員ハ其ノ被選擧權ヲ有セストスル決定確定シ又ハ判決アルマテハ會議ニ列席シ及發言スルノ權ヲ失ハス

當選者ニシテ選擧ノ際《サイ》既《スデ》ニ被選擧權ナキニ當選《タウセン》シ又ハ當選ノ後卽チ議員ニ就職《シウシヨク》ノ後ニ

被選舉權ヲ失フヿアリ前ノハ錯誤ニシテ後ノモノハ當選ノ際ハ之レアリシモ當選ノ後被選舉權ヲ失《ウシナ》フタルモノナリ此ノ二個《コ》ニヨリ被選舉權ヲ有《イウ》セザルモノトナルトキハ其ノ職ヲ失《ウシナ》フモノトス而シテ其ノ被選舉權ニ關シテ他ヨリ異議即チ故障《コショウ》ヲ申立テタルトキハ府縣參事會ニ於テ之ヲ決定セザルベカラズ

府縣會ニ於テ其ノ議員中被選舉權ヲ有セザル者アルコトヲ發見シタルトキハ之ヲ府縣知事ニ通知《ツウチ》スベシ而シテ其ノ議員ハ自己《シコ》ノ資格ニ直接關係アルヲ以テ會議ノ席《セキ》ニ出テ資格ニ付テノ辨明ヲ爲スコトヲ得ベシト雖モ其議決ニハ加ハヽルコトヲ得ズトス是レ自己ノ事ニ付テ可否ヲ決スレバ必ズ自己ノ利益ニ可否スルヲ以テナリ

府縣知事ハ議員ノ資格ナキ旨ノ通知ヲ受ケタルトキハ府縣參事會ノ決定ニ付シテ之ガ決定ヲ爲サヾルヘカラズ而シテ此ノ參事會ノ決議ニモ資格ナシト認メラレタル議員ハ其決議《ソノケツギ》ノ席《セキ》ニ出テ辨明《ベンメイ》ノミヲ爲スコトヲ得ルナリ

府縣會議員ノ資格ノナキコトヲ府縣知事ニ於テ認メタル場合ハ府縣會參事會ニ付スベキ方法《ハウハフ》ハ府縣會議員ガ認《ミト》メタル場合ト異《コト》ナルコトナシ

又參事會ノ決定ガ被選舉權ナシトシタルモノヽミニアリテハ此決定ニ對シテ不服ヲ訴ヘントスルトキハ行政裁判所ニ向テ出訴スルコトヲ得ルモノナリ而シテ其決定ニ關シ

ヲハ監督官タル府縣知事ヨリモ行政裁判所ヘ出訴ヲ爲スコトヲ得セシメタリ此ノ塲合ニ府縣知事ノ訴訟《ソシヤウ》ヲ提起《テイキ》スルハ自身《ジシン》ニ訴訟ヲ實行《ジツカウ》スルニアラズシテ只行政裁判所ヘ訴訟ヲ提起スルマデナリ

資格ナシトシテ府縣參事會ノ決定ニ付セラレタル議員ハ其ノ決定ガ被選擧權ナシト確定シ又ハ判決《ハンケツ》アルマデハ果《ハタ》シテ其ノ資格《シカク》ナキヤ否《イナ》ヤハ定マラザレバ會議ニ列席《レツセキ》シテ發言スル等ノ權ハ他ノ議員ト異ナルコトナシトス

第三十八條　本款ニ規定スル異議ノ決定及訴願ノ裁決ハ其ノ決定書若ハ裁決書ヲ交付シタルトキ直ニ之ヲ告示スヘシ

本款《ホンクワン》トハ第四條以下第三十七條ニ至《イタ》ル規定ヲ云フナリ此規定ニ付テ異議《イギ》アル塲合ノ決定及ヒ訴願ニ付テノ裁決ハ終局ヲ告ゲタルトキニ其決定書若クハ裁決書ヲ廣ク告示セザルベカラズ而シテ其終局ニ至ルト云フハ決定書若クハ裁決書ヲ交付シタルトキニアルナリ

第三十九條　第四條第二項但書ノ市ニ於テハ市長トアルハ區長又市トアルハ區、市役所トアルハ區役所ト看做シ本款ノ規定ヲ準用ス

町村組合ニシテ町村ノ事務ノ全部ヲ共同處理スルモノハ之ヲ一町

村ト看做シ本款ノ規定ヲ準用ス

第四條第二項但書ノ市ハ東京市京都市大阪市其他勅令ヲ以テ指定セル市ヲイフナリ此等ノ市ニ於テハ例ヘバ大阪市ノ東區ヲ一ノ選擧區ト爲スガ如クナレバ此等ノトキニ市長トアルハ市長ヲ指スニアラズシテ區長ヲ本欵ニ云フ市長ニ準用シテ區長ニ於テ市長ノ職務ヲ爲スベシ從テ市トアルハ區市役所トアルハ區役所ニ準用シテ本欵ノ規定ヲ準用スベシト云フ

叉經濟上《ケイザイジヤウ》其他小町村ノ都合《ツガフ》ニ依リテ町村事務ノ全部《ゼンブ》ヲ町村組合ト名《ナツ》クル集合体ニ於テ共同ニテ處理スルモノアリ尚ホ將來ニ於テ其ノ必要ノ生ズルコトアルベシ此ノ場合ニモ町村組合ヲ一町村ト看做シテ本欵ノ規定ヲ準用スベキコトト爲シタリ

第四十條　府縣會議員ノ撰擧ニ付テハ衆議院議員選擧ニ關スル罰則ヲ準用ス

府縣會議員ノ選擧ニ付テ其ノ違犯《イハン》セシ者ヲ罰《バツ》セザルベカラズ而シテ其ノ違犯ノ事柄《コトガラ》ガ大抵衆議院議員選擧ニ關スル事柄ト同一ナレバ本法ニ於テ之ガ罰則ヲ別ニ規定セズシテ衆議院議員ニ關スル罰則ヲ準用スルモノトス茲ニ之ヲ拔萃シテ記載スベシ

衆議院議員選擧法　第十三章　罰則

第八十九條　納税額年齡住所及其ノ他選擧資格ニ必要ナル事項ヲ詐稱シ選擧人名簿ニ記載セラレタル者ハ四圓以上四十圓以下ノ罰金ニ處ス

第九十條　投票《トウヘウ》ヲ得又ハ他人ニ投票ヲ得セシメ若ハ他人《タニン》ノ爲《タメ》ニ投票ヲ爲スコトヲ抑止スルノ目的ヲ以テ直接又ハ間接ニ金錢物品手形若ハ公私ノ職務ヲ選擧人ニ授與シ又ハ授與《シユヨ》スルコトヲ約束《ヤクソク》シタル者ハ五圓以上五十圓以下ノ罰金《バツキン》ニ處ス

第九十一條　直接又ハ間接《カンセツ》ニ金錢物品手形《テガタ》若ハ公私《コウシ》ノ職務ヲ選擧人ニ授與シ又ハ授《シユ》與スルヲ約束シテ投票ヲ得又ハ他人ニ投票ヲ得セシメ若ハ他人ノ爲ニ投票ヲ爲スコトヲ抑止シタル者ハ刑法第二百三十四條ノ例ヲ以テ論ズ其ノ授與又ハ約束ヲ受ケ投票ヲ爲シ又ハ投票ヲ爲サヾル者亦同シ

第九十二條　投票ヲ得又ハ他人ニ投票ヲ得セシメ若ハ他人ノ爲ニ投票ヲ爲スコトヲ抑止《ヨクシ》スル目的ヲ以テ選擧人ニ暴行《バウカウ》ヲ加ヘタル者ハ一月以上六月以下ノ輕禁錮《ケイキンコ》ニ處シ五圓以上五十圓以下ノ罰金ヲ附加ス

第九十三條　選擧人ニ暴行ヲ加ヘテ投票ヲ得又ハ他人ニ投票ヲ得セシメ若ハ他人ノ爲メニ投票ヲ爲スコトヲ抑止シタル者ハ三月以上二年以下ノ輕禁錮ニ處シ十圓以上百圓以下ノ罰金ヲ附加ス

第九十四條　選擧ヲ强迫《キヤウハク》シ又ハ投票所若ハ選擧會場ヲ騷擾《ソウゼウ》シ又ハ投票函ヲ抑留《ヨクリウ》毀壞《クワイ》若ハ刧奪《カウダツ》スルノ目的ヲ以テ多衆ヲ嘯聚《シヨウシウ》シタル者ハ六月以上二年以下ノ輕禁錮ニ處シ十圓以上百圓以下ノ罰金ヲ附加ス

其ノ情《ジヤウ》ヲ知テ嘯聚《シヨウシウ》ニ應シ勢ヲ助《タス》ケタル者ハ十五日以上二月以下ノ輕禁錮《ケイキンコ》ニ處シ三圓以上三十圓以下ノ罰金ヲ附加ス

犯罪者戎器《ジウキ》又ハ兇器《キヨウキ》ヲ携帶《ケイタイ》シタルトキハ各々本刑ニ一等ヲ加フ

第九十五條　選擧ノ際管理者又ハ立會人ニ暴行ヲ加ヘ又ハ暴行ヲ以テ投票所若ハ選擧會場ヲ騷擾《ソウゼウ》シ又ハ投票函ヲ抑留毀壞《ヨクリウクワイ》若ハ刧奪シタル者ハ四月以上四年以下ノ輕禁錮ニ處シ二十圓以上二百圓以下ノ罰金ヲ附加ス

犯罪者戎器又ハ兇器ヲ携帶シタルトキハ各々本刑ニ一等ヲ加フ

第九十六條　多衆《タシウ》ヲ嘯聚シテ前條ノ罪《ツミ》ヲ犯《オカ》シタル者ハ重禁獄ニ處ス

其ノ情ヲ知テ嘯集ニ應シ勢ヲ助ケタル者ハ二年以上五年以下ノ輕禁錮ニ處ス

犯罪者《ハンザイシヤ》戎器又ハ兇器《キヨウキ》ヲ携帶シタルトキハ各々本刑《ホンケイ》ニ一等ヲ加フ

第九十七條　演說又ハ新聞紙若ハ其他ノ文書ヲ以テ人ヲ敎唆シ前三條ノ罪ヲ犯サシメタル者ハ刑法第五條ノ例《レイ》ニ依ル其敎唆《ケウサ》ノ効《カウ》ナキ者モ仍《ナホ》本刑ニ二等又ハ三等ヲ減

ヲ處斷ス

第九十八條　戎器又ハ兇器ヲ携帶シテ投票所若ハ選擧會場ニ入リタル者ハ三圓以上三十圓以下ノ罰金ニ處ス

第九十九條　當選人ニ於テ第八十九條ヨリ第九十八條ニ至ルマデノ刑ニ處セラレタルトキハ其ノ當選《タウセン》ハ無効《ムカウ》トス

第百條　他人《タニン》ノ姓名ヲ詐稱《サシヨウ》シテ投票ヲ爲シタル者及第十四條ニ依《ヨ》リ選擧人タルコトヲ得ザル者投票ヲ爲シタルトキハ四圓以上四十圓以下ノ罰金ニ處ス

第百一條　前數條ノ罪《ツミ》ヲ犯《オカ》シ禁錮以上ノ刑《ケイ》ニ處セラレ又ハ再ビ罰金《バツキン》ノ刑ニ處セラレタル者ハ三年以上七年以下ノ選擧權及ビ被選擧權ヲ停止ス

第百二條　立會人正當ノ事故ナクシテ此ノ法律ニ規定シタル義務ヲ缺クトキハ五圓以上五十圓以下ノ罰金ニ處ス

第百三條　本章《ホンシヨウ》ニ規定シタル罰則《バツソク》ノ外刑法ニ正條アルモノハ各々其ノ條ニ依リ重キニ從テ處斷ス

第百四條　凡テ選擧ニ關ル犯罪ハ六ケ月ヲ以テ期滿免除トス

第二款　職務權限及處務規程

第四十一條　府縣會ノ議決スヘキ事件左ノ如シ

一　歳入出豫算ヲ定ムル事

二　決算報告ニ關スル事

三　法律命令ニ定ムルモノヲ除ク外使用料手數料府縣税及夫役現品ノ賦課徴收ニ關スル事

四　不動産ノ處分並買受讓受ニ關スル事

五　積立金穀等ノ設置及處分ニ關スル事

六　歳入出豫算ヲ以テ定ムルモノヲ除ク外新ニ義務ノ負擔ヲ爲シ及權利ノ拋棄ヲ爲ス事

七　財産及營造物ノ管理方法ヲ定ムル事但シ法律命令中別段ノ規定アルモノハ此ノ限ニ在ラス

八　其ノ他法律命令ニ依リ府縣會ノ權限ニ屬スル事項

府縣會ノ職務權限ハ本欵ニ規定スル事項ノ事務ヲ處理スルモノナリ而シテ其ノ職務ニハ範囲《ヘヰ》アリテ之ヲ超過《テウクワ》スルコトヲ得ズ是レ即チ權限ト云フ所以《ユエン》ナリ又其ノ事務ヲ處理スル手續アリ之ヲ處務規定ト云フナリ本條ハ府縣會ノ職務タル一ノ議決スベキ事件ヲ

定メタルモノナリ
府縣ニモ立法《リツパウ》行政《ギヤウセイ》トノ二アリ立法即チ府縣ノ行政上ニ必要《ヒツエウ》ナル事項ヲ議決《ギケツ》スル之ヲ府縣會ト云フ故ニ府縣會ハ單ニ議決ノミヲ為シ之ヲ行政ノ上ニ施スハ府縣知事等ノ職權ナリ府縣ハ國家《コクカ》ノ行政區劃《クワク》ナリ即チ國家ニ國會アリテ法律《ハフリツ》ヲ議定シ政府之ヲ行政ニ施スト一般ナリ府縣會ガ議決スベキ事項ヲ説明スレバ即チ左ノ如シ

一 歳入出豫算ヲ定ムル事 府縣ノ施政上第一ニ必要ナルハ歳入ナリ歳入ハ歳出アルニ因ルナリ而テ歳出ニ依リ歳入ヲ定メルトセバ其ノ歳出ヲ節減セザレバ府縣ノ財政固ト限アロ歳出濫リニシテ之ヲ制限セザレバ歳入ノ負擔ニ堪ヘ難シ所謂入ルヲ計《ハカ》テ出ルヲ制《セイ》スルトハ是ヲ云フナリ是レ議會ガ第一ニ豫算《ヨサン》ヲ議定スル所以ナリ

二 決算報告ニ關スル事 既ニ豫算ヲ議定ス決算報告ヲ議定スルハ其ノ結果ナリ蓋シ豫算ハ動カスコトヲ得ベキモノナレモ決算報告ハ豫算ニ議定シタル如ク果シテ財政《ザイセイ》整理《セイリ》セシヤ否《イナ》ヤヲ知ラシムル必要アリ假令ヒ豫算ニ議定《ギテイ》シタルモ豫算議定ノ如ク財政ノ運用ヲ為シタルヤ否ヤハ決算報告セザレバ之ヲ知ルコト能ハザレバナリ

三 法律命令ニ定ムルモノヲ除ク外使用料手數料府縣税及夫役現品ノ賦課徴收ニ關

スル事　法律命令ニ定メタルモノハ府縣會ニ於テ之ヲ議決スルノ必要ナシト雖モ其他ノ本條《ホンデウ》ニ掲グル事項ハ之ヲ議決《ギケツ》セザルベカラズ使用料トハ府縣ノ營造物《エイザウブツ》即チ家屋倉庫及ビ其他ノ建物ヲ使用セシ料金ナリ手數料トハ行政上官吏吏員ノ取扱フベキ事務ニ要スルモノナリ府縣稅トハ府縣限ニ賦課スベキ諸種ノ稅ナリ夫役トハ府縣ノ事業ニ人夫ヲ使役スルコトナリ此ノ人夫ヲ使役スルハ之ニ代ヘテ一人ニ幾何トシテ金錢ヲ徴收スルコトモアルベシ例ヘバ道路修築水火防禦ニ關スルコトニ賦課スルナリ

四　不動産《フドウサン》ノ處分幷買受讓受ニ關《クワン》スル事　府縣ニモ地所家屋《チシヨカオク》等ノ不動産アリ之ヲ處分即チ賣渡シ又ハ交換讓渡買受讓受等ヲモ爲スコトヲ得ベキヲ以テ是等ニ關シテモ亦議決セザルベカラズ

五　積立金穀等ノ設置及處分ニ關スル事　府縣ニモ基本財産トシテ常ニ使用セザル金穀アリ之ヲ積立及ビ貸附ル等ノ處分ヲ爲シテ基本財産ヲ增殖スル方法ヲ議セザルベカラズ

六　歳入出豫算《サイニフシユツヨサン》ヲ以テ定ムルモノヲ除《ノゾ》クノ外新ニ義務《ギム》ノ負擔ヲ爲シ及權利ノ拋棄ヲ爲ス事歳入出豫算ヲ以テ定メタル權利義務即チ歳入ノ權利歳出ノ負擔ノ外ニ新タ

ニ負擔ヲ為シ權利ノ拋棄ヲ為スト云ハ例ヘバ縣債ヲ起シテ義務ヲ負擔シ又ハ納稅ノ義務ヲ免ズルガ如キ權利ノ拋棄ヲ為スコトヲ得ベシ

七 財產及營造物ノ管理方法ヲ定ムルヿ但シ法律命令中別段ノ規定アルモノハ此限ニ在ラズ 府縣ノ財產《ザイサン》及ビ建物《タテモノ》ハ之ヲ管理《クワンリ》スル方法ヲ定メザレバ之ヲ保存《ホゾン》スルコト能ハズ故ニ法律命令中別段ノ規定アリテ管理スルモノヽ外ハ之ガ管理ノ方法ヲ議定セザルベカラズ

八 其ノ他《タ》法律命令《ハフリツメイレイ》ニ依リ府縣會ノ權限《ケンゲン》ニ屬《ゾク》スル事項 第一ヨリ第七ニ至ルマデノ事項ニテ府縣會ニテ議定スベキ事項ハ全ク盡セリト云ニアラズ此ノ他ニ尙ホ府縣會ノ議定スベキ權限ニ屬スルモノハ之ヲ議定スベシトナリ

第四十二條 府縣會ハ其ノ權限ニ屬スル事項ヲ府縣參事會ニ委任スルコトヲ得

府縣會ガ其ノ權限ニ屬スル事柄ニシテ府縣參事會ニ委任スルコトヲ得ルモノトス是レ便宜上ニ出ヅルモノナリ而シテ府縣參事會ガ委任ヲ受ケタルトキハ之ガ議決ヲ為サヾルベカラズ

第四十三條 府縣會ハ法律命令ニ依リ選擧ヲ行フヘシ

府縣會ハ法律命令《ハフリツメイレイ》ノ規定ニ依リ選擧ヲ行《カコナ》フベシトス此選擧ハ府縣ニ代《カ》ハッテ爲スベキモノナレバ若シ府縣會ニ於テ之ガ選擧ヲ爲サヾルニ於テハ府縣會ハ解散ヲ命ゼラルヽコトアルベシ何トナラバ本條ノ規定ハ命令的ニシテ選擧ヲ行フベシトアレバナリ是レ府縣會ノ任意ニ從ハザル規定ナルコト明カナリ

第四十四條　府縣會ハ府縣ノ公益ニ關スル事件ニ付意見書ヲ府縣知事若ハ內務大臣ニ呈出スルコトヲ得

府縣ノ公益ニ關スル事件トハ其ノ縣下一般ノ利益ニ關スルハ勿論他地方ニモ渉リテノ公益《コウエキ》ニ關スル事件ナルベシ此ノ公益《コウエキ》ニ關《クワン》スル事件ニ付テノ意見書《イケンショ》トハ其公益ノ維持法及ビ擴張スベキ方法又ハ公益ヲ起ス等ヲ申立ツル書面ナリ而シテ意見書ヲ府縣知事ト內務《ナイム》大臣トニ呈出《テイシュツ》スルコトヽセシハ縣下ノ公益ニ關スル事件《ジケン》ナルトキハ府縣知事ニ呈出シ廣ク他地方ニ關スル事件ナルトキハ內務大臣ニ呈出スベキモノトスルノ方針ニ因リタルモノナラン

第四十五條　府縣會ハ官廳ノ諮問アルトキハ意見ヲ答申スヘシ

府縣會ノ意見ヲ徵シテ處分ヲ爲スヘキ場合ニ於テ府縣會招集ニ應セス若ハ成立セス又ハ意見ヲ呈出セサルトキハ當該官廳ハ其ノ意

見ヲ俟タスシテ直ニ處分ヲ爲スコトヲ得

府縣會ハ府縣ノ團体《ダンタイ》ノ意見ヲ發表《ハツパウ》スルモノナレバ其ノ府縣ノ事件《ジケン》ニ付テハ何事ヲヲ諮《シ》問ニ應ジテ意見ヲ答申スルコトヲ得ベキヲ以テ官廳ノ諮問アルトキハ之ヲ答申セザルベカラズ

官廳ハ府縣會ノ意見ヲ聞取リテ而シテ其ノ處分ヲ爲スベキモノナルモ府縣會ニ於テ府縣會ヲ開クベキ命令アルモ其ノ招集ニ應ゼズ若クハ招集ニ應ズルモ府縣會ノ議員ガ半數以上ノ出席ナキ爲メ府縣會ハ成立セザルトキ又ハ府縣會ガ諮問ニ應ゼズシテ意見ヲ呈出セザルトキハ其諮問スル官廳ニアッテ府縣會ノ意見ヲ待ツコトナクシテ隨意ニ直チニ其處分《ソノシヨブン》ヲ爲スコトヲ得ベシ

第四十六條　府縣會議員ハ選擧人ノ指示若ハ委囑ヲ受クヘカラス

議員ハ一小部分ノ選擧人ノ代表者ニアラズ一縣下固ト一國ノ行政區劃ナリ然ラバ則チ行政上ヨリ云ヘバ一國ノ代表者ナリ只一縣下ノ議政ニ參與スルヲ以テ一縣下ノ代表者ナリト雖《イヘ》ドモ選擧人等ノ指示《シジ》ニ從ヒ若クハ委囑《井シヨク》ニ受ケテ自己ノ意思《イシ》ヲ枉《マ》グルモノニアラズ故ニ何人ノ指示ニモ從ハズ委囑ヲモ受ケズ正々堂々諤々トシテ意見ノ在ル所ヲ述ベザルベカラズ是レ本條ノ規定アル所以ナリ若シ本條ノ規定ナキニ於テハ議員ハ一ニ選

擧人ノ鼻息ヲ窺ヒ選擧人ノ委囑ハ之ニ違フ能ハズ只選擧人ノ指圖ニ從ヒ言論動作一モ自己ノ持論ヲ主張シ縣下一般ノ利不利ヲ顧ミズ單ニ選擧人其若ノ機關ト爲リテ議員ノ本質《ホンシツ》ハ何處《イツコ》ニアルカ議員タル者宜《ヨロ》シク鑑《カンガ》ミザルベカラズ

第四十七條　府縣會ハ議員中ヨリ議長副議長各一名ヲ選擧スヘシ
議長副議長ハ議員ノ定期改撰毎ニ之ヲ改撰スヘシ

苟《イヤシクモ》モ議事ヲ爲スニハ之ガ議長ナケレバ議事《ギジ》ヲ爲スモ議場ヲ整理《セイリ》シ議決ヲ採《ト》ルコト能《アタ》ハズシテ議場ハ只紛雜爭議ニ渉ルノミ副議長ハ議長ニ差支アリテ出席セザルトキ之カ代理スルモノナケレバ議長ノ職務ヲ行フコトヲ得ズ
議長副議長ハ其ノ任期ハ議員ト同一ニシテ議員改選ノトキ之ヲ改選スベキモノトス而シテ議員ノ任期ハ四ケ年トス而シテ議長モ議員ト同ジク再選セラルヽコトヲ得タルモノトス

第四十八條　議長故障アルトキハ副議長之ニ代リ議長副議長共ニ故障アルトキハ臨時ニ議員中ヨリ假議長ヲ選擧スヘシ

本條ハ説明スベキ事項ナキヲ以テ之ヲ略ス

第四十九條　府縣知事及其ノ委任若ハ囑託ヲ受ケタル官吏吏員ハ會

議ニ列席シテ議事ニ參與スルコトヲ得但シ議決ニ加ハルコトヲ得ス

前項ノ列席者ニ於テ發言ヲ求ムルトキハ議長ハ直ニ之ヲ許スヘシ但シ之カ爲議員ノ演說ヲ中止セシムルコトヲ得ス

府縣知事ハ施政者《シセイシヤ》ニシテ議事ノ原案提出者《ゲンアンテイシユツシヤ》ナリ即チ自カラ議案ヲ議事ニ付シテ其ノ議決シタル者ヲ行政ニ施スモノナリ是ヲ以テ議會ニ參與スルコトヲ得ベシ又府縣知事ハ自身ニ議會ニ參與セズシテ之ヲ其ノ屬官ニ委任シ若クハ囑託スルコトヲモ得レバ其ノ委任若クハ囑託ヲ受ケタル官吏吏員ハ會議ニ列席シテ意見ヲ述ブルコトヲ得ルナリ然レドモ此等ノ者ハ施政者ナレバ其議決ノ數ニ加《クハ》ハルコトヲ得ズ是《コ》レ施政者《シセイシヤ》自カラ議シテ自カラ施政スルニ至ルヲ以テナリ立法行政ハ各々獨立シテ相侵スコトヲ得ザルハ代議政体《セイタイ》ノ主旨《シユシ》ナレバナリ

府縣知事若クハ委任ヲ受ケ囑託ヲ受ケタル官吏吏員等ノ議會ニ列席シテ意見ヲ述ブル爲メニハ發言《ハツゲン》ヲ求《モト》ムルコトヲ得テ議長ハ直ニ之ヲ許《ユル》サヽルベカラズ是レ會議ニ列席《レツセキ》スルノミニシテ發言即チ意見ヲ述ブルコトヲ得ザルトキハ傍聽人ト一般ニシテ列席スルモ甲斐ナキモノナリ故ニ第二項ヲ設ケテ此等ノ官吏吏員ニ發言權ヲ與ヘタルナリ而シ

テ其ノ發言ハ或ハ議員ニ向テ說明ヲ爲シ或ハ答辨ヲ爲ス等ナリ然レドモ本項但書ニ依レバ發言權ヲ得タルモ之ガ爲メニ議員ガ演說ヲ爲シ居ルマデヲ中止セシムルコトヲ得ズ是レ議事ヲ奪《ダツ》ンデ施政者ヲシテ議事《ギジ》ノ權ヲ侵《ヲカ》スコトヲ得ザラシムルナリ

第五十條 府縣會ハ通常會及臨時會トス

通常會ハ每年一回之ヲ開ク其ノ會期ハ三十日以內トス臨時會ハ必要アル場合ニ於テ其ノ事件ニ限リ之ヲ開ク其ノ會期ハ七日以內トス

臨時會ニ付スヘキ事件ハ豫メ之ヲ告示スヘシ但シ其ノ開會中急施ヲ要スル事件アルトキハ府縣知事ハ直ニ之ヲ其ノ會議ニ付スルコトヲ得

府縣會ハ通常會及臨時會トス而シテ通常會トハ法律ヲ以テ豫メ之ヲ規定シ少クモ每年一回之ヲ開《ヒラ》クモノトシ其ノ會期《クワイキ》ハ三十日以內トス臨時會《リンジクワイ》ハ其ノ必要アル每ニ之ヲ開《ヒラ》クモノナレバ其回數モ定マラズ會期ハ七日以內トス臨時會ニ付スべキ事件ハ豫メ即チ前以テ議スべキ事件ヲ告示シテ議員ニ知ラシメザルべカラズ是レ議員ハ平常各々職業ニ從事シ居ルモノナレバ突然ニ招集セラルヽトキハ迷惑ナルコトアリ且ツ其事件ノ考案

モ必要ニシテ出席ノ都合モアレバナリ況ヤ旅行中ノ者ナドハ出席スル能ハズ然レドモ其ノ事件《ジケン》ニシテ急速《キフソク》ヲ要スル場合ハ議員ノ都合《ツガフ》ヲ顧《カヘリ》ミルノ暇《イトマ》ナク即チ豫期時日ヲ告示スルヨリモ速カニ議決ノ必要アルヲ以テナリ

第五十一條 府縣會ハ府縣知事之ヲ招集ス

招集ハ開會ノ日ヨリ少クトモ十四日前ニ告示スヘシ但シ急施ヲ要スル場合ハ此ノ限ニ在ラス

府縣會ハ府縣知事之ヲ開閉ス

府縣會ヲ招集スルハ府縣知事ノ職權ニシテ定期臨時ノ別ナク知事之ヲ招集スルモノトス

招集《ヒヤウシウ》ハ開會ノ日ヨリ少《スク》ナクトモ十四日前ニ告示《コクシ》スベシ是レ前ニモ述《ノ》ベタル如ク議員ハ夫々準備ヲ爲スノ日時ナケレバ招集ニ應ズルコト能ハズ然レドモ急速ヲ要スル場合ハ別段ノ告示期日ナクトモ直チニ招集スルコトヲ得べキハ是レ亦前ニ說明シタガ如シ

府縣會ヲ招集《セウシウ》スル權《ケン》ガ府縣知事ニアレバ亦其ノ閉會《ヘイクワイ》ノ權モ知事ニアルハ當然ノコトナリ

第五十二條 府縣會ハ議員定員ノ半數以上出席スルニ非サレハ會議

ヲ開クコトヲ得ス

會議ハ議員ニ定員アリ若シ定員ノ議員出席セザレバ其半數以上出席スルニアラザレバ會議ヲ開《ヒラ》クコトヲ得ザルハ議事《ギジ》ノ通則《ツウソク》ナリ而シテ半數以上トハ例《タト》ヘバ百五十人ノ定員ナルトキ七十五人ヲ半數トスレバ七十六人以上出席スルヲイフ是レ議事ハ多數決ヲ以テ可否ヲ決スレバナリ若シ此ノ規定ナキトキハ少數ノ議員ニテ議決シ議會ノ眞理タル一般人民ノ代表ヲ爲スベキ會議ノ体面ヲ損スルモノト謂ハザルベカラズ

第五十三條　府縣會ノ議事ハ過半數ヲ以テ決ス可否同數ナルトキハ議長ノ決スル所ニ依ル

前條ハ議員ガ定員ニ滿タズシテ會議ヲ開クコトヲ得ザル場合ヲ規定シタリ本條ハ會議ヲ開キテ議決《ギケツ》スベキ場合ノ規定ナリ議事ハ必ズ輿論《ヨロン》ニ依ラザルベカラズ輿論《ヨロン》ハ必ズシモ是ナリト云フヲ得ザレドモ議事ノ性質タル輿論ヲ取ルニアレバナリ即チ府縣會ノ議事ハ過半數ヲ以テ可否ヲ決スルモノトス若シ可否同數ナルトキハ議長ノ職權テ以テ之ヲ決スルモノトス是レ議事ハ議長ノ職任ヲ重ンズルヲ以テ議長ヲ選任スルニ於テ其人物ト名アル人ヲ選ム所以ナリ

第五十四條　議長及議員ハ自己若クハ父母祖父母妻子孫兄弟姉妹ノ一

身上ニ關スル事件ニ付テハ府縣會ノ同意ヲ得ルニ非サレハ其ノ議事ニ參與スルコトヲ得ス

自己《ジコ》若クハ父母《フボ》妻子《サイシ》兄弟姉妹《キヤウダイシマイ》ヲ庇保《ヒホ》シ其ノ利益ヲ謀《ハカ》ルハ人情ノ常ナルベシ而シテ議長及ヒ議員ハ無私公平ヲ守ルベキモノニシテ右等ノ者ノ爲メニモ私情ヲ以テ其志ヲ枉グル等ノコトナク公明正大自己ノ持論ヲ主張セザルベカラズ故ニ自己若ハ父母妻子兄弟等ノ一身上ニ關スル事件ニ付テハ府縣會ノ同意ヲ得ルニ非サレバ其ノ議事ニ參與スルコトヲ得ズトス蓋《ケダ》シ議會ガ之ヲ許《ユル》スハ其ノ議長及ヒ議員《ギヰン》ノ人ト爲《ナ》ルヲ信《シン》ジテ決シテ私情ノ爲メニ其志ヲ枉グルコトナシトスル人ナルトキハ之ヲ斥クルノ必要ナレバナリ

第五十五條　法律命令ノ規定ニ依リ府縣會ニ於テ選擧ヲ行フトキハ一名毎ニ匿名投票ヲ爲シ有效投票ノ過半數ヲ得タル者ヲ以テ當選トス若過半數ヲ得タル者ナキトキハ最多數ヲ得タル者二名ヲ取リ之ニ就キ決選投票ヲ爲サシム其ノ二名ヲ取ルニ當リ同數者アルトキハ年長者ヲ取リ同年月ナルトキハ議長抽籤シテ之ヲ定ム此ノ決選投票ニ於テハ最多數ヲ得タル者ヲ以テ當選トス若同數ナルトキハ年長者ヲ取リ同年月ナルトキハ議長抽籤シテ之ヲ定ム其ノ他ハ

第十八條第二十七條及第二十八條ノ規定ヲ準用ス
前項ノ撰擧ニ付テハ府縣會ハ其ノ議決ヲ以テ指名推選若ハ連名投票ノ法ヲ用ウルコトヲ得其ノ連名投票ノ法ヲ用ウル場合ニ於テハ前項ノ例ニ依ル

法律命令ノ規定ニ依リ府縣會ニ於テ選擧ヲ行フニハ例ヘバ議長副議長ヲ選擧シ又府縣參事會員ヲ選擧スルガ如キ場合ヲ云フナリ此場合ニ於テハ一名毎ニ匿名投票即チ選擧人ノ名ヲ書セズシテ投票ヲ爲スノ方法ヲ取ル其ノ投票ノ結果即チ當選者ヲ定ムルニハ有效投票《イウカウトウヘウ》ノ過半數即チ出席議員ノ過半數《クワハンスウ》ガ有効ノ投票ヲ爲《ナ》シタル者ヲ以テ當選者トス然レドモ時ニ或ハ過半數ノ投票ヲ得ル者ナキコトアルベシ此場合ニハ最モ多數ノ得票者ヲ二名ヲ取《ト》リ此二名ニ付テ更《サラ》ニ投票ヲ爲サシムルナリ此二名《コノメイ》ノ投票モ亦同數ナルトキハ其中ノ年長者ヲ取リ同年月ナルトキハ議長抽籤シテ之ヲ定ム其他ノ規定ハ第十八條第二十七條及第二十八條ノ規定ヲ準用スルモノトス
前項ノ選擧ニ付テハ便宜法《ベンギハウ》ニ依リ指名推選《シメイスイセン》又ハ連名投票ヲ爲スコトヲ得セシム此方法《ハウハウ》ハ議員ニ於テ適當ナル人物ハ何人ナリヤヲ知ラザル場合又ハ議員十中ノ八迄モ人望ノ歸スル所ノ人アル場合ニ之ヲ爲スベキモノトス是等ノ場合ニハ豫メ議員ハ打合セヲ爲

シ別ニ後《ノ》チニ故障等《コシヨウトウ》ノ起《オコ》ルコトナキヲ以テ爲スベキモノトス而シテ連名《レンメイ》投票ノ法ヲ用ユル場合ニ於テハ匿名投票ノ場合ニ於ケルガ如キ方法ニ依ルモノトス

第五十六條　府縣會ノ會議ハ公開ス但シ左ノ場合ハ此ノ限ニ在ラス

一　府縣知事ヨリ傍聽禁止ノ要求ヲ受ケタルトキ

二　議長若ハ議員三名以上ノ發議ニ依リ傍聽禁止ヲ可決シタルトキ

前項議長若ハ議員ノ發議ハ討論ヲ須ヒス其ノ可否ヲ決スヘシ

府縣會ノ會議ハ公開《コウカイ》スルモノトス蓋《ケダ》シ議事ハ公明正大公平無私《コウメイセイダイコウヘイムシ》ナラザルベカラズ而シテ之ヲ公開セザレバ公明正大公平無私ナラザルコトアルヲ以テナリ故ニ公開シテ人民ニ傍聽ヲ許シ間接ニ監督セシムルノ方法ヲ取ルナリ然レドモ左ノ二個ノ場合ニ於テハ傍聽ヲ禁ズルコトアリ是レ其議事ニシテ重大ナル事項ニシテ傍聽ノ爲メニ騷擾ヲ來タスガ如キ虞アル場合ノ如キ又ハ其ノ事項ガ先ヅ秘密ニシシ議決スルヲ要スル場合ノ如キハ公開《コウカイ》スルトキハ如何ナル不測《フソク》ノ危害《ヤガイ》ヲ生スルコトナシトセズ是ヲ以テ公開ヲ禁《キン》ズル所以ナリ今公開ヲ禁ズベキ場合ヲ擧グレバ即チ左ノ如シ

一　府縣知事ヨリ傍聽禁止ノ要求ヲ受ケタルトキ　府縣知事ニ於テ前ニ述ベタル事

情アリト認《ミト》メタルトキハ傍聴禁止《バウチヤウキンシ》ヲ要求《エウキウ》スルハ行政上必要ナルベシ議會ハ府縣知事ノ要求ヲ受ケタルトキハ公開ヲ禁セザルベカラズ

二　議長若クハ議員《ギヰン》三名以上ノ發議《ハツギ》ニ依リ傍聴禁止《バウチヤウキンシ》ヲ可決《カケツ》シタルトキ　此ノ場合ハ會議全体ガ認メテ以テ禁止セザルベカラザルモノト爲シタルモノタルヲ以テ之ヲ禁ズルモ決シテ會議ヲ違法トスベキモノニアラザルナリ

前項ノ議長若クハ議員ノ發議ハ討論ヲ須ヒス其ノ可否ヲ決スルモノトス是レ秘密ニスベキノ必要ヲ生シタル場合ナレバ何ゾ可否ヲ討論スルニ及バンヤ

第五十七條　議長ハ會議ノ事ヲ總理シ會議ノ順序ヲ定メ其ノ日ノ會議ヲ開閉シ議場ノ秩序ヲ保持ス

議長《ギチヤウ》ノ議場ニ於ケル職務《シヨクム》ハ如何《イカ》ナルモノナリヤト云フニ議長ハ會議ノコトヲ總理《ソウリ》シ議員ヲシテ公明正大公平無私ニ討論セシメテ之ガ議決ヲ採リ會議ノ順序即チ議事日程ヲ定メ前後錯雜ナク議セシメ開會中議事ノ順序ヲ定メ其日ノ開會時閉會時等ヲ定メ尚ホ議場ノ秩序即チ議員發言議員ガ議席ノ進退等ニ付テ議員ガ妄リニ爲スヲ制止シ總テ議場ノ騷擾《ソウゼウ》ヲ防《フセ》ク等ノ權《ケン》アルモノトス

第五十八條　府縣會議員ハ會議中無禮ノ語ヲ用ヰ又ハ他人ノ身上ニ

渉リ言論スルコトヲ得ス

府縣會議員ニ推選《スイセン》セラレタル人ハ縣下ニ於テ相當《サウタウ》ノ資産《シサン》アリ名望《メイボウ》アル人ナリ此人ニシテ議場ニ登ルヤ名譽ト重任ヲ負荷シタル者ナリ然レハ即チ其ノ職務ニ對シシモ其ノ擧動ニ於テ苟《イヤシク》モ粗《ソ》暴《ボウ》過《クワ》激《ゲキ》ニ渉《ワタ》リ會議中無禮ノ言語ヲ用ヰ又ハ人身ヲ侮辱《ブジヨク》スル等ノ不徳義ナルコトヲ爲スベカラズトスルハ當然ナリ若シ他人ノ一身上ニ渉ル事ヲ攻撃シ傲慢無禮ニシテ徳義ヲ破ル輩ハ議會ノ体面ヲ傷クルモノナリ故ニ成ルベク愼重謙遜只議事ニ付テ熱心《ネツシン》ニ利害得失《リガイトクシツ》ノアル所ヲ辨難スルコトヲ勉《ツト》メルコトヲ主トセサルベカラズ

第五十九條　會議中此ノ法律若ハ會議規則ニ違ヒ其ノ他議場ノ秩序ヲ紊ル議員アルトキハ議長ハ之ヲ制止シ若ハ發言ヲ取消サシメ命ニ從ハサルトキハ議長ハ當日ノ會議ヲ終ルマテ發言ヲ禁止シ又ハ議場ノ外ニ退去セシメ必要ナル場合ニ於テハ警察官吏ノ處分ヲ求ムルコトヲ得

議場騷擾ニシテ整理シ難キトキハ議長ハ當日ノ會議ヲ中止シ又ハ之ヲ閉ツルコトヲ得

此法律トハ即チ府縣制ヲ云ヒ會議規則トハ府縣會ノ定メタル會議規則ナリ議員ニシテ

此等ノ法律《ハウリツ》規則《キソク》ニ違背《イハイ》シ其他議場ノ秩序《チツジヨ》ヲ紊《ミダ》シ議場ヲ紛亂《フンラン》スル等ノ如キ者アラバ議長ハ自己ノ職權ヲ以テ此等ノ者ヲ制止シ若クバ發言ヲ取消サシメテ紛議ヲ防止セザルベカラズ然ルニ尚ホ議長ノ命ニ從ハザルトキハ議長ハ當日ノ會議ヲ閉會スルマデ之レガ發言ヲ禁止シ又議場ノ外ニ退去セシメテ議場ノ秩序ヲ保タザルベカラズ而シテ尚議長ノ制止《セイシ》ニ從《シタガ》ハザルトキハ議長ハ警察官吏《ケイサツクワンリ》ノ處分ヲ求《モト》メテモ之ヲ制止シ飽《アク》デモ議場ノ安《アン》寧平穩《ネイヘイオン》ヲ謀《ハカ》ルノ處置ヲ施スベシ

然レドモ尚ホ議場騷擾シテ到底議場ヲ整理シ難キトキハ止ムヲ得ズ議長ハ當日ノ會議ヲ中止シ又ハ閉會スルコトヲ得ルモノトス

第六十條 傍聽人公然可否ヲ表シ又ハ喧騷ニ渉リ其ノ他會議ノ妨害ヲ為ストキハ議長ハ之ヲ制止シ命ニ從ハサルトキハ之ヲ退場セシメ必要ナル場合ニ於テハ警察官吏ノ處分ヲ求ムルコトヲ得

傍聽席騷擾ナルトキハ議長ハ總テノ傍聽人ヲ退場セシメ必要ナル場合ニ於テハ警察官吏ノ處分ヲ求ムルコトヲ得

議會ニ傍聽《バウチヤウ》ヲ許《ユル》スハ一般人民ニ於テ議事ノ模樣《モヤウ》ヲ見聞《ケンモン》シ參考《サンカウ》ト為サシメ等ノ必要アルヲ以テナリ然ルニ傍聽人ニシテ公然議事ノ可否ヲ表シ又ハ種々喧騷ニ渉ルノ擧動アリテ

會議ノ妨害《バウガイ》ヲ爲スガ如キハ會議ヲシテ演説《エンゼツ》ヲ聽キ講談《コウダン》ヲ聽クト一般ナラシメ傍聽ノ主旨何レニ在ルヤ加之ナラズ會議ノ妨害ト爲ルトキハ議事ハ爲メニ十分ノ議事ヲ爲スコトヲ得ザル等ノ影響ヲ被ムルベシ此等ノ場合ニハ議長ハ之ヲ制止シ尚ホ其命ニ從ハザルトキハ之レニ退場《タイジヤウ》ヲ命《メイ》ジ必要ナル場合ニハ警察官吏《ケイサツクワンリ》ニ處分ヲ求メテ議場ヲ整理スベシ

議長ハ右ノ如ク一人又ハ數人ニ對シテ制止スルト同ジク傍聽席ガ騷擾ナルトキハ總テノ傍聽人ヲ退場セシメ尚ホ其命ニ從ハザルトキハ警察官吏ノ處分ヲ求ムルコトヲ得ルナリ若シ議長ニ此等《コレラ》ノ職權《シヨクケン》ナキトキハ到底《タウテイ》議場ヲ整理《セイリ》スルコト能《アタ》ハザルナリ

第六十一條 議場ノ秩序ヲ紊リ又ハ會議ノ妨害ヲ爲ス者アルトキハ議員若ハ第四十九條ノ列席者ハ議長ノ注意ヲ喚起スルコトヲ得

議場ノ秩序《チツジヨ》ヲ紊《ミダ》リ又ハ會議ノ妨害《バウガイ》ヲ爲ス者アルモ議長ニシテ之ヲ氣付カザルコトアリ此ノ場合ニハ議員若ハ第四十九條ノ列席者ハ議長ノ注意ヲ喚起スルコトヲ得ルモノトス議長ニシテ喚起ニヨリ之ヲ知リタルトキハ前二條ノ規定ニヨリテ之ガ處分ヲ爲スベキモノトス

第六十二條 府縣會ニ書記ヲ置キ議長ニ隷屬シテ庶務ヲ處理セシム

書記ハ議長之ヲ任免ス

會議ニハ書記アリテ議事其他必要ノ事項ヲ記錄セシムルノミナラズ會議ノ庶務ヲ處理セザルベカラズ而シテ書記《シヨキ》ハ議長ニ隷屬《レイゾク》シテ議長ガ之ヲ任免《ニンメン》スルモノナリセバ議長ノ望ム者ヲ採用シテ議長ノ欲セザル者ヲ斥クルナリ

第六十三條　議長ハ書記ヲシテ會議錄ヲ製シ會議ノ顚末並出席議員ノ氏名ヲ記載セシムヘシ會議錄ハ議長及議員二名以上之ニ署名スルヲ要ス其ノ議員ハ府縣會ニ於テ之ヲ定ムヘシ

議長ハ會議錄ヲ添ヘ會議ノ結果ヲ府縣知事ニ報告スヘシ

會議錄《クワイギロク》ナルモノハ府府會議事ノ顚末《テンマツ》即チ議事ノ始メヨリ終《ヲハ》リニ至ル間ノ議事討論《トウロン》ノ要旨幷ニ出席議員ノ氏名ヲ記シタルモノヲイフ而シテ此等ノ事務ヲ處理スルニモ總テ議長ノ命ニ從ヒテ調製スルナリ此ノ會議錄ニハ議長及ビ議員二名以上之ニ署名セザルベカラズ是《コ》レ其ノ會議錄ノ果《ハタ》シテ其記《ソノキ》載《サイ》ノ如クナリシヤ証スルニアルナリ其議員ハ府縣會ニ於テ之ヲ定ムルモノトスルハ議員其人ヲ選ムニアルナリ議長ハ會議錄ヲ添ヘテ會議ノ結果ヲ府縣知事ニ報告セザルベカラズ是レ立法ハ行政ニヨリテ運用スルモノナレバ府縣知事ノ施政者ニ報告スルハ當然ノコトナリ

第六十四條　府縣會ハ會議規則及傍聽人取締規則ヲ設ケ內務大臣ノ許可ヲ受クヘシ

會議規則ニハ此ノ法律竝會議規則ニ違背シタル議員ニ對シ府縣會ノ議決ニ依リ五日以內出席ヲ停止スル規定ヲ設クルコトヲ得

會議ニハ會議規則《クワイギヤソク》ナケレバ細目《サイモク》ノ事項ニ至テハ此法律《コノハフリツ》即チ府縣制ニ於テ之ヲ制定《テイテイ》スルコトヲ望ムベカラズ則チ此會議規則ニ定ムベキ事項ハ先ヅ議案ニ關スルコト及ビ會議ノ期日《キジツ》會議順序《ジユンジヨ》發言ニ關スルコト動議《ドウギ》修正《シウセイ》等ニ關スルコト建議決議其他委員等ニ關《クワン》スル事ナリ而シテ傍聽人取締規則ナル者ヲ設ケザレバ傍聽人ノ喧騷等ヲ防止シ議場ヲ整理シ保持スルコト能ハズ此二ケノ規則ハ府縣會ニ於テ之ヲ設ケ內務大臣ノ許可ヲ受クベシトス

會議規則ニハ此ノ法律竝ニ會議規則ニ違背シタル議員ハ之ヲ懲罰ニ附セザルベカラズ此ノ懲罰《トヤウバツ》ニハ種々《シユヽ》アレドモ最モ重《ヲモ》キハ五日以內出席ヲ停止《テイシ》スル規定ヲ設《マウ》クルコトヲ得ルモノトス此等ハ事重大ニ屬スルヲ以テ內務大臣ノ許可ヲ受ケザルベカラズ

第三章　府縣參事會

第一款　組織及選擧

第六十五條　府縣ニ府縣參事會ヲ置キ府縣知事府縣高等官二名及名譽職參事會員ヲ以テ之ヲ組織ス
府ノ名譽職參事會員ハ八名トシ縣ノ名譽職參事會員ハ六名トス
府縣高等官ニシテ府縣參事會員タルヘキ者ハ內務大臣之ヲ命ス

府縣參事會ハ府縣知事高等官二名及名譽職參事會員ヲ以テ組織シ知事ヲ議長トス名譽職參事會員ハ府縣會ニ於テ其ノ議員中ヨリ之ヲ互選ス其ノ人員ハ府ハ八名トシ縣ハ六名トス

府縣參事會ハ合議政ノ機關《キクワン》ニシテ府縣知事ハ唯《タヾ》其ノ一員タルニ過《ス》ギズ之ヲ國家《コッカ》ノ機關ニ比較スレバ府縣會ハ猶ホ帝國議會ノ如ク府縣參事官ハ猶ホ內閣ノ如シ知事ハ即チ府縣ノ總理大臣タリ

府縣高等官ハ現今ハ書記官《ショキクワン》參事官ノ如キモノニシテ府縣知事ノ補佐《ホサ》タル者即チ奏任官《ソウニンクワン》タリ府縣高等官ニシテ府縣參事會員タルモノニ就テハ內務大臣ヨリ之ヲ命ズベク而シテ府縣ニハ高等官タル者ハ書記官警部長典獄參事官ニ過ギサレバ此中ニテ任ゼラル丶モノナリ

茲《コヽ》ニ府縣知事ニ就テ一言《ゲン》セバ地《チ》方團体《ハウダンタイ》ノ吏員タル府縣知事ハ其縣會及ビ府縣參事會ノ

議決ヲ施行シ及府縣有財産ヲ管理シ並ニ府縣ノ費用ヲ以テ支辨スル工事ヲ執行シ他人ニ對《タイ》シテ府縣ノ義務《ギム》ヲ代表《タイヘウ》ス地方官府タル府縣知事ハ單獨《タンドク》官府ニシテ其ノ權限《ケンゲン》ノ範圍内ニ於テ獨立シテ普通行政ヲ施行スルノ任務ヲ負フ者ナレドモ地方團体ノ吏員タル府縣知事ハ唯合議体ノ一員トシテ其ノ議決ヲ執行スルニ過ギズ是レ其ノ大ニ異ナル所ナリ之ニ依リテ見レバ府縣知事ハ地方官府タルノ資格ト府縣吏員タルノ資格トヲ兼有スルモノナリ而シテ地方官府タル　知事《チジ》ノ職權《ショクケン》ハ極《キハ》メテ廣大《クワウダイ》ナルモ府縣吏員タル知事ノ職權ハ甚ダ狹隘ナルモノナリ

知事ノ外府縣吏員ト稱スベキモノハ府縣會ノ議決ニ依リ府縣ノ費用ヲ以テ府縣有財産ノ管理若クハ土木工事ノ爲メ知事ガ任命スル所ノ有給吏員トス府縣吏員ト府縣官吏トハ明《アキラ》カニ之ヲ區別《クベツ》センコトヲ要ス府縣官吏ハ大抵《タイテイ》國ノ官吏ニシテ府縣ニ駐在《チウザイ》シ各其擔任スル普通行政ノ一部府縣内ニ施行スル者タリ唯實際ニ於テハ府縣官吏ニシテ知事ノ命令ヲ受ケ地方團体タル府縣ノ事務ヲ行フ者アルナリ

又委員《ヰヰン》タル者アリ委員モ亦《マタ》地方團体《チハウダンタイ》タル府縣ノ機關《キクワン》タリ委員ハ名譽職ニシテ臨時《リンジ》委員常置委員ノ二種アリ府縣事務ノ一部ヲ調査シ又ハ府縣有財産ノ一部ヲ管理スルノ任ヲ負フ者ナリ其ノ選擧又ハ選任ノ方法及任期ハ府縣會ニ於テ之ヲ議決ス

第六十六條　名譽職參事會員ハ府縣會ニ於テ議員中ヨリ之ヲ選擧スヘシ

府縣會ハ名譽職參事會員ト同數ノ補充員ヲ選擧スヘシ

名譽職參事會員中闕員アルトキハ府縣知事ハ補充員ノ中ニ就キ之ヲ補闕ス其ノ順序ハ選擧同時ナルトキハ投票數ニ依リ投票同數ナルトキハ年長者ヲ取リ同年月ナルトキハ抽籤ニ依リ選擧ノ時ヲ異ニスルトキハ選擧ノ前後ニ依ル仍闕員ヲ生シタル場合ニ於テハ臨時補闕選擧ヲ行フヘシ

補闕員ハ前任者ノ殘任期間在任ス

名譽職參事會員及其ノ補充員ハ府縣會議員ノ定期改選毎ニ之ヲ改選スヘシ但シ名譽職參事議員ハ後任者就任ノ日マテ在任ス

名譽職參事會員ハ府縣會ニ於テ選擧方法ニ依リ會員中ヨリ之ヲ選擧スルモノタルコトハ前ニ述ベタルガ如シ而シテ名譽職參事會員ニシテ缺員トナルコトアリ故ニ之ニ代ツテ其ノ職ニ就クモノヲ補充員トシ此ノ補充員ハ名譽職參事會員ト同數ヲ選擧シ置クベシ而シテ何《イツ》レヲ補缺《ホケツ》スベキヤハ選擧ノ同時《ドウジ》ナリシ場合ニハ投票ノ數ノ多數《タスウ》ナル者ハ公

衆ノ望ミヲ屬スル者ナレバ先ヅ此者ヲ選擧スルヲ至當トス投票ノ數同ジキトキハ年長者ヲ推スベク同年月ナレバ抽籤ノ方法ニヨリ之ガ補缺ヲ爲スナリ

補缺員《ホケツヰン》ハ前任者ガ闕《カ》ケタル時ニ補充《ホジウ》セラルベキモノナルヲ以テ前任者《ゼンニンシヤ》ガ欠クルマデノ間ハ其任期ハ盡シタルモノナルヲ以テ其殘任期間其任ニ在ラバ足レリトスルナリ

名譽職參事會員及ビ其補充員ノ任期ニ就テハ府縣會ノ定期改選即チ四ケ年毎ニ之ヲ改選スベシ是名譽職參事會員モ其補充員モ皆府縣會議員ヨリ選擧スベキモノナルヲ以テ定期《テイキ》改選《カイセン》ニ至リタラバ前議員ガ改選セラルヽハ勿論《モチロン》ナレバ當然名譽職參事會員及補充員モ改選セザルベカラザルナリ然レドモ名譽職參事會員ハ後任者ガ就任ノ日マデハ尚ホ其任ニ在ラザルベカラズ

第六十七條　府縣參事會ハ府縣知事ヲ以テ議長トス府縣知事故障アルトキハ高等官參事會員議長ノ職務ヲ代理ス

府縣參事會ハ前ニモ述ベタル如ク地方團体タルモノニシテ知事ハ其ノ總理タレバ府縣知事ヲ以テ議長トスル所以《ユヱン》ナリ若シ知事ニ於テ故障《コシヤウ》ノアリシトキハ何人《ナニビト》ヲ以テ議長トスルヤヲ定メ置カザレバ其ノ場合ニ臨ンデ差支ヲ生ズルナリ本條ハ其場合ヲ規定シテ高等官參事會員議長《ギチヤウ》ノ職務《シヨクム》ヲ代理《ダイリ》スルモノトスルナリ

第二款　職務權限及處務規程

第六十八條　府縣參事會ノ職務權限左ノ如シ

一　府縣會ノ權限ニ屬スル事件ニシテ其ノ委任ヲ受ケタルモノヲ議決スル事

二　府縣會ノ權限ニ屬スル事件ニシテ臨時急施ヲ要シ府縣知事ニ於テ之ヲ招集スルノ暇ナシト認ムルトキ府縣會ニ代テ議決スル事

三　府縣知事ヨリ府縣會ニ提出スル議案ニ付府縣知事ニ對シ意見ヲ述フル事

四　府縣會ノ議決シタル範圍內ニ於テ財產及營造物ノ管理ニ關シ重要ナル事項ヲ議決スル事

五　府縣費ヲ以テ支辨スヘキ工事ノ執行ニ關スル規定ヲ議決スル事但シ法律命令中別段ノ規定アルモノハ此ノ限ニ在ラス

六　府縣ニ係ル訴願訴訟及和解ニ關スル事項ヲ議決スル事

七　其ノ他法律命令ニ依リ府縣參事會ノ權限ニ屬スル事項

府縣參事會ノ職務權限ハ本條第一ヨリ第七ニ至ル事項ヲ議決スルニアリトス

第一　府縣會ノ權限ニ屬スル事件ニシテ其委任ヲ受ケタルモノヲ議決スル事　府縣會ノ權限ニ屬スル事件トハ第四十二條ノ規定スル所ニシテ其ノ事件ニ付テ委任ヲ受ケタルモノヲ議決《ギケツ》スルナリ是《コ》レ府縣會ト府縣參事會トハ同《オナ》ジク地方團体《チハウダンタイ》タル府縣ノ機關ナレバナリ

第二　府縣會ニ於テ議決スベキ事件モ臨時急施ヲ要スル場合ハ之ヲ府縣會ニ於テ議決スルノ暇《イトマ》ナキヲ以テ行政ノ一部《ブ》タル府縣參事會ハ府縣會ニ代《カハ》テ之ヲ議決セザルベカラズ是レ一ノ例外的規定ナリ

第三　府縣知事ヨリ府縣會ニ提出スベキ議案ニ付府縣知事ニ對シ意見ヲ述ブル事

府縣知事ガ府縣會ニ提出《テイシユツ》スベキ議案《ギアン》ニ付テ不可《フカ》ナリト認《ミト》メタルトキハ之ヲ議決《ギケツ》シテ可トスルモノニアラザレバ之ヲ提出セシメズトス是レ其ノ議案ニ必ズ正當ナルモノヽミアリト云フベカラズ然ルニ之ヲ其儘ニテ府縣會ニ提出スルトキハ府縣會ニ於テ若シ會議ニ付シ議決シタルトキハ之ガ行政上府縣ノ不利益ナルヲ以テ府縣參事會ハ其議案テ府縣會ニ付スルノ可否ヲ述ベテ府縣知事ヲシテ一考アラシムル

ナリ

第四　府縣會ノ議決シタル範圍內ニ於テ財産及營造物ノ管理ニ關シ重要ナル事項ヲ議決スル事　府縣會ニ於テ議決《ギケツ》シタル事ト雖《イヘド》モ必《カナラ》ズ細微《サイビ》ノ事項ニ至ルマデ盡《ツク》シテ漏ラサズト云ヒ難シ依テ府縣會ニ於テ議決シタル府縣ノ財産及ビ營造物ノ管理ニ關シテ其議決ノ範圍ニ於テ若シ府縣會ノ議決ガ十分ナラズト認メタルトキハ府縣參事會ニ於テ其必要ナル事項ヲ議決スルノ義務アリトス

第五　府縣ノ費用《ヒヨウ》ヲ以テ支辨《シベン》スベキ工事ニ付テ議決スル事　此等ノ事項《ジコウ》ハ府縣會ニ於テ之ヲ議決スベキモ其工事ノ執行ニ關スル規定ニシテ細目ニ至ルマデ府縣會ニ於テ之ヲ議決セザレバ而シテ之等ノ細目規則モ豫メ之ヲ規定シ置カザレバ工事執行ニ差支《サシツカヘ》アルヲ以テナリ然《シカ》レドモ法律命令中ニ於《オイ》テ特別《トクベツ》ノ規定ヲ設ケテ此規定《コノキテイ》ト牴觸スルトキハ其規則ニ依ルベシ

第六　府縣ニ係ル訴願訴訟及和解ニ關スル事項ヲ議決スル事　府縣ニ係ル訴願又ハ訴訟和《ソシヤウワ》解等《カイトウ》ハ人民ト爲スコトアリ他ノ官廳《クワンチヤウ》ト爲スコトアリ是等ハ權利《ケンリ》ノ爭《アラソ》ヒニ係ル者ニシテ事重大ナレバ十分議決セザルベカラズ而シテ是等ノ事件ハ行政上ニ關スルヲ以テ必ズ府縣參事會ニ於テ議決セザルベカラズ

第七　其他法律命令ニ依リ府縣參事會ノ權限ニ屬スル事項　例ヘバ公用土地收用ノ審査及所得税ノ審査ヲ爲スノ類ナリ

第六十九條　府縣參事會ハ名譽職參事會員中ヨリ委員ヲ選擧シ之ヲシテ府縣ニ係ル出納ヲ檢査セシムルコトヲ得

前項ノ檢査ニハ府縣知事又ハ其ノ指命シタル官吏若ハ吏員之ニ立會フコトヲ要ス

委《ヰ》員《ヰン》ノ何タルコトハ前《マヘ》ニ述《ノ》ベシガ如ク府縣參事會ハ名譽職《メイヨショク》參事會員ノ中ヨリ委員ヲ選擧シテ府縣ニ係ル出納即チ收入支出ノ事ヲ檢査セシムルコトヲ得ルモノトス此ノ出納事務ハ元ト府縣官吏若クハ吏員ニ於テ之ヲ爲シタルモノヲ以テ之ガ檢査ヲ爲スニハ名譽職參事會員ニ於テ爲スヲ適當《テキタウ》トスル所以《ユエン》ハ蓋《ケダ》シ府縣官吏及吏員ニ關係ノ遠《トホ》キモノヲ善トスルニ出テタルモノナラン

前項ノ檢査《ケンサ》ニ付テハ鄭重《テイチヤウ》ヲ要《エウ》スルヲ以テ府縣知事タルモノハ立會ヒテ檢査《ケンサ》セシメザルベカラズ若シ府縣知事ニ於テ事故アルトキハ府縣官吏若クハ吏員ニ命ジテ之ニ立會ハザルベカラズ

第七十條　第四十四條第四十五條第四十九條及第六十二條ノ規定ハ

府縣參事會ニ之ヲ準用ス

本條ハ說明ヲ要スベキ事項ナシ

第七十一條　府縣參事會ハ府縣知事之ヲ招集ス若名譽職參事會員半數以上ノ請求アル場合ニ於テ相當ノ理由アリト認ムルトキハ府縣知事ハ府縣參事會ヲ招集スヘシ

府縣參事會ノ會期ハ府縣知事之ヲ定ム

府縣參事會ハ何人ガ之ヲ招集スルヤト云ハヾ府縣知事之ヲ招集スルモノトス府縣知事ハ如何《イカ》ナル場合ニ之ヲ招集《セウシウ》スルヤト云フニ必要《ヒツエウ》アル場合ト名譽職參事會員半數以上ノ請求アルニ因リ開會スルノ必要即チ相當ノ理由アリト見認メタル場合ハ之ヲ招集スルモノナリ

府縣參事會モ臨時《リンジ》招集《セウシウ》ノ外ハ必ズ一定《テイ》ノ會期《クワイキ》ナカルベカラズ此ノ會期ハ府縣知事之ヲ定ムルモノトス

第七十二條　府縣參事會ノ會議ハ傍聽ヲ許サス

府縣參事會ノ會議ハ多クハ施政ノコトヲ決議スルヲ以テ人民ニ傍聽セシムルノ必要ナク否寧《イナムシロ》傍聽《バウチヤウ》セシメザルヲ善《ヨ》シトスレバ如何ナル場合ト雖《イヘド》モ傍聽スルコトヲ禁《キン》ジタリ

第七十三條　府縣參事會ハ議長又ハ其ノ代理者及名譽職參事會員定員ノ半數以上出席スルニ非サレハ會議ヲ開クコトヲ得ス
第六十八條第二ノ議決ヲ爲ストキハ府縣知事高等官參事會員ハ其ノ議決ニ加ハルコトヲ得ス
府縣參事會ノ議事ハ過半數ヲ以テ決ス可否同數ナルトキハ議長ノ決スル所ニ依ル
會議ノ顚末ハ之ヲ會議錄ニ記載シ議長及參事會員二名以上之ニ署名スヘシ

府縣參事會ヲ開クハ議長又ハ其代理者及名譽職參事會員ノ定員即チ府ハ一名ト八名合計九名縣ハ一名ト六名合計七名何レモ此ノ半數以上ノ出席スルニ非ザレバ會議ヲ開クヲ得ズ

第六十八條第二ハ府縣會ノ權限《ケンゲン》ニ屬《ゾク》スル事件ニシテ臨時《リンジ》急施《キフセイ》ヲ要スル場合府縣知事カ府縣會ヲ招集スル暇ナシト認メタル時ニ會議ヲ爲スコトノ權限ヲ府縣參事會ニ委任シタル場合ノ規定ナリ而シテ本條ニ於《ヲイ》テ右ノ議決《ギケツ》ヲ爲ストキニハ府縣知事高等官《カウトウクワン》參事會員ハ議決ノ數ニ加ハルコトヲ得ズトシタルハ元來府縣會ガ議決スベキモノヲ行政者タ

ル府縣參事會ガ議決スルコトヽ爲シタルヲ以テ此場合ニ限リテハ會議ニ臨ンデ其意見ヲ述ブルコトヲ得ベキモ其決議ニ加ハルコトヲ許シタルトキハ施政ト議政トヲ混同スルニ至レバナリ

府縣參事會ノ議決ヲ爲スハ過半數ヲ以テ可否ヲ決スベキナリ而シテ可否同數ナルトキハ議長ニ於テ之ヲ決スルナリ

第七十四條 第五十四條ノ規定ハ府縣參事會員ニ之ヲ準用ス但シ同條ノ規定ニ依リ會員ノ數減少シテ前條第一項ノ數ヲ得サルトキハ府縣知事ハ補充員ニシテ其ノ事件ニ關係ナキ者ヲ以テ第六十六條第三項ノ順序ニ依リ臨時之ニ充テ仍其ノ數ヲ得サルトキハ府縣會議員ニシテ其ノ事件ニ關係ナキ者ヲ臨時ニ指名シ其ノ闕員ヲ補充スヘシ

議長及其ノ代理者共ニ除席セラレタルトキハ年長ノ會員ヲ以テ假議長ト爲スヘシ

第五十四條ノ規定ハ議長及議員ハ自己若クハ父母祖父母妻子孫兄弟姉妹ノ一身上ニ關スル事件ニ付テハ府縣會ノ同意ヲ得ルニ非ザレバ其議事ニ參與スルコトヲ得ズトセリ

府縣參事會員ニ在テモ尚ホ此規定ヲ準用スルハ前ニ述ベタル理由ナリ而シテ此ノ規定ヲ準用シタルノ結果前條第一項ニ記載スル半數以上ノ會員ヲ減シタルトキハ府縣參事會員ト同一ナル數ノ補充員ヲ豫テ設ケアルヲ以テ此補充員中ヨリ選出セザルベカラザルコトヽシタリ然レドモ補充員トテモ其議事事件ニ關係ヲ有スルモノナレバ其事件ニ關係ナキモノヲ以テ第六十六條第三項ノ順序ニヨリ選擧同時ナルトキハ投票ノ數ニヨリ票同數ナルトキハ年長者ヲ取リ同年月ナルトキハ抽籤ニヨリ選擧ノ時ヲ異ニスルニ於テハ選擧ノ前後ニヨリテ臨時之ヲ補充スベキナリ尚其定員ニ不足ナル片ハ府縣會議員ノ其ノ事件ニ關係ヲ有セザル者ヲ臨時ニ府縣會ニ於テ之ヲ指名シテ會員ヲ補充スルナリ

議長代理者ガ親族等ノ一身ニ關スル事件ニ關係ヲ有シ共ニ參事會ニ列席スルコトヲ得ザルトキハ高等官參事會員タルト名譽職參事會員タルトヲ問ハズ年長ノ會員ヲ以テ假議長ト名クル者ヲ以テ議案ヲ決スルナリ

第四章　府縣行政

第一款　府縣吏員ノ組織及任免

第七十五條　府縣ニ有給ノ府縣吏員ヲ置クコトヲ得

前項ノ府縣吏員ハ府縣知事之ヲ任免ス

府縣ハ議政ト行政トアリ議政ハ府縣會ニシテ行政ハ府縣ニ於テ之ヲ行フナリ而シテ議政ハ議員ヲ以テ組織シ行政ハ官吏吏員ヲ任用シテ之ヲ行フ府縣吏員ノ何者タルコトハ前ニ既ニ述ベタル所ノ如ク府縣知事モ亦府縣吏員タルノ資格ヲ兼有シ而テ府縣吏員タルモノハ府縣會ノ議決ニヨリテ府縣ノ費用ヲ以テ府縣有財産ノ管理若クハ土木工事ノ爲メ知事ガ任命スル所ノ有給吏員トス府縣官吏ト府縣吏員トヲ區別セバ府縣官吏ハ大抵國ノ官吏ニシテ府縣ニ駐在シ各其擔任スル普通行政ノ一部ヲ府縣ニ施行スルモノタリ唯實際ニ於テハ府縣官吏ニシテ知事ノ命令ヲ受ケ地方團体タル府縣ノ事務ヲ行フ者アルナリ

第七十六條　府縣ニ府縣出納吏ヲ置キ官吏吏員ノ中ニ就キ府縣知事之ヲ命ス

府縣ニハ府縣出納吏ナル者ヲ置キテ府縣ノ出納會計ニ關スル事務ヲ行ハシム此ノ出納吏ハ府縣屬ノ官吏吏員ノ中ヨリ推選シ府縣知事ノ任命スル所トス

第七十七條　府縣ハ府縣會ノ議決ヲ經内務大臣ノ許可ヲ得テ臨時若ハ常設ノ委員ヲ置クコトヲ得

委員ハ名譽職トス

委員ノ組織選任任期等ニ關スル事項ハ府縣會ノ議決ヲ經內務大臣ノ許可ヲ得テ府縣知事之ヲ定ム

委員ノ事ハ前ニ既ニ述ベタル所ノ如ク地方團体タル府縣ノ機關ニシテ府縣會ノ議決ヲ經テ內務大臣ノ許可ヲ得テ之ヲ置クモノナリ而シテ臨時若ハ常設ノ委員ヲ置キ名譽職トス

委員ノ組織卽チ人員又ハ其任期等ハ府縣會ノ議決ヲ經內務大臣ノ許可ヲ得テ府縣知事ノ定ムル所トス

第二款　府縣官吏府縣吏員ノ職務權限及處務規程

第七十八條　府縣知事ハ府縣ヲ統轄シ府縣ヲ代表ス

府縣知事ノ擔任スル事務ノ概目左ノ如シ

一　府縣費ヲ以テ支辨スヘキ事件ヲ執行スル事

二　府縣會及府縣參事會ノ議決ヲ經ヘキ事件ニ付其ノ議案ヲ發スル事

三　財產及營造物ヲ管理スル事但シ特ニ之カ管理者アルトキハ

其ノ事務ヲ監督スル事

四　收入支出ヲ命令シ及會計ヲ監督スル事

五　證書及公文書類ヲ保管スル事

六　法律命令又ハ府縣會若ハ府縣參事會ノ議決ニ依リ使用料手數料府縣稅及夫役現品ヲ賦課徵收スル事

七　其ノ他法律命令ニ依リ府縣知事ノ職權ニ屬スル事項

府縣吏員ハ官吏ノ一ニシテ地方官府タルノ資格ト府縣吏員タルノ資格トヲ兼有スルモノナルコトハ前ニモ述ベタルガ如シ而シテ地方官府トシテ其府縣ニ臨ムヤ府縣ヲ統治管轄シ以テ府縣ヲ代表スルナリ而シテ府縣知事ノ擔任スル事務ノ概目ハ左ノ如シ

一　府縣費ヲ以テ支辨スベキ事件ヲ執行スル事　府縣費トハ府縣ガ負擔スル行政費ナリ此ノ費用ヲ以テ支辨スベキ事件ヲ執行即チ施政ニ行フナリ

二　府縣會及府縣參事會ノ議決ヲ經ヘキ事件ニ付其ノ議案ヲ發スル事　府縣知事ガ行政上府縣會及縣府參事會ノ議決ヲ經ヘキ事件ニ付テハ其ノ議案ヲ提出スルハ府縣知事ニ於テ之ヲ爲サヽルベカラズ

三　財產幷ニ營造物ヲ管理スル事但シ特ニ之ガ管理者アルトキハ其ノ事務ヲ監督スル

事　府縣ノ所有スル財産幷ニ府縣ノ所有スル營造物即チ建物等ヲ保管セザルベカラズ然レドモ別ニ之ガ管理者アルコトアリ此ノ場合ニハ其事務ヲ監督スルノ任アリトス

四　收入支出ヲ命令シ及會計ヲ監督スル事　收入支出トハ府縣ノ會計ニシテ金錢取扱ヲ爲スモノナリ知事ハ之ヲ命令シ及其會計上ノ事ニ付テハ之ヲ監督シテ濫費等ノコトナカラシム

五　證書及公文書類ヲ保管スル事　證書類ハ權利財産ニ關スルモノニシテ公文書ハ議事其他ノ往復《ワウフク》公文ナリ此等ノ書類ハ悉ク之ヲ保存《ホゾン》スベキナリ

六　法律命令又ハ府縣會若クハ府縣參事會ノ議決ニ依リ使用料手數料府縣稅及夫役現品ヲ賦課徵收《フクヮチヤウシフ》スル事　第四十條第三ニ依リテ府縣會ガ此《コヽ》ニ揭《カヽ》グルモノヲ議決スベキコトヲ定ム府縣知事ハ府縣會ガ決議シタルニ依リ之ヲ行政上徵收スルモノトス是レ府縣會及府縣參事會ニ於テ之ヲ議決《ギケツ》セシモ府縣知事ガ之ヲ徵收セザレバ其決議《ソノケツギ》ハ何ノ益スル所アランヤ而シテ府縣知事ハ法律命令又ハ府縣會及府縣參事會ニ於テ決議シタル事件ニアラザレバ隨意《ズイヽ》ニ之ヲ徵收スルコトヲ得ズ

七　第一乃至第六ニ定ムル事項ノ外ニ法律又ハ命令ニヨリ現在及將來ニ於テ府縣知事

ノ職權ニ屬スベキ事項ヲ特定シタル場合ハ其特例又ハ其規定ニ從フベキモノトス

第七十九條　府縣知事ハ議案ヲ府縣會ニ提出スル前之ヲ府縣參事會ノ審査ニ付シ若府縣參事會ト其ノ意見ヲ異ニスルトキハ府縣參事會ノ意見ヲ議案ニ添ヘ府縣會ニ提出スヘシ

府縣知事ガ府縣會ニ提出スベキ議案ヲ府縣參事會ハ其可否ニ付テ意見ヲ陳述スルコトヲ得ベキハ前ニ述ベタル所ノ如シ是《コレ》ヲ以テ知事ハ議案ヲ府縣會ニ提出《テイシュツ》スル以前ニ必ズ先ヅ府縣參事會ニ提出シ府縣參事會ノ可否ノ意見ヲ待テ府縣會ニ差出スベシ而シテ其議案ニ付府縣知事ト府縣參事會トカ其意見《イケン》ヲ異《コト》ニシタル場合ハ府縣知事ハ其府縣參事會ノ意見ヲ議案ニ添ヘテ府縣會ニ差出スベキナリ

第八十條　府縣知事ハ府縣ノ行政ニ關シ其ノ職權ニ屬スル事務ノ一部ヲ郡島ノ官吏吏員又ハ市町村吏員ニ補助執行セシメ若ハ委任スルコトヲ得

府縣知事ハ府縣ノ行政ニ關シ其ノ職權ニ屬スル事務ノ一部ヲ府縣吏員ニ臨時代理セシムルコトヲ得

府縣知事ニ於テ府縣ノ行政ニ關シ其ノ職權ニ屬スル事務ト雖モ郡島又ハ市町村ノ僻陬

ニ至ルマデ悉ク執行セザルベカラズトハ其手數ト費用ヲ要スルガ如キコトアリテ行政上不便《フベン》ナルヲ以テ其郡島又ハ市町村ノ官吏《クワンリ》又ハ吏員ニ委任シ又ハ補助《ホジヨ》執行セシムルコトヲ得ルモノトス

又執行ノ囑託《ソクタク》又ハ委任ノ方法ヲ定《サダ》メタルノミナラズ別ニ場所ノ如何ニ關係《クワンケイ》ナク府縣ノ行政ニシテ知事ノ職權《シヨクケン》ニ屬《ゾク》スル一部ノ代理ヲ府縣吏員ニ臨時《リンジ》代理セシムルコトヲ得ルモノトス

第八十一條　府縣知事ハ府縣吏員ヲ監督シ懲戒處分ヲ行フコトヲ得

其ノ懲戒處分ハ譴責二十五圓以下ノ過怠金及解職トス

府縣知事ハ府縣吏員ノ懲戒處分ヲ行ハントスル前其ノ吏員ノ停職ヲ命シ竝給料ヲ支給セサルコトヲ得

懲戒ニ依リ解職セラレタル者ハ二年間其ノ府縣ノ公職ニ選擧セラレ若ハ任命セラルルコトヲ得ス

府縣吏員ハ知事ノ任命スルモノナレバ之ガ賞罰モ亦知事ノ職權內ニアリ然ルニ賞罰即チ增俸《ゾウホウ》等ハ豫《アラカジ》メ法律ノ規定ナキモ勤務《キンム》ノ勉强ト其ノ技量《ギリヤウ》ニ依テ行フモノナレバ差支ナキモ懲戒《チヤウカイ》處分ハ法律ノ規定ナキトキハ知事ガ職權ヲ濫用《ランヨウ》スルコトアラバ吏員ハ甚シキ

迷惑ヲ被ルコトアルガ故ニ本條ノ規定アリタル所以ナリ

而シテ懲戒法ハ其行爲《ソノカウヰ》ノ輕重《ケイヂウ》ニ依リ等差《トウサ》アリト雖モ其輕《カロ》キモノハ譴責ニ止マリ重キハ二十五圓以下ノ過怠金及ビ其職ヲ解クモノトス

府縣知事ニ於テ府縣吏員ノ懲戒處分ヲ行ハントスル前ニ停職シ及ヒ其給料ヲ支給セザルコトヲ得セシメタリ是レ懲戒處分ヲ行フマデニ甚シキ害ヲ受クルコトアルモ計リ難キヲ以テ此等ノコトヲ防《フセ》ガン爲メ此ノ手續ヲ爲スニアリ

懲戒ニ依リ解職《カイシヨク》セヲレタル者ヲ尋《ツイ》デ府縣ノ公職ニ就任《ジウニン》セシムルガ如キハ懲戒ヲ行ヒタル趣旨ニ戻ルノミナラズ懲戒其ノ効ナクシテ施政ノ威信ヲ損スルニ至ルベケレバナリ故ニ本條ハ二年ヲ經過セザレバ再ビ任用スルコトヲ得ズトシテ十分ニ懲戒ノ効ヲ奏セシメントス

第八十二條　府縣會若ハ府縣參事會ノ議決若ハ選擧其ノ權限ヲ越エ又ハ法律命令ニ背クト認ムルトキハ府縣知事ハ自己ノ意見ニ依リ又ハ内務大臣ノ指揮ニ依リ理由ヲ示シテ直ニ其ノ議決若ハ選擧ヲ取消シ又ハ議決ニ付テハ再議ニ付シタル上仍其ノ議決ヲ改メサルトキハ之ヲ取消スヘシ

前項取消處分ニ不服アル府縣會若ハ府縣參事會ハ行政裁判所ニ出訴スルコトヲ得

府縣會若ハ府縣參事會ノ議決公益ニ害アリト認ムルトキハ府縣知事ハ自己ノ意見ニ依リ又ハ內務大臣ノ指揮ニ依リ理由ヲ示シテ之ヲ再議ニ付シ仍其ノ議決ヲ改メサルトキハ內務大臣ニ具狀シテ指揮ヲ請フヘシ

府縣知事ハ府縣ヲ統轄《トウカツ》シ府縣會及府縣參事會ヲ招集《セウシウ》スルノ權アルモノナレバ若《モ》シ府縣會府縣參事會ニ於テ其議決若クハ選擧其權限ヲ超エ又ハ法律命令ニ背クト認ムルトキハ即チ府縣知事ハ直ニ其ノ議決若ハ選擧ヲ取消ヲ等ノ事ヲ得ルモノトス而シテ之ヲ取消スニハ自己《ジコ》ノ意見《イケン》ニ依リ又ハ內務大臣ノ指揮《シキ》ニ依リ如何ナル處ガ權限《ケンゲン》ヲ超《コ》エタリトノ理由ヲ示スナリ尙ホ議決ニ付テハ再議ニ付セシメ仍其議決ヲ改メザルトキハ之ヲ取消スヘシ

取消ヲ受ケタル府縣會府縣參事會ハ其ノ取消處分ニ必ズ服從スベキ義務アル者ニアラズ之ガ是非ヲ爭フニハ行政裁判所ニ出訴シテ判決ヲ請フコトヲ得ルモノトス

又議決ガ權限ヲ超エザルモ公益ニ害アリト認ムルトキハ府縣知事ハ自己ノ意見ニ依リ

又ハ內務大臣ノ指揮ヲ受ケテ前ノ如ク理由ヲ示シテ再議ニ付セザルベカラズ而シテ再議ニ付シテ之ヲ改メ公益ニ害ナシト認ムルニ於テハ可ナリト雖モ若シ議決ヲ改メサルニ於テハ其監督長官タル內務大臣ニ其狀ヲ具シテ其指揮ヲ請ハザルベカラズ而シテ知事ハ單ニ內務大臣ノ指揮ヲ請フニ止マルハ此ノ塲合ハ內務大臣ニ於テ決スルコトヲ得ヘキヲ以テナリ

第八十三條　府縣會若ハ府縣參事會ニ於テ府縣ノ收支ニ關シ不適當ノ議決ヲ爲シタルトキハ府縣知事ハ自己ノ意見ニ依リ又ハ內務大臣ノ指揮ニ依リ理由ヲ示シテ之ヲ再議ニ付シ仍其ノ議決ヲ改メサルトキハ內務大臣ニ具狀シテ指揮ヲ請フヘシ但シ塲合ニ依リ再議ニ付セスシテ直ニ內務大臣ノ指揮ヲ請フコトヲ得

本條モ前條《ゼンデウ》ノ意義《イギ》理由《リユウ》ト同一ニシテ說明《セツメイ》ヲ要《エウ》セズ

第八十四條　府縣知事ハ期日ヲ定メテ府縣會ノ停會ヲ命スルコトヲ得

府縣知事ハ府縣會ノ再議《サイギ》ヲ命《メイ》ズルニ當《アタ》リ內務大臣ノ指揮《シキ》ヲ請《コ》フニハ其指揮アルマデ府縣會ヲ停會スルコトヲ得ルモノトス而シテ此停會ハ其期日ヲ定メザルベカラス期日ナ

クシテ停會ヲ命シタルトキハ解散ト同一ノ結果ヲ生スレバナリ府縣知事ハ停會ヲ命ズルノ權《ケン》アルモ解散《カイサン》ヲ爲スノ權《ケン》ナシ

第八十五條　府縣會若ハ府縣參事會招集ニ應セス又ハ成立セサルトキハ府縣知事ハ內務大臣ニ具狀シテ指揮ヲ請ヒ其ノ議決スヘキ事件ヲ處分スルコトヲ得第五十四條第七十四條ノ場合ニ於テ會議ヲ開クコト能ハサルトキ亦同シ

府縣會若ハ府縣參事會ニ於テ其ノ議決スヘキ事件ヲ議決セス又ハ府縣會ニ於テ其ノ招集前告示セラレタル事件ニ關シ議案ヲ議了セサルトキハ前項ノ例ニ依ル

府縣參事會ノ決定若ハ裁決スヘキ事項ニ關シテハ本條第一項第二項ノ例ニ依ル此ノ場合ニ於ケル府縣知事ノ處分ニ關シテハ各本條ノ規定ニ準シ訴願及訴訟ヲ提起スルコトヲ得

本條ノ處分ハ次ノ會期ニ於テ之ヲ府縣會若ハ府縣參事會ニ報告スヘシ

府縣知事ニ於テ府縣會及ヒ府縣參事會ヲ招集シタルニ其招集ニ應セザルトキ又ハ招集ニ應スルモ一定ノ員數出席セズシテ議決ヲ爲スコト能ハザルトキハ内務大臣ニ具狀シテ指揮《シキ》ヲ請《コ》ヒ其議決スベキ事件ヲ處分《シヨブン》スルコトヲ得ルモノトス而《シカ》シテ其事件ヲ處分スルトハ之ヲ會議ニ付セズシテ夫々執行フコトヲ云フ又第五十四條第七十四條ノ場合トハ親族ノ一身上ニ關スル議事ノ爲メ總テノ議員ニ差支ヲ生ズル等ノ爲メ成立セザルコトアル場合ニモ知事ハ内務大臣ニ具狀シテ指揮ヲ請ヒ其議決スベキ事件ヲ處分スルコトヲ得ベキコトヽ爲シタリ

招集《セウシウ》ニ應ジタルモ議決《ギケツ》スヘキ事件ヲ議決セザルトキ又ハ府縣會ニ於《オイ》テ其《ソノ》招集《セウシウ》前告示《センコクシ》セラレタル事件ニ付テ議案ヲ議了セザルトキハ會議ハ成立セザルト同一ノ結果ヲ生ズレバ知事ハ内務大臣ニ具狀シテ其指揮ヲ請ヒ其議決スベキ事件ヲ處分スルコトヲ得ルモノトス

府縣參事會ニ於テ決定《ケツテイ》若ハ裁決《サイケツ》スヘキ事項《ジコウ》ニ關シ之ヲ決定若ハ裁決セザルトキハ前二項ノ例ニ依リ府縣知事ハ亦内務大臣ニ具狀シテ指揮ヲ請ヒ其議決スヘキ事件ヲ處分スルコトヲ得ルナリ此ノ場合ノ處分ニ關シテ不服アルトキハ各本條即チ第三十四條第三十七條第十二條等ノ規定ニ準シ訴願及ビ訴訟ヲ提起スルコトヲ得ルモノトス

本條ニ依リ知事ガ處分シタル事件ハ次ノ會期ニ於テ之ヲ府縣會若クハ府縣參事會ニ報告セザルベカラズ此ノ報告ハ動カスコトヲ得ザルモ府縣會若ハ府縣參事會ニ於テ之ヲ知ラズシテ可ナランヤ

第八十六條　府縣參事會ノ權限ニ屬スル事件ニシテ臨時急施ヲ要シ府縣知事ニ於テ之ヲ招集スルノ暇ナシト認ムルトキハ府縣知事ハ專決處分シ次ノ會期ニ於テ其ノ處分ヲ府縣參事會ニ報告スヘシ

府縣參事會ノ權限ニ屬《ゾク》スル事件ニシテ臨時《リンジ》急施《キフシ》ヲ要シ參事會ヲ招集《セウシウ》スルニ於テハ時日ヲ要シ為メニ不測ノ災害ヲ生ヲ招集スルノ暇ナキ場合ト認ムルトキハ知事ハ專決處分即チ一己ノ意見ヲ以テ處分ヲ為シ次ノ會期ニ於テ其處分ヲ為シタルコトヲ府縣參事會ニ報告セザルベカラズトセリ

第八十七條　府縣參事會ノ權限ニ屬スル事項ハ其ノ議決ニ依リ府縣知事ニ於テ專決處分スルコトヲ得

府縣參事會ハ前ニモ述《ノ》ベタル如ク合議制《ガフギセイ》ノ機關《キクワン》ニシテ府縣知事亦其ノ一員タルニ過《ス》ギズシテ府縣參事會ノ權限ニ屬スル事項ハ府縣參事會カ之ヲ議決シタレバ府縣知事ニ於テ自身ニ專決處分ヲ為スコトヲ得ルモノトス是レ前ニ知事ノ職權ヲ地方官府タル府縣

知事ト地方團体ノ吏員タル府縣知事トヲ區別シタル所以ナリ而シテ地方官府タル府縣知事ハ單獨《タンドク》官府ニシテ其ノ權限《ケンゲン》ノ範圍內《ハンヰナイ》ニ於テ獨立シテ普通行政《フツウギヤウセイ》ヲ施行スルノ任務《ニンム》ヲ負フ者ナレドモ地方團体ノ吏員タル府縣知事ハ唯合議体ノ一員トシテ其ノ議決ヲ執行スルニ過ギズ

第八十八條　官吏ノ府縣行政ニ關スル職務關係ハ此ノ法律中規定アルモノヲ除ク外國ノ行政ニ關スル其ノ職務關係ノ例ニ依ル

府縣官吏タル者ノ行政ニ關ル職務關係ハ此ノ法律即チ縣制中ニ規定アルモノヽ外ハ國ノ行政ニ關スル職務ト同一ノモノトス是レ即チ府縣元ト國ノ行政區劃ニシテ之ヲ一小部分ニ局ヲ設ケタルノミニシテ之ヲ大ニスレバ國ノ行政事務ナリ何ゾ之ヲ區劃スルヲ用《モチ》ヒンヤ官吏タル者其方針《モノソノハウシン》ニ依リ政務《セイム》ニ從事《ジユウジ》セザルヘカラズ

第八十九條　府縣出納吏ハ出納事務ヲ掌ル

出納吏《シエツノウリ》トハ金錢及ヒ物品ヲ以テ賦課《フクワ》シタル租稅ヲ徵收シ又ハ府縣ノ經費《ケイヒ》即チ行政執行上支出スル金錢物品ヲ取扱フモノニシテ所謂會計吏タル者ナリ

第九十條　府縣吏員ハ府縣知事ノ命ヲ承ケ事務ニ從事ス

本條ハ說明ヲ要セズ

第九十一條　委員ハ府縣知事ノ指揮監督ヲ承ケ財産若ハ營造物ヲ營理シ其ノ他府縣行政事務ノ一部ヲ調査シ又ハ一時ノ委託ニ依リ事務ヲ處辨ス

委員ノ事ハ前ニ説明シタルガ如ク是亦地方團体タル府縣ノ機關タリ委員ハ名譽職ニシテ常ニ置《オ》クモノト臨時《リンジ》ニ置ク者トノ二種アリ府縣知事ノ指揮監督《シキカントク》ヲ承ケ府縣ノ所有スル財産若ハ營造物ヲ管理シ其他府縣事務ノ一部ヲ調査シ又ハ一時委任ヲ受ケテ事務ヲ處辨スルモノトス

第九十二條　府縣ノ事務ニ關スル處務規程ハ府縣知事之ヲ定ム

處務規定トハ事務ヲ執行スル細目即チ事務章程ト云フニ同ジ官吏之レ無ケレバ些細ナル事モ一々知事ニ照會《セウヲフ》シ其ノ指揮《シキ》ニ依ラザルベカラズ然《シカ》ルトキハ事務澁滯《ジムシウタイ》スルノミナラズ其煩勞云フベカラザルナリ

第三款　給料及給與

第九十三條　有給府縣吏員ノ給料額並旅費額及其ノ支給方法ハ府縣知事之ヲ定ム

府縣吏員ヲ任免スルハ府縣知事ナレバ之ニ給料ヲ支給シ旅費ヲ給與スルモ亦知事ノ定

ムベキモノナリ而シテ給料ハ其任免スベキ人ニヨリテ相當ニ支給スベキモノナレバ其ノ範圍內ニ於テ適宜ニ支給スルコトヲ得ルモ旅費ハ一定シテ之ヲ動カスベカラザルモノナリ玆ニ旅費トハ府縣事務ノ執行ノ爲メ地方ニ至リテ事務ヲ執行スル際ニ支給スルモノニシテ日當車馬賃錢宿泊料等ヲ包含スルナリ

第九十四條　府縣會議員名譽職參事會員其ノ他名譽職員ハ職務ノ爲要スル費用ノ辨償ヲ受クルコトヲ得

費用辨償額及其ノ支給方法ハ府縣會ノ議決ヲ經內務大臣ノ許可ヲ得テ府縣知事之ヲ定ム若之ヲ許可スヘカラスト認ムルトキハ內務大臣之ヲ定ム

名譽職員ハ給料《キフレウ》ノナキモノナレドモ職務《シヨクム》ノ爲メ要《エウ》スル費用《ヒヨウ》ニ至テハ之ガ辨償《ベンシヤウ》ヲ受クルコトヲ得ルナリ是レ如何ニ公務ノ爲メナリトヲ其ノ執務ノ爲ニ要スル費用マデ自辨スルガ如キハ爲スコト能ハザルナリ

費用ヲ辨償スルニ就テハ其辨償額及支給ノ方法ヲ定メザルベカラズ而シテ府縣知事モ之ヲ定ムルコトヲ得ズシテ必ズ府縣會ノ議決ヲ經內務大臣ノ許可ヲ得テ府縣知事之ヲ定《サダ》ムルモノトス若シ內務大臣ニ於テ其辨償額《ソノベンシヤウガク》及ビ其方法ハ之ヲ許可《キヨカ》シ難《カタ》シト認ムルト

キハ内務大臣自カラ之ヲ定ムルモノトス

第九十五條　有給府縣吏員ノ退隱料退職給與金遺族扶助料及其ノ支給方法ハ前條第二項ノ例ニ依リテ之ヲ定ム

退隱料《タイインレウ》退職給與金遺族扶助料《フジヨレウ》ノ如キモノハ其之ヲ受クル官吏ニシテ年功《ネンコウ》又ハ特ニ斟酌《シンシヤク》スベキ情狀ノアルカ如キ者ニ支給スベキモノニシテ一般ニ支給スベキモノニアラズ而シテ退隱料トハ隱居料又ハ養老金トモ云フベキ性質ノモノニシテ之ヲ受クル者ハ一定ノ年限間公職ニ從事シテ退職ノ曉ニハ何等ノ事業ヲモ爲スコトヲ得ズ又爲スベキ道ナキニヨリ終身給與《シユウシンキフヨ》スベキモノナリ又遺族《イゾク》扶助料トハ官吏ガ職ニ在ル間ニ職務《シヨクム》ノ爲メニ倒ルヽカ否ラザルモ特ニ勤勞アル者ガ退職ノ後死亡スルモ其ノ勤功ニ依リ遺族ノ者ニ支給スルナリ

而シテ之ガ支給方法ヲ設《マウ》ケタル所以ハ吏員ガ永《ナガ》ク其職ニ在リテ忠勤《チウキン》ヲ盡《ツク》セシメタル者ヲ賞スルハ一般ノ奬勵トモ爲ルト且ハ其勤勞ニ報ユルハ恩惠ニ出デタルモノナリ

第九十六條　退隱料退職給與金遺族扶助料及費用辨償ノ給與ニ關シ異議アルトキハ之ヲ府縣知事ニ申立ツルコトヲ得

前項ノ異議ハ之ヲ府縣參事會ノ決定ニ付スヘシ其ノ決定ニ不服ア

ル者ハ行政裁判所ニ出訴スルコトヲ得

前項ノ決定ニ關シテハ府縣知事ヨリモ亦訴訟ヲ提起スルコトヲ得

退隱料退職料給與金遺族扶助料ノ如キハ元ト恩惠上ヨリ支給スルモノナレドモ已ニ之ヲ支給スベキ方法ノ設ケアリ之レヲ受クルコトヲ得ルニ於テハ之ヲ受クル者ニ於テ或ハ其ノ給與ガ至當ナラザルカ又ハ支給ヲ受ケザル場合ニハ之ヲ府縣知事ニ異議ヲ申立ツルコトヲ得ベシ又名譽職員ノ費用辨償ニ付テモ同ジク異議ヲ申立ツルコトヲ得ルナリ

前項ノ異議《イギ》ハ府縣參事會ノ決定《ケッテイ》ニ付セザルベカラズ尚《ナホ》其決定ニ對《タイ》シテ不服《フフク》アルトキハ飽マデ其權利ヲ主張シテ行政裁判所ニ出訴スルコトヲ得ルモノトス

前項ノ決定《ケッテイ》ガ知事ノ意見《イケン》ト異《コト》ニシテ知事ノ處置《ショチ》ヲ不當ナリトノ決定ヲ爲シタルトキハ知事モ亦行政裁判所ニ出訴スルコトヲ得ルモノトス

第九十七條　給料旅費退隱料退職給與金遺族扶助料費用辨償其ノ他諸給與ハ府縣ノ負擔トス

吏員及ビ名譽職ハ府縣ノ行政上必要ナルヲ以テ之ヲ任命スルモノナリ然ラバ則チ此等ノ者ニ支給スルモノハ總テ府縣ニ於テ之ヲ負擔シ即チ地方税ヲ以テ支辨セザルベカヲ

ズ然レドモ法律ニ明文ナケレバ其出處定マラズ是レ本條ノ規定アル所以ナリ

第五章　府縣ノ財務

第一款　財産營造物及府縣税

第九十八條　府縣ハ積立金穀等ヲ設クルコトヲ得

府縣ハ財産ヲ貯蓄《チヨチク》スル方法ヲ設《マウ》ケザルベカラズ貯蓄ハ即チ基本財産《キホンザイサン》ヲ造ルニアリ而シテ本條ニ府縣ハ積立金穀等ヲ設クルコトヲ得ルモノトス積立金ハ年々收入ノ内ヨリ之ヲ貯蓄スル方法ナリ

第九十九條　府縣ハ營造物若ハ公共ノ用ニ供シタル財産ノ使用ニ付使用料ヲ徴收シ又ハ特ニ一個人ノ爲ニスル事務ニ付手數料ヲ徴收スルコトヲ得

營造物トハ即チ家屋納屋倉庫等ヲ云フ此等ノ物ヲ公共即チ市町村ノ公衆ニ使用セシメタルトキハ其《ソノ》使用料《シヨウレウ》即チ貸賃ヲ徴收《チヤウシウ》スルハ財産ヲ貯蓄《チヨチク》スルノ方法ナリ何トナレバ此等《コレラ》ノモノハ之ヲ使用セザレバ徒ニ無用ニ屬シ何等ノ利益モナケレバナリ一個人ノ爲メニスル事務ニ付テノ手數料トハ鑑札料其他營業願屆ニ付テ手數料ヲ取立ツルコトヲ云フ

第百條　此ノ法律中別ニ規定アルモノヲ除ク外使用料手數料ニ關ス

ル細則ハ府縣會ノ議決ヲ經內務大臣ノ許可ヲ得テ府縣知事之ヲ定ム其ノ細則ニハ過料二圓以下ノ罰則ヲ設クルコトヲ得

過料ニ處シ及之ヲ徵收スルハ府縣知事之ヲ掌ル其ノ處分ニ不服アル者ハ行政裁判所ニ出訴スルコトヲ得

此ノ法律即チ府縣制中ニ別《ベツ》ニ規定《キテイ》アルモノヲ除《ノゾ》ク外即チ前條ニ規定スル營造物又ハ公共ノ用ニ供シタル財產ノ使用料及ビ一個人ノ爲メニスル事務ノ手數料ノ如キモノニ關シテハ其手續ノ細則ナルモノヲ設ケザルベカラズ之ヲ設クルノ方法ハ府縣會ノ議決ヲ經《ヘ》タル上內務大臣ノ許可《キヨカ》ヲ受ケ府縣知事ニ於テ之ヲ定《サダ》ムルコトヽシタリ而シテ其細則《ソノサイソク》中ニハ過料二圓以下ノ罰則ヲ設クルコトヲ得ルモノトス是レ手數料徵收ノ際納付ヲ怠リタルモノニ之ヲ課スルノ必要アルナリ

過料《クワレウ》ニ處スルノ言渡《イヒワタシ》ヲ爲シ及ビ其過料ヲ徵收スルニ付テハ府縣知事ニ其ノ權利《ケンリ》ヲ與ヘタリ而シテ其言渡ヲ受ケタル者ニ於テモ不服アルトキハ行政裁判所ニ出訴スルコトヲ得ルモノトス是レ知事ト雖モ神聖ニ非ザレバ行政上ニ於テ不當ナル處置ヲ施スコトナキニシモアラザルカ故ニ人民タル者徒ラニ恨ミヲ吞ンデ其處分ニ服スルノ遺憾ナカラシメンガ爲メナリ

第百一條　府縣ハ其ノ公益上必要アル場合ニ於テハ寄附若ハ補助ヲ爲スコトヲ得

行政ハ一般ノ公益ニ注目《チウモク》スルヲ以テ良政《リヨウセイ》トス知事タル者ハ宜《ヨロ》シク之ガ振興《シンコウ》ノ道ヲ講セザルベカラズ否公益アリト認ムルトキハ奮フテ其方法ヲ設ケ之ガ寄附若ハ補助ヲ爲スコトヲ得ルモノトス而シテ公益《コウエキ》トハ教育《ケウイク》ナリ衛生ナリ宗教ナリ美術《ビジユツ》ナリヲ云フ此等ノ事ハ其府縣ニ取リテハ實ニ有益ノコトナレバ十分之ガ奬勵ヲ爲サヽルベカラズ而シテ若シ寄附又ハ補助ヲ爲サヾルニ於テハ此等有益ノ美擧モ之ヲ興スコト能ハズ之ヲ作スモ維持スルコト能ハザルベキナリ

第百二條　府縣ハ其ノ必要ナル費用及法律勅令又ハ從來ノ慣例ニ依リ府縣ノ負擔ニ屬スル費用ヲ支辨スル義務ヲ負フ

必要ナル費用トハ官吏ノ給料ノ如キモノヲイフナリ其他法律勅令又ハ從來ノ慣例ニ依リ府縣ノ負擔《フタン》ニ屬《ゾク》スル費用《ヒヨウ》ハ必ズ支出ヲ爲サヽルベカラズ之ヲ支出《シシユツ》スルハ即チ府縣ノ義務ナリトス若シ此ノ費用ヲ負擔セザレバ行政上ニ差支ヲ生ズルナリ否義務ヲ盡サヽルモノト云フベシ而シテ從來ノ慣例トハ其府縣ニ在リテ永ク善良ナル慣習ト爲リテ官認メテ以テ法律ト同一視スルガ如キ即チ慣習法トナリテ現ニ行ヒ居レル所ノ費用ノ負

擔ナ云フ

第百三條　府縣稅及其ノ賦課徵收方法ニ關シテハ法律ニ規定アルモノヲ除ク外勅令ノ定ムル所ニ依ル

府縣ハ勅令ノ定ムル所ニ依リ其ノ費用ヲ市町村ニ分賦スルコトヲ得

府縣稅トハ府縣ガ縣下ニ賦課《フクワ》シテ徵收《チヤウシウ》スル即チ府縣ノ財源《ザイゲン》タル稅ナリ此稅ノ徵收方法ハ法律ニ規定アルモノハ之ニ依ルベク此ノ規定ナキモノト雖モ府縣知事ニ於テ自由ニ之ヲ定ムルコトヲ得ズ必ズ勅令ヲ以テ定メザルベカラズ

府縣ハ勅令《チヨクレイ》ノ定ムル所ニ依リ其府縣ノ範圍《ハンヰ》内《ナイ》ニ於テ其費用ヲ市町村ニ分配《ブンハイ》賦課《クワ》スルコトヲ得即チ市町村稅トシテ之ヲ賦課スルナリ

第百四條　府縣內ニ住所ヲ有スル者ハ府縣稅ヲ納ムル義務ヲ負フ

府縣內ニ住所ヲ有スル者トハ其ノ府縣內ニ原籍ナキ者ト雖モ各人ガ生活ノ中心トシテ即チ本據《ホンキヨ》タルベキ所ナレバ寄留《キリウ》シタル者ト雖モ住所シタル處ヲ云例《タト》ヘハ東京ニ本店アリ神戸ニ支店アリテ東京ニハ住居スルコトアルモ神戸ノ支店ニ家族ヲ置キ主トシテ神戸ニ住居スル者ナルトキハ神戸ハ支店ニシテ寄留地ナルモ此地ガ生活ノ本據ト爲ルト

キハ神戸ニ住所ヲ有スルモノトナル即チ兵庫縣ニ府縣税ヲ納ムルノ義務アリトス

第百五條　三箇月以上府縣內ニ滯在スル者ハ其ノ滯在ノ初ニ遡リ府縣税ヲ納ムル義務ヲ負フ

滯在者《タイザイシヤ》ト云フハ寄留届ヲ爲シタル者ト之ヲ爲《ナ》サヾル者トヲ問《トハ》ハズ一時其地ニ足《アシ》ヲ留メテ居ル者ヲ云フ即チ現住所ニシテ身体ノ居ル所ヲイフナリ此ノ滯在ニシテ三ケ月以上ニ渉《ワタ》ルトキハ其ノ滯在ノ初ニ遡《サカノボ》リテ府縣税ヲ納《ヲサ》ムル義務《ギム》アルモノトス例ヘバ三十二年四月十五日ニ大阪ニ來リテ滯在シタル者ガ同年七月十五日ヲ經過シテ尙ホ滯在スルトキハ即チ四月ニ遡リテ四月分ヨリ納税ノ義務アルモノトスルガ如シ

第百六條　府縣內ニ住所ヲ有セス又ハ三箇月以上滯在スルコトナシト雖府縣內ニ於テ土地家屋物件ヲ所有シ若ハ使用シ又ハ營業所ヲ定メテ營業ヲ爲シ又ハ府縣內ニ於テ特定ノ行爲ヲ爲ス者ハ其ノ土地家屋物件營業若ハ其ノ收入ニ對シ又ハ行爲ニ對シテ賦課スル府縣税ヲ納ムル義務ヲ負フ其ノ法人タルトキ亦同シ但シ國ノ事業若ハ行爲ニ對シテハ此ノ限ニ在ラス

府縣內ニ於テ住所ヲ有セズ三ケ月以上滯在セズトモ其府縣內ニ於テ土地家屋物件ヲ所

有スル者例ヘバ田畑宅地山林池沼其他ノ建造物船舶等ヲ所有スルモノ若クハ之ヲ所有セザルモ其物件ニ付テ使用權ヲ有シ及ヒ其府縣内ニ營業所ヲ定メテ營業スルモノ又ハ府縣内ニ於テ特定行爲《トクテイカウヰ》例ヘバ興行《コウギヤウ》等ヲ爲ス者ニアリテハ其土地ニ家屋ニ物件ニ營業《エイゲフ》ニ又ハ物件ヲ使用シテ收入ヲ爲ス者ハ其收入ニ對シテ又ハ特定行爲ニ對シテ府縣税ヲ賦課スベキナリ而シテ此ノ税ヲ納ムル者ハ獨リ一個人ナラズ法人ニ在テモ亦同ジトス

法人《ハフジン》トハ公法人《コウハフジン》私法人《ハフジン》アリ公法人トハ市町村ノ如キ團体《ダンタイ》ヲ云フ此等ヲ法人ト云フハ一個人ト同ジク營利的業ヲ爲シ營造物ヲ所有シ一個人ト同ジク義務ヲ負擔スルガ故ナリ私法人トハ商事會社民事會社ノ如ク是亦一個人ト同ジク權利ヲ有シ義務ヲ負フモノニシテ即チ土地家屋物件ヲ有シ若クハ使用シ又ハ營業所ヲ定メテ營業ヲ爲シ又ハ府縣ニ於テ特定《トクテイ》ノ行爲ヲ爲スガ故ナリ此等モ亦《マタ》一個人《コジン》ト同ジク府縣税ヲ納ムル義務《ギム》ヲ負擔セシムルハ至當ナリ

然レドモ國ノ事業若クハ行爲ニ對シテハ府縣税ヲ納ムルノ義務ヲ負擔セシメズ而シテ國《クニ》ノ事業《ジゲフ》トハ其一府縣ニ限《カギ》リテ利益ヲ與《アタ》フル事業ニアラズシテ廣《ヒロ》ク國家ニ對《タイ》スル事業ナリ例ヘバ國道ヲ開キ又ハ修繕ヲ爲シ若ハ國ニ對スル行爲例ヘバ海陸軍ノ用ニ供スル爲メ物件ヲ製作スルガ如キヲ云フナリ此等ノモノニ課税セザルハ國ノ利益ヲ爲シテ一

私人ノ利ヲ謀ルモノニアラザレバナリ若シ此等ノ者ニモ課税スルニ於テハ國ノ事業ヲ興《オコ》ス奨勵《シヤウレイ》ノ方法之無クシテ大ニ進歩上《シンポジヤウ》ニ害アレバナリ

第百七條　納税者ノ府縣外ニ於テ所有シ若ハ使用スル土地家屋物件又ハ府縣外ニ於テ營業所ヲ定メタル營業ヨリ生スル收入ニ對シテハ府縣税ヲ賦課スルコトヲ得ス

住所滯在一府縣以上ニ渉ル者ノ收入ニ對シ府縣税ヲ賦課スルトキハ其ノ收入ヲ各府縣ニ平分シ其ノ一部ニノミ賦課スヘシ但シ土地家屋物件又ハ營業所ヲ定メタル營業ヨリ生スル收入ハ此ノ限ニ在ラス

自己ノ住所地以外ノ府縣ニ於テ土地家屋物件ヲ所有シ又ハ使用スルカ又ハ自己ノ住所地外ノ府縣ニ於テ營業所ヲ定メタルトキ其營業ヨリ生ズル收入即チ利益ニ對シテ府縣税ヲ賦課スルコトヲ得ズトス何トナレバ前條ニ於テ既ニ住所府縣以外ノ府縣ニ於テ納税ヲ爲スノ義務《ギム》テ負擔《フタン》スルヲ以テ二重《ヂウ》ニ納税《ノウゼイ》ノ義務ヲ負擔スルニ至レハナリ

而シテ滯在住所一府縣以上ニ渉ルトキ例ヘハ今日此縣ニ滯在住居シ明日又他ノ府縣ニ住所ヲ爲シ又ハ滯存《タイザイ》ヲ爲スガ如キハ此場合《コノバアヒ》ノ收入ニ對《タイ》シテハ如何ニシテ税ヲ賦課《ブクワ》スル

カト云フニ其收入ヲ各府縣即チ二府縣ニ渉ルトキハ二府縣ニ三府縣ニ渉ルトキハ三府縣ニ平分シ例ヘバ三百圓ノ收入ナレバ百圓ヅヽヲ一府縣ニ分チ其一部即チ一府縣ハ百圓ニノミ賦課スベシトス然レドモ是ハ府縣內ニ住所ヲ有スルモノヽ收入ヲ爲シ叉ハ特定ノ行爲《カウ井》ヲ爲スモノニ限《カギ》ラレタルモノニシテ土地《ドチ》家屋《カオク》物件《ブツケン》又ハ營業所ヲ定メタル營業ヨリ生ズル收入ニ付テハ前段ノ如ク分賦スルモノニアラズトス是レ此等ノ場合ニ於テハ各府縣ニ於テ各別ニ賦課スベキコトヲ得ルハ已ニ第百六條ニ於テ明カニ其ノ規定アルヲ以テナリ

第百八條　一府縣以上ニ渉リ營業所ヲ定メテ營業ヲ爲シ且其ノ本稅ヲ分別シテ納メサル者ニ對シ關係府縣ニ於テ營業稅ノ附加稅ヲ賦課スルトキハ關係府縣知事協議ノ上其ノ歩合ヲ定メ內務大臣及大藏大臣ノ許可ヲ受クヘシ若協議調ハサルトキハ內務大臣及大藏大臣之ヲ定ム

一府縣以上ニ渉《ワタ》リ即チ二府縣三府縣ニモ渉《ワタ》リ營業所《エイゲフシヨ》ヲ定メテ何レモ營業稅ヲ納《ヲサ》ムベキニ其ノ營業稅ヲ分別シテ納メザル場合即チ各府縣ニ平分シテ納ムル者ニ對シテ之ガ關係アル府縣ニ於テ營業稅ノ附加稅ヲ賦課セントスル場合ニハ如何ニスルヤト云フニ府

縣知事ハ協議シテ各府縣ニ於テ賦課セントセトスル歩合ヲ定メ然ル後其ノ定メ方ニ付テ內務大臣及大藏大臣ノ許可ヲ受クベシトス而シテ其各府縣ガ賦課セントスル歩合ニ付テ協議《ケフギ》調《トヽノ》ハザルトキハ內務大藏大臣ニ於《オイ》テ之《コレ》ヲ定《サダ》ムルモノトス

附加稅トハ直接稅ニ課スルモノニシテ一定ノ標準ナク直接稅ヲ納ムル額ニ割付テ出スモノナリ直接稅《チヨクセツゼイ》トハ即チ地租《チソウ》、所得稅《シヨトクゼイ》、營業稅《エイゲフゼイ》ノ如キモノヲ云フ

第百九條　府縣稅賦課ノ細目ニ係ル事項ハ府縣會ノ議決ニ依リ關係市町村會ノ議決ニ付スルコトヲ得

市町村會ニ於テ府縣會ノ議決ニ依リ定マリタル期限內ニ其ノ議決ヲ爲サヽルトキ若ハ不適當ノ議決ヲ爲シタルトキハ府縣參事會之ヲ議決スヘシ

府縣稅ノ賦課方法即チ細目ニ係ル事項ハ豫メ法律ヲ以テ定ムベキモノニアラザルヲ以テ府縣會ニ於テ議決シ其府縣ノ關係アル市町村會ノ議決ニ付シテ定メシムルコトヲ得ルナリ

府縣ガ市町村會ニ付スルニハ一定ノ期限ヲ設ケテ議決セシムルモノナリ然ルニ其ノ期限ノ間ニ市町村會ガ議決ヲ爲サヾルニ於テハ府縣參事會ニ其議決ヲ爲サシムルナリ又

市町村會ニ於テ議決ヲ爲シタルモ其議決ガ不適當ナリシ場合ニ於テハ府縣會ハ之ヲ府縣參事會ニ議決ヲ爲サシムルナリ

第百十條　府縣税ヲ賦課スルコトヲ得サルモノニ關シテハ法律勅令ヲ以テ別段ノ規定ヲ設クルモノヲ除ク外市町村税ノ例ニ依ル

府縣税ヲ賦課スルコトヲ得ザルトノコトハ例ヘバ所得税法第三條ニ掲グル所得政府々縣市町村及公共ニ屬シ直接ノ公用ニ供スル土地即官有地營造物家屋官有ノ山林又ハ荒蕪地新開地《シンカイチ》及開墾地《カイコンチ》ニシテ市條例ニ依《ヨ》リ年月ヲ限《カギ》リ免税シタルモノヽ如キ其他町村ニ於テモ規定シアレバ此ノ規定アルモノハ市町村税ノ例ニ依ルトシ此ノ他ニ法律勅令ヲ以テ別段《ベツダン》ノ規定《キテイ》ヲ設《マウ》クルモノハ亦《マタ》其ノ法律勅令《ハフリツチヨクレイ》ノ規定ニ依リテ府縣税ヲ賦《ブ》課《クワ》スルコトヲ得ズトセリ

第百十一條　府縣内ノ一部ニ對シ特ニ利益アル事件ニ關シテハ勅令ノ定ムル所ニ依リ不均一ノ賦課ヲ爲スコトヲ得

府縣内ノ一部ニ對シ特ニ利益アル事件トハ例ヘバ府縣内ノ一部ニアル營造物ニシテ其一部ニ對シテノミ利益アルヲ云フ之ニ關スル修繕費保存費等ハ府縣ノ一部分即チ之ガ利益ヲ受ケ居ル者ヨリ之ヲ徴收セザルベカラズ此等ハ勅令ノ定ムル所ニヨリ不均一ノ

賦課ヲ爲シテ其利益ヲ受ケ居ル一部分ノミニ賦課シテ他ノ之ニ對シテ利益ヲ受ケザル者ニ平分シテ賦課スルガ如キコトヲ爲スベカラズ

第百十二條　府縣ハ其ノ必要ニ依リ夫役及現品ヲ府縣内一部ノ市町村其ノ他公共團體若ハ一部ノ納税義務者ニ賦課スルコトヲ得但シ學藝美術及手工ニ關スル勞役ヲ課スルコトヲ得ス

夫役及現品ハ急迫ノ場合ヲ除ク外金額ニ算出シテ賦課スヘシ

夫役ヲ課セラレタル者ハ其ノ便宜ニ從ヒ本人自ラ之ニ當リ又ハ適當ノ代人ヲ出スコトヲ得又夫役及現品ハ急迫ノ場合ヲ除ク外金錢ヲ以テ之ニ代フルコトヲ得

府縣ガ必要《ヒツエウ》ニ依リ云々トハ例《タト》ヘバ道路《ダウロ》ノ修繕《シウゼン》堤防《テイバウ》修築《シウチク》橋梁《ケウリヤウ》架設《カセツ》等ヲ爲スガ如キ場合ヲ云フ此ノ場合ニ府縣内ノ一部即チ其ノ道路等ニ利益ヲ受クル市町村其他公共團体若ハ一部ノ納税義務者《ノウゼイギムシヤ》即チ其ノ利益《リエキ》ヲ受クル爲メニ納税スル者ニ對《タイ》シ夫役及現品ヲ賦課スルコトヲ得ルモノトス夫役トハ人夫現品トハ其ノ道路修築等ニ使用スル物品ナリ然レドモ學藝美術及ヒ手工ニ關スルガ如キ智識、意匠、手術ニ係ルコトハ本條ニ所謂勞役ニアラザルヲ以テ之ヲ課スルコトヲ得ズトス夫役及現品ヲ課《クワ》スルハ實際上金錢ヲ賦課《ブクワ》スルヨリモ利益《リエキ》ニシテ便宜《ベンギ》ナルモノナレバ急迫ノ塲合ニシテ其ノ夫役ヲ課セラルヽ者ガ容易ニ應ズルコト能ハザル塲合アルヲ以テ此ノ急迫ノ塲合ヲ除ク外金額ニ算出シテ即チ一人前ニ何程ヅヽヲ割出シテ而シテ夫役ニ充ツルナリ是レ一人ノ勞力何程ト見積リ其總額ヲ住民各自ヨリ納ムルニ於テハ何程ヅヽノ夫役料ヲ納《オサ》ムルコトニナリ別《ベツ》ニ人ヲ選《エラ》ブノ必要《ヒツエウ》ナク各自其ノ割當《カツタウ》ヲ受ケタル者ヨリ自身又ハ相當ノ代人ヲ出シテ仕事ヲ爲スヲ以テ大ニ便利ナリトス

夫役ヲ課セラレタル者ニシテ何時ニテモ自身就役スルコトヲ得ベキト云フベカラズ故ニ自身《ジシン》之ニ當ルコト能《アタ》ハザル塲合ニハ適當《テキタウ》ノ代人ヲ出スコトヲ得《エ》セシメタリ而シテ夫役及現品ハ普通ノ塲合ニハ金錢ヲ以テ之ニ代ヘテ自身又ハ代人及ビ現品ヲ出サヽルコトヲ得ルナリ然レドモ急迫ノ塲合即チ例ヘバ水火防禦ノ際ノ如キハ必ズ夫役及現品ヲ出サヽルベカラズ

第百十三條　府縣稅ノ減免若ハ納稅ノ延期ハ特別ノ事情アル者ニ限リ府縣知事ハ府縣參事會ノ議決ヲ經テ之ヲ許スコトヲ得

府縣稅ヲ納《オサ》ムベキ義務《ギム》アル者ガ之ヲ怠《オコタ》ル塲合ニハ特別《トクベツ》ノ事情《ジヤウ》ナクシテ即チ眞《シン》ノ怠慢又ハ故意ヲ以テ怠ルモノアリ此等ノ者ハ決シテ保護スベキモノニアラザレドモ實際貧者

ニシテ已ムヲ得ズシテ納税セザル者ノ如キハ特別ノ事情アル者ニシテ此等ハ納税額ヲ減《ゲン》ズルカ或ハ全《マツタ》ク免税《メンゼイ》スルカ若ハ納税《ノウゼイ》ノ期日《キジツ》ヲ延バスノ恩典《オンテン》ヲ與ヘザルベカラズ府縣知事ハ此ノ場合ニハ府縣參事會ノ議決ヲ經テ之ヲ許スコトヲ得ルナリ

第百十四條　市制施行ノ府縣ニ於テハ郡廳舍建築修繕費及郡役所費ハ郡ニ屬スル部分ノ負擔トス

市制ヲ布《シ》キタル府縣ハ郡《グン》ト經濟《ケイザイ》ヲ異《コト》ニスルモノナリ然《シカ》レドモ市政ヲ施《ホドコ》シタル府縣ニ在リテハ大抵郡ノ部内ニ置キタル所多キニ居レバ其郡ト市トノ間ニ要スル經費ニ付テモ豫メ法律ヲ以テ規定シ置カサルベカラズ本條ハ郡以外ノ市ト郡以內ニ施キタル市制トノ別ナク市政施行ノ府縣ニ於テハ郡廳舍建築修繕費及郡役所費ハ郡ニ屬スル部分ノ負擔トスルナリ而シテ郡ニ屬スルトハ郡部ト云フノ意ナリ故ニ市ノ負擔ニアラサルナリ

第百十五條　府縣税ノ賦課ヲ受ケタル者其ノ賦課ニ付違法若ハ錯誤アリト認ムルトキハ徴税令書又ハ徴税傳令書ノ交付後三箇月以內ニ府縣知事ニ異議ノ申立ヲ爲スコトヲ得

第百三條第二項ノ場合ニ於テ市町村ハ府縣費ノ分賦ニ關シ違法若ハ錯誤アリト認ムルトキハ其ノ告知ヲ受ケタル時ヨリ三箇月以內

ニ府縣知事ニ異議ノ申立ヲ爲スコトヲ得
前二項ノ異議ハ之ヲ府縣參事會ノ決定ニ付スヘシ其ノ決定ニ不服アル者ハ行政裁判所ニ出訴スルコトヲ得
使用料及手數料ノ徵收ニ關シテモ亦第一項及第三項ノ例ニ依ル
本條ノ決定ニ關シテハ府縣知事郡島ノ官吏々員市町村吏員ヨリモ亦訴訟ヲ提起スルコトヲ得

府縣税ノ賦課《フクワ》ヲ受ケタル者ガ其《ソ》ノ賦課《フクワ》ヲ違法《イハフ》即チ不當ナル處分《シヨブン》トシタルトキ即チ課スベカラザルモノニ之ヲ賦課シタルガ如キ又ハ錯誤即賦課ノ算定等ニ誤謬アリテ法律ノ定ムル税率ヨリ多キヲ課シタルガ如キ場合ニハ之ニ對シテ府縣知事マデ異議ノ申立ヲ爲スコトヲ得ベキナリ而シテ異議ヲ申立ツルニハ徵税令書又ハ徵税傳令書ノ交付アリタル時ヨリ三ケ月以内ニ之ヲ申立テザルベカラズ
第百三條ノ規定ハ勅令ノ定ムル所ニヨリテ其府縣ノ費用ヲ市町村ニ分賦スルコトヲ得ルモノトス此ノ分賦《ブンプ》ノ上ニ付テ府縣ガ法ニ違《タガ》ヒタルカ若クハ錯誤《サクゴ》ヲ爲シタリト市町村ニ於テ認ムルトキハ其分賦ノ告知ヲ受ケタル日ヨリ三ケ月以内ニ府縣知事ニ異議ノ申立ヲ爲スコトヲ得ルナリ

前二項ノ異議ノ申立アリタルトキハ之ヲ府縣參事會ノ決定ニ付スベキモノトス而シテ府縣參事會ノ決議ガ果シテ正當ナルベシトモ云フ能ハザレバ其決定ニ不服アルトキハ行政裁判所ニ出訴スルコトヲ得ルモノトス

使用料《シヨウレウ》及手數料ノ徵收《チヤウシウ》ニ關シテモ異議《イギ》ノ申立ヲ爲《ナ》スコトヲ得ルモノトス而《シカ》シテ其ノ手續ハ本條第一項及第三項ノ例ニ依ルモノトス

本條府縣參事會ノ決定ニ關シテ其ノ異議ノ申立ヲ爲シテ決定ヲ受ケタルモノヽミニ止マラズ關係者タル府縣知事郡島ノ官吏吏員市町村吏員ヨリモ亦訴訟ヲ起スコトヲ得ベシトス是《コ》レ第八十條ニ於テ府縣知事ハ府縣《フケン》ノ行政《ギヤウセイ》ニ關シテ其職權《シヨクケン》ニ屬《ゾク》スル事務ノ一部ヲ郡島ノ官吏吏員其他ノ者ニ補助執行セシメ委任セシムルコトヲ得トアルニ因リ即チ補助執行者《ホジヨシツカウ》クハ委任《ヰニン》セラレタル資格《シカク》ヲ以テ訴訟ヲ爲スコトヲ得ベシトシタル所以ナリ

第百十六條　府縣稅ノ賦課ニ關シ必要アル場合ニ於テハ當該行政廳ハ日出ヨリ日沒マテノ間營業者ニ關シテハ仍其ノ營業時間家宅ニ臨檢シ又ハ帳簿物件ノ檢査ヲ爲スコトヲ得

府縣稅使用料手數料夫役現品ニ代フル金錢過料其他府縣ノ收入ヲ定期內ニ納メサル者アルトキハ國稅滯納處分ノ例ニ依リ之ヲ處分

スヘシ
本條ニ記載スル徵收金ハ國ノ徵收金ニ次テ先取特權ヲ有シ其ノ追徵還付及時效ニ付テハ國稅ノ例ニ依ル
本條第二項ノ塲合ニ於テ郡島ノ官吏吏員市町村吏員ノ處分ニ不服アル者ハ府縣參事會ニ訴願シ其ノ裁決又ハ府縣知事ノ處分ニ不服アル者ハ行政裁判所ニ出訴スルコトヲ得
前項ノ裁決ニ關シテハ府縣知事郡島ノ官吏吏員市町村吏員ヨリモ亦訴訟ヲ提起スルコトヲ得
本條第二項ノ處分ハ其ノ確定ニ至ルマテ執行ヲ停止ス
府縣稅賦課セラルヽ者ニ在《アリ》テハ減稅脫稅《ゲンゼイダツゼイ》ヲ謀《ハカ》ル者等アリ此等ハ其ノ營業上《エイゲフジヤウ》ニ立入リテ充分ノ調查ヲ爲スベキノ必要アリ即チ賦課ニ關シテ必要ナル塲合ニシテ此塲合ニ在リテハ當該官廳《タウガイクワンチヤウ》即チ府縣廳ニ在テハ其官吏ハ日出ヨリ日沒《ニチボツ》マデノ間營業者ニ關シテハ營業時間中ハ其納稅義務者ノ家宅ニ臨撿シテ帳簿物件ノ撿查ヲ爲スコトヲ得ルモノトス此等ノ處分ハ其ノ營業者《エイゲフシヤ》ノ行爲ニ恠《アヤシ》ムベキ廉《カド》アル塲合ニ限リテ之ヲ爲スモノニシテ總テノ營業者ニ對シテ行フモノニアラズ

府縣税使用料手數料又ハ夫役現品ニ代フル金錢若クハ過料等ヲ豫定ノ期間内ニ納メザルトキハ國税怠納處分法ニヨリテ之ガ處分ヲ爲スベキモノトス國税怠納處分法ナルモノハ納税者《ノウゼイシヤ》ノ家資分散《カシブンサン》ヲ爲シテ之ヲ徵收スルノ制裁《セイサイ》法ナリ
本條ニ記載スル徵收金ニ付テハ若シ怠納處分法ヲ行ヒタルトキハ國ノ徵收金ヲ取立テタル次ニ之《コレ》ヲ取立《トリタツ》ツルコトヲ得ル先取特權《センシユトクケン》アルモノトス而シテ國ノ徵收金《チヤウシウキン》ハ一切ノ金ヨリ第一ニ徵收スル先取特權アルモノナリ先取特權ノ詳細ナルコトハ民法及ビ其他ノ法律ニ規定アレバ茲ニ説明ヲ要セズ
尙ホ税金《ゼイキン》不足《フソク》ニ關シテハ後日ニ追徵《ツイチヤウ》スルカ又ハ徵收セシモノガ過剩《クワジヤウ》ニシテ之ヲ還付《カンプ》スルコトアリ此時効即チ期間ニ付テ其權利ヲ失ヒ義務ヲ免ルヽコトヲ得ルニハ國税ノ例ニ依リテ處分スト爲ス
本條第二項ノ場合ニ於テ郡島ノ官吏吏員市町村吏員ノ處分ニ不服アル者ハ尙ホ其權利ヲ伸張《シンチヤウ》スルコトヲ得ルノ途《ミチ》ヲ設ケテ府縣參事會ニ訴願シ其ノ裁決又ハ府縣知事ノ處分ニ不服アル者ハ行政裁判所ニ出訴スルコトヲ得ルモノトス
本條第二項滯納處分ハ其確定ニ至ラザレバ之ヲ執行スルコトヲ得ベカラザルハ理ノ最モ視易キモノナリ何トナラバ其處分ヲ執行スルトキハ舊ニ復セシムルコト能ハザレバ

ナリ故ニ其訴願ノ確定マデハ執行ヲ停止スベシ

第百十七條　府縣ハ其ノ負債ヲ償還スル爲又ハ府縣ノ永久ノ利益ト爲ルヘキ支出ヲ要スル爲又ハ天災事變等ノ爲必要アル塲合ニ限リ府縣會ノ議決ヲ經テ府縣債ヲ起スコトヲ得

府縣債ヲ起スニ付府縣會ノ議決ヲ經ルトキハ併セテ起債ノ方法利息ノ定率及償還ノ方法ニ付議決ヲ經ヘシ

府縣ハ豫算內ノ支出ヲ爲ス爲本條ノ例ニ依ラス府縣參事會ノ議決ヲ經テ一時ノ借入金ヲ爲スコトヲ得

府縣ガ其ノ負債《フサイ》ヲ償還スル爲メ又府縣債ヲ起《オコ》スハ五十步百步ノ如クニシテ何等《ナンラ》ノ利益アルカト云フニ負債ハ利子モ高クシテ府縣債即チ公債トハ經濟上大ニ不利益アルヲ以テナリ況《イハ》ンヤ府縣ノ永久《エーキウ》ノ利益ト爲ルベキ支出ヲ要スル爲メ又ハ天災事《テンサイジ》變等《ヘントウ》ノ爲メ必要アリテ止ムヲ得ザル塲合ニ於テオヤ即チ此ノ塲合ニハ一種ノ公債ヲ起シテ救濟方法ヲ設ケザルベカラズ而シテ公債ヲ起スニハ如何ナル手續ニ依ルベキヤト云フニ府縣會ノ議決ヲ經テ其負債ヲ爲スモノトス本條ニ天災時變等ノ爲必要アル塲合ト云フハ震災水災《スヰサイ》其他ノ災變《サイヘン》ニヨリ道路《タウロ》ヲ修繕シ橋梁架設《ケウリヤウカセツ》若クハ營造物建設ノ必要《ヒツエウ》ノ生ズル塲合

ト云フ

府縣債ヲ起スニ付テハ府縣會ノ議決ヲ經ルトキハ併セテ其府縣債ヲ起スノ方法及利息ノ割合《ワリアヒ》及ビ之ガ返却《ヘンキヤク》ノ方法ニ付議決ヲ爲《ナ》スベシ府縣債《サイ》ヲ起《オコ》スニハ此等ノ方法ヲ十分講《カウ》セザレバ府縣債ヲ起シタル爲メニ却テ經濟上ニ困難ヲ生ジ遂ニ之ガ償還ノ方法ニ差支救濟《キウサイ》ノ道《ミチ》ナキニ至ルナリ豫算《ヨサン》ハ支出ノ目的アリテ之ヲ決議《ケツギ》シタルモノナレドモ一時其ノ支出ニ差支ヲ生ズルコトナシトセズ若シ其ノ豫算内ノ支出ヲ爲ス爲メ金錢ニ不足ヲ生ズルトキハ府縣參事會ノ議決ヲ經テ一時ノ借入金ヲ爲スコトヲ得ルモノトス而シテ此借入金ハ本條ノ例ニ依ラズ即チ府縣會ノ議決ヲ經ズシテ爲スベキナリ

第二款　歳入出豫算及決算

歳入トハ讀ンデ字ノ如ク年々ニ收入スルモノヲイフ歳出トハ府縣一年内ノ經費ヲ支出スルヲ云フ而シテ此ノ豫算トハ前年度ニ於テ翌年度ノ歳入歳出ノ額ヲ豫定シ置クモノヲ云ヒ決算《ケツサン》トハ豫算《ヨサン》ニ定メタルモノヲ以テ豫算ノ如《ゴト》ク收入支出ヲ爲シタル計算《ケイサン》ノ確定シタルモノヲイフ前ニモ述ベタル如ク決算ハ甚ダ重キ事務ニシテ豫算ハ府縣會ガ議決シタモノナレドモ其ノ豫算ニ基キテ收入支出ヲ爲スハ府縣ノ施政上ニアル事ナレバ果シテ豫算ノ如ク收入支出セシヤ將之レニ違フ所アルヤヲ知ラシムルハ行政上ノ義務ナ

ルベシ

第百十八條　府縣知事ハ毎會計年度歳入出豫算ヲ調製シ年度開始前府縣會ノ議決ヲ經ヘシ

府縣ノ會計年度ハ政府ノ會計年度ニ同シ

豫算ヲ府縣會ニ提出スルトキハ府縣知事ハ併セテ財産表ヲ提出スヘシ

歳入出豫算ハ何《イツ》レノ時ニ調製《テウセイ》シ如何ナル手續ヲ經《ヘ》ルモノナリヤト云フニ毎會計年度ニ之ヲ調製シ年度開始前即チ其年度ノ初メニ府縣會ニ提出シテ議決ヲ經ベシトス而シテ府縣ノ會計年度ハ政府ノ會計年度ニ同シ政府ノ會計年度ハ前年四月一日ニ始マリ翌年《ヨクテン》三月三十一日ニ終《オハ》ハルナリ府縣ノ會計年度モ是ト同ジトス豫算ヲ府縣會ニ提出シ議決ヲ經ルニハ府縣知事ハ其ノ提出ト共ニ府縣ノ財産表ヲ提出スベシトス是レ豫算ヲ議決スルニハ財産表アルトギハ財産表ヲ標準トシテ議スベキ場合アルヲ以テ大ニ關係アルヲ以テナリ

第百十九條　府縣知事ハ府縣會ノ議決ヲ經テ既定豫算ノ追加若ハ更正ヲ爲スコトヲ得

豫算ハ字ノ如ク前《マヘ》ニ知ルコトヲ得ザル收入支出ヲ概路《アラマシ》ニ定ムルモノナレバ到底《トウテイ》動《ウコ》カザル所ヲ調製スル能ハズ依テ一旦府縣會ノ議決ヲ經タルモノモ不足ヲ生ジテ之ヲ追加シ若クハ其項目ヲ更正スル必要生ズルコトアルベシ此ノ場合ニハ既定豫算ノ追加更正ヲ爲スコトヲ得ベシ而シテ追加若ハ更正ヲ爲スニモ府縣會ノ議決ヲ經ザルベカラズ

第百二十條　府縣費ヲ以テ支辨スル事件ニシテ數年ヲ期シテ施行スヘキモノ又ハ數年ヲ期シテ其ノ費用ヲ支出スヘキモノハ府縣會ノ議決ヲ經テ其ノ年期間各年度ノ支出額ヲ定メ繼續費ト爲スコトヲ得

數年《スウチン》ヲ期《キ》シテ施行《ソカウ》スベキ事件トハ數年間繼續《ケイゾク》シテ施行セザレバ成功《セイコウ》シ難《カタ》キモノナリ此ノ事件ノ費用ハ其ノ事件ノ成功シタル後チニ之ヲ支拂フベキモノナリ又ハ數年ヲ期シテ其費用ヲ支出スベキ契約アル費用ハ即チ繼續費ニシテ各年度ヲ經テ後チ一時ニ支拂フベキモノナリ然ルニ此ノ如ク其ノ事件ノ成功ノ後又ハ數年ノ後ニ費用ヲ支出スベキモノトセバ其支出《ソノシシユツ》ハ大ニ多額《タカク》ニ登《ノボ》リ却《カヘツ》テ支出ニ困難ヲ感《カン》ズルコトナシトセズ故ニ府縣會ノ議決ヲ經テ各年度ニ其支出額ヲ定メ例ヘバ五年間ノ後ニ五万圓ヲ支出スベキモノナレバ一年度ニ一万圓ヅヽヲ支出シテ五年ニシテ五万圓ヲ支出スルモノトス是レ府縣

ノ經濟上ヨリ本條ノ規定ヲ設ケタルモノナリ

第百二十一條　豫算外ノ支出若クハ豫算超過ノ支出ニ充ツル爲豫備費ヲ設クヘシ但シ府縣會ノ否決シタル費途ニ充ツルコトヲ得ス

豫算ハ確定シタルモノニアラザルコトハ前ニモ述ベシガ如クナレバ豫算ヲ定ムト雖モ其豫算外ニ費用ノ必要生ズルコトアリ又豫算ヲ超過シ即チ豫算ニ十万圓ト定メシモ其ノ豫算額ニテハ支出ヲ終ハルコト能ハザルニ至ルコトアリ是レ別ニ豫算外ノ事項ガ生ジタルニハ非《アラ》ザドモ當初豫算ニ定メタルトキトハ物價《ブッカ》ノ騰貴《トウキ》等ニヨリテ豫算ヲ超過《テウクワ》スルコトアリ之等ノ場合ニ其ノ支出ニ充ツル爲メ豫備費ヲ設ケザルベカラズ是レ支出ノ便利ヲ謀リタルモノニシテ即チ豫備費ノ設ケナキトキハ其不足ノ都度追加ヲ支出スルノ議決ヲ爲サヾルベカラズ然レドモ府縣會ニ於テ否決シタル費用ノ事件ニハ豫備費ヲ充ツルコトヲ得ズ

第百二十二條　豫算ハ議決ヲ經タル後直ニ之ヲ内務大臣ニ報告シ並其ノ要領ヲ告示スヘシ

豫算ガ議決セラレタルモ之《コレ》ヲ内務《ナイム》大臣《ダイジン》ニ報告《ホウコク》スルニアラザレバ之ヲ執行《シッカウ》スルコトヲ得ズ而シテ尚ホ一個人ニ知ラシムルニハ其ノ要領ヲ告示セザルベカラズ已ニ要領ト云フ

故ニ詳細《シヤウサイ》ノ告知《コクチ》ヲ為スヲ要セズ只《タヾ》其ノ肝要《カンエウ》ノ大概ヲ示セバ足《タ》レリ

第百二十三條　府縣知事ハ府縣會ノ議決ヲ經テ特別會計ヲ設クルコトヲ得

特別會計トハ其府縣ノ一部ニ關シテ設クル會計ナリ例ヘバ臺灣ニハ特別會計法ヲ設ケテ內地ト同一ノ會計法ニ依ラザルガ如シ而シテ府縣ノ一部ニ關シテノ特別會計ヲ設クルハ其一部分《ブブン》ニ關《クワン》シテ特《トク》ニ財產《ザイサン》ヲ有《イウ》スルトカ營造物ヲ有スル等ノコトアリテ之ニ對《タイ》スル支出ニ付テハ一般ノ會計ニ依ルコト能ハザルハ當然ノコトナルベシ

第百二十四條　決算ハ翌翌年ノ通常會ニ於テ之ヲ府縣會ニ報告スヘシ

府縣知事ハ決算ヲ府縣會ニ報告スル前府縣參事會ノ審查ニ付スヘシ若府縣知事ト府縣參事會ト意見ヲ異ニスルトキハ府縣知事ハ府縣參事會ノ意見ヲ決算ニ添ヘ府縣會ニ提出スヘシ

決算ハ之ヲ內務大臣ニ報告シ並其ノ要領ヲ告示スヘシ

決算ハ之ヲ府縣會《フヰンクワイ》ニ報告《ホウコク》セザルベカラズ是《コ》レ府縣會ガ豫算ヲ議決シテ府縣ニ與《アタ》ヘタルモノナレバ之ガ執行《シツカウ》ヲ為シタルトキハ其報告《ソノハウコク》ヲ為サヾルベカラズ而シテ決算報告ハ之

分緻密《チミツ》ニ正確《セイカク》ニ爲サヾルベカラザルヲ以テ其期間ノ猶豫《イウヨ》ナカルベカラズ即チ翌々年ノ通常會ニ於テ之ヲ報告スルコトヽシタリ

府縣參事會ハ府縣會トハ帝國議會ト內閣トノ如クナレバ府縣知事ガ決算ヲ府縣會ニ報告スル前ニ府縣參事會ノ審査ニ付スベシトス若シ府縣知事ト府縣參事會ト其意見ラ異ニスルトキハ府縣知事ハ府縣參事會《サンジクワイ》ノ意見《イケン》ヲ決算ニ添《ソ》ヘテ府縣ニ提出《テイシユツ》スベシ

第百二十五條　豫算調製ノ式並費目流用其ノ他財務ニ關スル必要ナル規定ハ內務大臣之ヲ定ム

豫算ヲ調製《テウセイ》スルハ重大《チウダイ》ナル事務ナレバ其調製《ソノテウセイ》ノ式《シキ》ヲモ一定シテ各府縣同一ナラザルベカラズ又豫算ノ各費目中府縣ガ流用即チ融通ニ供スルコト其他ノ財政事務ニ係ル規定ハ監督官タル內務大臣ニ於テ之ヲ定ムルモノトス

第百二十六條　府縣吏員ノ身元保證及賠償責任ニ關スル規定ハ勅令ヲ以テ之ヲ定ム

府縣吏員中財務ニ關スル事務ヲ取扱フ者ハ之ガ身元保證ヲ立テザルベカラズ是レ吏員ノ行爲《コウヰ》ニシテ不正《フセイ》ノコトアルトキハ之ヲ賠償《バイシヤウ》スルノ責任ヲ負《オ》ハシムルニ充《ア》ツルナリ若シ身元保證ヲ立テザルトキハ此ノ賠償ヲ爲スコト能ハザル者アリテ府縣ニ損害ヲ加フ

ルコトアルヲ以テナリ而シテ是等ノ規定ハ勅令ヲ以テ之ヲ定ムルコトヽスルハ嚴格ニ之ガ責任《セキニン》ヲ負《オ》ハシムル主意《シユイ》ナルベシ

第六章　府縣行政ノ監督

上司《ジヤウシ》ガ其管轄スル所ノ部下《ブカ》ヲ管理《クワンリ》スルニハ監督《カントク》ノ任アルモノナリ監督トハ俗言《ゾクゲン》ニ目付ト云フ意ニシテ不都合ノコトナカラシンガ爲メ常ニ注意スベキヲ云フ故ニ其部下ノ行爲ニ付テハ監督上之ガ責任ヲ負ハザルベカラズ

第百二十七條　府縣ノ行政ハ內務大臣之ヲ監督ス

府縣ノ行政ハ內務大臣《ナイムダイジン》ニ於テ之ヲ監督《カントク》スルモノトス是レ內務省ハ府廳ノ行政上《ギヤウセイジヤウ》ノ管理ヲ爲スノ上司ナレバナリ故ニ府縣知事ノ行政ニ於テ之ヲ監督スベキノ責任アルモノトス

第百二十八條　此ノ法律ニ規定スル異議若ハ訴願ハ處分ヲ爲シ又ハ決定書若ハ裁決書ノ交付ヲ受ケタル翌日ヨリ起算シ十四日以內ニ之ヲ提起スヘシ但シ此ノ法律中別ニ期限ヲ定メタルモノハ此ノ限ニ在ラス

此ノ法律ニ規定スル行政訴訟ハ處分ヲ爲シ決定書若ハ裁決書ノ交

付ヲ受ケタル翌日ヨリ起算シ二十一日以内ニ之ヲ提起スヘシ
決定書若ハ裁決書ノ交付ヲ受ケサル者ニ關シテハ前二項ノ期間ハ告示ノ翌日ヨリ起算ス
此ノ法律ニ規定スル異議ノ決定ハ文書ヲ以テ之ヲ爲シ其ノ理由ヲ付スヘシ
前項異議ノ決定書ハ之ヲ申立人ニ交付スヘシ
此ノ法律ニ規定スル異議ノ申立若ハ訴願ノ提起ニ關スル期間ノ計算竝天災事變ノ場合ニ於ケル特例ニ付テハ民事訴訟法ノ規定ヲ準用ス
異議ヲ申立又ハ訴願訴訟ヲ提起スル者アルトキハ行政廳及行政裁判所ハ其ノ職權ニ依リ又ハ關係者ノ請求ニ依リ必要ト認ムル場合ニ限リ處分ノ執行ヲ停止スルコトヲ得

府縣制ニ規定スル異議若クハ訴願ニ付テハ其處分ヲ爲シ又ハ決定書若クハ裁決書ノ交付ヲ受《ウ》ケタル翌日ヲ起算点《キサンテン》トシ十四日以内ニ之ヲ提起《テイキ》スベク若シ提起《テイキ》ヲ爲《ナ》サヾル者ハ其異議若ハ訴願ヲ爲サヾル者ト見做サレルナリ即チ若シ期限内ニ爲サヾレバ其處分若

ハ決定裁決ハ已ニ確定スルニ至ルベキナリ然レドモ此ノ法律中別ニ期限ヲ定メタルモノハ前ニ述ベシ十四日以內ニ限ラズ尚ホ之ヨリ短キ期間ニ依ルモノトス

又此ノ府縣制ニ於テ規定スル行政裁判所ニ訴訟ヲ提起セント欲スルモノニアリテハ其處分《シヨブン》ヲ爲シ決定書若クハ裁決書《サイケツシヨ》ノ交付《カウフ》ヲ受ケタル翌日ヨリ起算《キサン》シ二十一日內ニ提起セザルニ於テハ前項ノ如ク其處分ニ服シ決定若クハ裁決ヲ正當ト爲シタルモノト看做サレ其處分決定又ハ裁決ハ確定スルナリ

又決定書ヲ受ケ裁決書ヲ受ケタル者ハ前二項ノ規定ニヨリテ其處分及決定裁決ヲ知ルベシト雖モ若シ其關係者ニシテ其處分及決定裁決書ヲ受ケザルコトモアルベシ然レドモ受取ラザルノ理由ヲ以テ何時ニテモ異議決定裁決ニ對シテ不服ヲ申立訴訟ヲ提起スルコトヲ得トスレバ遂《ツヒ》ニ其處分決定ハ何レノ時《トキ》ニ至リテ確定《カクテイ》ノ効力《カウリヨク》ヲ生ゼン是ヲ以テ之ヲ受取ラザリシモノト雖モ一定ノ期間內ニ異議訴願及訴訟ヲ提起スベシト爲シタルモノナリ其期間ハ行屆《ユキトド》ク爲メニ告示《コクシ》ヲ爲ス其告示ノ翌日ヨリ起算シテ異議《イギ》訴願《ソグワン》ハ十四日間ノ訴訟ハ二十一日間ノ期限以內ニ於テ之ヲ提起セザルベカラズ

此ノ法律ニ規定スル異議ニ對スル決定ハ言渡ニアラズシテ文書ヲ以テ之ヲ認メタル上其決定ニハ如何ナル理由ヲ以テ斯ノ如ク決定シタルヲ知ラシムル爲メ理由ヲ付スベキ

ナリ
而シテ右異議ノ決定ハ必ズ之ヲ異議ノ申立ヲ爲シタル者ニ交付セザルベカラズ故ニ交付ヲ受ケザルトハ必ズ不在等ニテ其決定裁決ヲ知ラザリシモノトノミ認ムベカラズ
此ノ法律ニ規定スル異議ノ申立若クハ訴願ノ提起ニ關スル期間ノ計算幷ニ天災事變ノ場合ニ於ケル特例即チ期間ノ延長等ニ付テハ民事訴訟法ノ規定ヲ準用スルモノトス而シテ民事《ミンジ》訴訟法《ソシヤウハフ》ノ期間ノ計算《ケイサン》トハ同法第百六十五條乃至《ナイシ》第百六十七條及第百七十四條第百七十五條ヲ云フナリ又天災時變ノ場合ニ於ケル特例トハ水火風雨震災ノ如キ若クハ戰爭其他ノ事變ノ如キヲ云フナリ
又異議ヲ申立若クハ訴訟ヲ提起スル者アルトキハ行政廳即チ内務省府縣廳ノ如キ及ビ行政裁判所ハ其職權ヲ以テ又ハ關係者《クワンケイシヤ》ノ請求《セイキウ》スルニ依リテ必要《ヒツエウ》ト認《ミト》ムルトキハ其處分ノ執行ヲ停止スルコトヲ得セシメタリ若シ其ノ停止ノ必要アルニモ拘ハラズ停止セザルカ爲メニ關係者ニ非常《ヒジヤウ》ノ迷惑《メイワク》ヲ生セシムルガ如キハ本制《ホンセイ》ノ精神《セイシン》ニアラザレバナリ

第百二十九條　内務大臣ハ府縣行政ノ法律命令ニ背戻セサルヤ又ハ公益ヲ害セサルヤ否ヲ監視スヘシ内務大臣ハ之カ爲行政事務ニ關シテ報告ヲ爲サシメ書類帳簿ヲ徵シ並實地ニ就キ事務ヲ視察シ出

納ヲ撿閲スルノ權ヲ有ス

内務大臣ハ府縣行政ノ監督上必要ナル命令ヲ發シ處分ヲ爲スノ權ヲ有ス

内務大臣ハ府縣行政ヲ監督スル者ナルコト其ノ監督スル所以ハ前ニ述ベタルガ如シ本條ハ如何《イカ》ニ之ヲ監督《カントク》スルヤヲ規定シタルナリ即チ内務《ナイム》大臣《タイジン》ハ財縣行政ノ法律命令《メイレイ》ニ背戻セザルヤ又ハ公益ヲ害セザルヤヲ督視スベシトス而シテ之ガ監視ヲ爲スニハ其行政上ニ干渉シテ府縣ノ行政事務ニ關シテ時々報告ヲ爲サシメ書類帳簿ヲ取調ベ又實地ニ就キテ事務ノ狀況ヲ視察シ出納ヲ撿閲スル權ヲ與ヘタリ

内務大臣ハ監督ヲ爲スニ付テハ前項ノ督視ヲ爲スニ止マラズ其監督上ノ事ニ付テ必要ナル命令ヲ發シ尚ホ處分ヲ爲スノ權ヲ有スルモノトス

第百三十條 内務大臣ハ府縣ノ豫算中不適當ト認ムルモノアルトキハ之ヲ削減スルコトヲ得

内務大臣ガ府縣《フケン》ノ豫算ノ報告《ホウコク》ヲ受ケタルトキ其豫算中ニ不適當《フテキタウ》ト認《ミト》ムルモノアルトキハ之レガ削減ヲ爲シテ其ノ課税ノ項目又ハ支出スベキ額ヲ減少スルコトヲ得ルナリ

第百三十一條 内務大臣ハ勅裁ヲ經テ府縣會ノ解散ヲ命スルコトヲ

得

府縣會解散ノ場合ニ於テハ三箇月以內ニ議員ヲ選擧スヘシ

解散後始メテ府縣會ヲ招集スルトキハ府縣知事ハ第五十條第二項ノ規定ニ拘ヲス內務大臣ノ許可ヲ得テ別ニ會期ヲ定ムルコトヲ得

府縣知事ハ府縣會ヲ招集《セウシウ》シ又ハ開閉《カイヘイ》スルノ權アレドモ之ガ解散《カイサン》ヲ隨意《ズヰイ》ニ命ズルコトヲ得ズ即チ府縣會ヲ解散スルハ內務大臣ナレドモ內務大臣ニ於テモ勅裁ヲ經サレバ之ガ解散ヲ命ズルコトヲ得ズ

府縣會解散《カイサン》スルハ府縣會ガ法律命令《ハフリツメイレイ》ニ背反《ハイハン》シ若クハ公益《コウエキ》ヲ害スル等ノコトヲ爲シタル場合ニアルヲ以テ之ヲ解散シ更ニ新ナル府縣會ヲ招集セザルベカヲズ而シテ其選擧ノ期間ハ解散ノトキヨリ三ケ月以內トス

解散後更ニ選擧ヲ爲シテ初メテ府縣會ヲ招集スルニハ府縣知事ハ本制第五十條第二項ノ規定ニ拘《カヽ》ハラズ即チ普通《フツウ》ノ府縣會通常會臨時會《リンジクワイ》ノ期間ニ拘ハラズ內務大臣ノ許可《キヨカ》ヲ得テ會期ヲ定ムルコトヲ得ルモノトス是レ一ノ便宜法ナリ

第百三十二條　府縣吏員ノ服務規律ハ內務大臣之ヲ定ム

府縣吏員ノ服務規律ハ內務大臣ガ之ヲ定ムルモノトスルハ府縣ハ內務大臣監督ノ下ニ

アルニ因ルナリ而シテ服務規律ナルモノハ官吏ガ服從スベキ義務ヲ定ムルモノニシテ官吏《クワンリ》タル者ノ品行上《ヒンカウジヤウ》必ズ服膺《フクヨウ》スベキ規定ナリトモ云フベキモノナリ

第百三十三條　左ニ掲クル事件ハ内務大臣ノ許可ヲ受クルコトヲ要ス

一　學藝美術又ハ歷史上貴重ナル物件ヲ處分シ若ハ大ナル變更ヲ爲ス事

二　使用料手數料ヲ新設シ增額シ又ハ變更スル事

三　寄附若ハ補助ヲ爲ス事

四　不動產ノ處分ニ關スル事

五　第百十二條ニ依リ夫役及現品ヲ賦課スル事但シ急迫ノ場合ハ此ノ限ニ在ラス

六　繼續費ヲ定メ若ハ變更スル事

七　特別會計ヲ設クル事

府縣ニ於テ行政ノ執行又ハ處分ヲ爲ス事件ニ付テハ内務大臣ノ許可ヲ受ケスシテ爲スコトヲ得ルモノ多シト雖モ本條ニ掲グル事件ハ内務大臣ノ許可ヲ受ケザルベカラズ今

左ニ之ヲ説明スベシ

一　學藝《ガクゲイ》美術又ハ歴史上貴重《レキシジヤウキチユウ》ナル物件ヲ處分シ若ハ大ナル變更《ヘンカウ》ヲ爲ス事　令ヘバ宏壯輪奐タル堂宇寺院ノ如キ我國建築上ノ美術ニ係ルモノ即チ京都ノ金閣寺銀閣寺奈良《ナラ》ノ大佛等ノ如シ其他歴史上《レキシジヤウ》ニ顯著《ケンチヨ》ナルモノニシテ最モ貴重スベキ物件《ブツケン》ハ我國沿革上ニ關係スルヲ以テ此等ノモノヲ處分即チ賣買讓渡等ノ事ヲ爲シ又ハ大ナル變更即チ其規模等ヲ變更スルガ如キハ内務大臣ノ許可ヲ受ケザルベカラズ

二　使用料手數料ヲ新設シ増額シ又ハ變更スル事　使用料トハ府縣ノ所有ニ係ル營造物幷土地ヲ使用セシメテ其使用料金ヲ徴收スルヲ云ヒ手數料トハ一個人ニ對スル事務上ノ手數料ナリ此等ヲ新ニ設ケ増額《ゾウカク》シ又ハ變更《ヘンカウ》スルコトハ國家《コクカ》ノ財源《ザイゲン》ニ關スルコトナルヲ以テ妄リニ之ヲ爲スベカラザルモノトスルハ至當ナリ

三　寄附若ハ補助ヲ爲ス事　寄附ヲ爲シ補助ヲ行フハ縣下ノ公益ヲ奬勵スル点ニ於テハ可ナリト雖モ財産ノ處分行爲ニ屬スルヲ以テナリ

四　不動産《フドウサン》ノ處分ニ關スル事　府縣ノ不動産ヲ處分スルハ府縣財産中重大《ザイサンチウヂウタイ》ノモノニ係ルヲ以テ妄リニ之ヲ爲サシメザル所以ナリ

五　第百十二條ニ依リ夫役及現品ヲ賦課スル事但シ急迫ノ場合ハ此ノ限ニ在ラズ

夫役ヲ課スルハ人民ノ身体上勞役スヲ課スルニアルト現品ヲ徴收スルモ人民ノ身体ニ關スル徴收税額ナルヲ以テ濫ニ之ヲ賦課徴收スルトキハ人民ヲシテ迷惑ヲ被ラシムルカ如キコトアルヲ以テ内務大臣ニ於テ至當ナリト認メテ之ヲ許可スルニアラザレハ之ヲ賦課《フクワ》スルコトヲ得ズ然《シカ》レドモ急迫《キフハク》ノ場合例《タト》ヘバ水火震災《スイクワシンサイ》ノ如キ場合ニ於テ夫役及現品ヲ賦課セザレバ非常ナル損害ヲ蒙ルガ如キトキハ之ガ許可ヲ受クルヲ要セズ

六　繼續費《ケイゾクヒ》ヲ定メ若ハ變更《ヘンカウ》スル事　繼續費トハ第百二十條ニ於テ説明《セツメイ》シタルガ如キ數年ヲ期シテ施行スベキモノ又ハ數年ヲ期シテ其費用ヲ支出スル爲メニ各年度ニ分賦スル便宜法ナリ是等ハ府縣ノ財政上ニ關係スル事ナルヲ以テナリ

七　府縣ノ各一部若クバ各事實上特別ノ會計ヲ設クル事　是亦府縣ノ經濟上ニ關スル事ナルヲ以テ内務大臣ノ許可ヲ受ケザルベカラズトスル所以ナリ

第百三十四條　左ニ掲クル事件ハ内務大臣及大藏大臣ノ許可ヲ受クルコトヲ要ス

一　府縣債ヲ起シ並起債ノ方法利息ノ定率及償還ノ方法ヲ定メ若ハ變更スル事但シ第百十七條末項ノ借入金ハ此ノ限ニ在ラ

ス
二　地租三分ノ一ヲ超過スル附加税ヲ賦課スル事但シ法律勅令中別段ノ規定アル場合ハ此ノ限ニ在ラス
三　法律勅令ノ規定ニ依リ官廳ヨリ下渡ス歩合金ニ對シ支出金額ヲ定ムル事

本條ニ掲グル事件ハ内務大藏兩大臣ノ許可ヲ受ケザルベカラズトス是レ國ノ財政ニ關係アルコトノ重大ナルモノナレバナリ

一　府縣債ヲ起シ並起債ノ方法利息ノ定率及償還ノ方法等ヲ定ムル事　是等ノ場合ハ要スルニ府縣ノ負擔ニ耐ヘ難キ場合ニシテ且國ノ財源ヲ狹隘ナラシムルニ至ルヲ以テ内務大藏兩大臣ノ許可ヲ得ベキモノトス而シテ内務大臣ニ關スルモノハ府縣ノ負擔《フタン》ニ耐エ難《ガタ》キノ事情ニ因《ヨ》リ大藏大臣ノ許可《キヨカ》ヲ受クルハ國《クニ》ノ財源《ザイゲン》ニ關係スル所アルニ因ルナリ而シテ其府縣債ヲ起ス方法利息ノ定率及ヒ將來ニ於ケル償還方法等ハ皆《ミナ》府縣ノ起債《キサイ》ニ影響《エイキヤウ》ヲ及ボスヲ以テ是レ内務大臣ノ許可《キヨカ》ヲ受《ウ》クベシトス然レドモ第百十七條ノ規定ニヨリ豫算内ノ支出ヲ爲ス爲メ第百十七條第三項ノ借入金ニ付テハ一時ノ借入金ニシテ府縣債ノ如キ永ク府縣ニ關係スルモノニアラザル

ヲ以テ許可ヲ要セズ

二 地租三分ノ一ヲ超過スル附加税ヲ賦課スル事　附加税ナルモノハ多額ノ税ヲ賦課スベキ性質ノモノニアラザレバ地租三分ノ一ヲ超過スル附加税ヲ賦課スルガ如キハ國ノ財源《ザイゲン》ニ關係スルヲ以テ是亦《コレマタ》両大臣ノ許可《キヨカ》ヲ受ケザルベカラズ然レドモ法律勅令中別段ノ規定アリテ賦課スル、本條ノ限リニアラズトス

三 法律勅令ノ規定ニ依リ官廳ヨリ下渡ス歩合金ニ對シ支出金額ヲ定ムル事　官廳トハ政府ヲ云フ即チ政府ヨリ下渡ス歩金ニ對シテハ其支出金額ヲ定ムルガ如キ割合ヲ定ムルコトニ付テハ又許可ヲ受ケザルベカラズ歩合金ナルモノハ其府縣ヲ補助スル爲メノ支辨金ナリ

第百三十五條 府縣ノ行政ニ關シ主務大臣ノ許可ヲ要スヘキ事項ニ付テハ主務大臣ハ許可申請ノ趣旨ニ反セスト認ムル範圍内ニ於テ更正シテ許可ヲ與フルコトヲ得

府縣行政上ノ主務大臣トハ内務大藏両大臣ナリ而シテ主務大臣ノ許可ヲ要スベキ事項ニ付テハ主務《シユム》大臣《タイジン》ハ許可ヲ申請シタル塲合《バアヒ》ニ其申請シタル趣旨《シユシ》ニ反《ハン》セズト認ムル範囲内ニ於テハ之ヲ變更改定シテ自己ノ意思ニヨリテ許可ヲ與フルコトヲ得ベシトス是レ

省カラ許可スル權利アレハ之ヲ變更スルカ如キハ是亦主務大臣ノ權利ナルハ至當ナリ

第百三十六條　府縣ノ行政ニ關シ主務大臣ノ許可ヲ要スヘキ事項中其ノ輕易ナルモノハ勅令ノ規定ニ依リ許可ヲ經スシテ處分スルコトヲ得

府縣ノ行政ニ關シテ主務大臣ノ許可ヲ要スベキ事項ト雖モ甚ダ輕易ナルモノハ却テ其許可ヲ受クルカ如キハ煩雜ニ渉ルノミニシテ價値ナケレバ利害ノ上ヨリ見テ勅令ノ規定ニ依リ許可ヲ經ズシテ處分スルコトヲ得セシムルナリ

第七章　附　則

附則中ノ規定ニ入ルベキモノニアラズシテ別ニ本制ノ施行其他ニ關スルコトヲ規定シタルモノナリ換言セバ補充規則ト云フベキナリ

第百三十七條　此ノ法律ハ明治二十三年法律第三十五號府縣制ヲ施行シタル府縣ニハ明治三十二年七月一日ヨリ之ヲ施行シ其ノ他ノ府縣ニ關スル施行ノ時期ハ府縣知事ノ具申ニ依リ内務大臣之ヲ定ム

此ノ府縣制ハ明治二十三年法律第三十五號府縣制ヲ改正シタルモノナレバ爾來本制ヲ施行シツヽアル府縣ニハ本制ヲ施行スベキ筈ナルモ其ノ何時ヨリ施行スベキヲ定メザ

レバ法律ハ發布ト同時ニ施行スベキモノト後チ期日ヲ定メテ施行スルモノトアルヲ以テ本條ハ本制ノ施行期日ヲ定メ其他ノ府縣即チ未ダ府縣制ヲ施行セザル府縣ハ別ニ府縣知事ノ具申ニ依リ內務大臣之ヲ定ムルモノトス

第百三十八條　島嶼ニ關スル府縣ノ行政ニ付テハ勅令ヲ以テ特例ヲ設クルコトヲ得

町村制ヲ施行セサル島嶼ヨリ選出スヘキ府縣會議員ノ選擧ニ關スル事項ハ勅令ノ定ムル所ニ依ル

島嶼《トウシヨ》ハ一般ノ府縣ト同一ノ法律《ハフリツ》ヲ施行《シカウ》スルコト能ハザル事情アルモノナレバ勅令《チヨクレイ》ヲ以テ特別ノ例ヲ設クルコトヲ得ルモノトス盖シ法律ハ人智ノ進度ニ伴ヒ土地ノ狀況ヲ斟酌シテ施行セザレバ人民ヲシテ法律ノ規定ニ從ハシムルハ害アリテ益ナケレバナリ島嶼《トウシヨ》ノ如キハ未ダ町村制ヲ施行セザル所《トコロ》モアルナレバ此ノ島嶼ヨリ選出《センシユツ》スベキ府縣會議員ノ選擧ニ關スル事項モ亦一般ノ規定ニ依ルベカラザレバ勅令ヲ以テ別ニ定メラルヽナリ

第百三十九條　法律命令中別段ノ規定アルモノヲ除ク外此ノ法律ニ規定スル郡長ノ職務ハ島司ヲ置ケル島嶼ニ於テハ島司之ヲ行ヒ町

村長ノ職務ハ町村制ヲ施行セサル地ニ於テハ戸長又ハ之ニ準スヘキ者之ヲ行フ

法律命令中別段ノ規定ヲ設ケテ其規定ニ依ルヘシト爲シタルモノヽ外ハ此法律ニ於テ規定スル所ノ郡長ノ職務ハ島司ヲ置ケル島嶼ニ於テハ島司ニ準用セシメ島司ガ之ヲ行ヒ町村長ノ職務ハ尚ホ未ダ町村制ヲ施行セサル地ニ於テハ戸長ニ於テ之ヲ行ヒ戸長ナキ所ニ於テハ戸長ニ準スヘキモノ之ヲ行フモノトス

第百四十條 從前郡市經濟ヲ異ニシタル府縣ノ財産處分ニ關スル規定ハ内務大臣之ヲ定ム

特別ノ事情アル府縣ニ於テハ勅令ノ定ムル所ニ依リ市部郡部ノ經濟ヲ分別シ市部會郡部會市部參事會郡部參事會ヲ置キ其ノ他必要ナル事項ニ關シ別段ノ規定ヲ設クルコトヲ得

從來郡ト市トニ於テ經濟ヲ異ニシタル府縣ハ其ノ財産ヲ處分スル上ニモ亦特別ノ規定ヲ要スルハ勿論ナレバ其府縣ノ財産處分ニ付テハ内務大臣ニ於テ之ヲ定ムルモノトスルナリ

尚ホ特別《トクベツ》ノ事情アツテ將來《シヤウライ》ニ於テモ市部郡部ノ經濟《ケイザイ》ヲ異ニスルノ必要《ヒツエウ》アルニ於テハ勅

令ノ定ムル所ニヨッテ市部ニ關シテハ市部會市部參事會郡部ニ關シテハ郡會及郡部參事會ナルモノヲ置キ其他必要ナル事項ニ關シテ別段ノ規ヲ定設クルコトヲ得トセリ茲ニ注意《チウイ》スベキハ本條ニ所謂《イハユル》市部會市部參事會郡會郡參事會ナルモノハ市制郡制《シセイクンセイ》ノ規定スル市會市參事會郡會郡參事會ヲ云フニアラズシテ府縣ニ於ケル經濟別異ニ依リ之ヲ設クルモノナルコトヲ

第百四十一條　明治二十三年法律第八十八號府縣稅徵收法及地方稅ニ關スル從前ノ規定ハ此ノ法律ニ依リ變更シタルモノヲ除ク外勅令ヲ以テ別段ノ規定ヲ設クルマテ其ノ效力ヲ有ス

明治二十三年法律第八十八號府縣稅徵收法幷ニ地方稅ニ關スル規定ニシテ此府縣制ヲ制定《セイテイ》スルニ付テ該規定《ガイキテイ》ニ變更《ヘンカウ》ヲ來タシタルモノニ在テハ此法律《コノホフリツ》ニ從フベキハ當然《ダウゼン》ノコトナリト雖モ別ニ何等ノ變更ヲ生セザルニ於テハ追テ勅令ヲ以テ其規定ヲ設ケテ變更ヲ生スルマデノ間ハ尙ホ府縣稅徵收法幷ニ地方稅ニ關スル規定ノ効力ヲ有セシメタリ

第百四十二條　明治二十三年法律第三十五號府縣制ノ規定ニ依リ選擧セラレタル府縣會議員府縣參事會員ハ此ノ法律施行ノ日ヨリ其ノ職ヲ失フ

本法發布後施行ノ日ニ至ルマテノ間ニ明治二十三年法律第三十五號府縣制ヲ施行シタル府縣ニ於テハ府縣會議員ノ改選ヲ要スルコトアルモ其ノ改選ヲ行ハス議員ハ本法施行ノ日マテ在任ス

府縣會議員タル者ニ限ラス總テ議員タル者ハ其ノ當時ノ法律ニ依テ資格ヲ定メ選擧方法ヲ定ムルモノナレバ之ガ法律《ハフリツ》ヲ改正《カイセイ》シタルトキハ議員ノ資格等《シカクトウ》ニモ變更《ヘンカウ》ヲ生スルハ勿論否變更スベキノ必要アリテ更正シタルモノナレバ本法ノ施行セラル、ト同時ニ現在ノ府縣會議員幷ニ府縣參事會員ノ改正ノ府縣制ニ由リテ其職ヲ失フニ至ルベキナリ然レドモ此ノ法律《ハフリツ》ヲ施行《シカウ》セザル間ニ在リテハ本制ノ規定即チ發布《ハツプ》セラル、ト雖モ未ダ本制ノ効力ハナキモノナレバ現行ノ府縣制ニ依リ選擧セラレタル議員ハ其ノ資格ヲ失フコトナシ故《ユヘ》ニ本制施行ノ日マデハ舊府《キウフ》縣制《ケンセイ》ヲ施行セラレ居ル府縣ニアリテ府縣會議員ノ改選ヲ要スルコトアルモ其ノ改選ヲ行ハズシテ本法施行ノ日マデ其任ニ在ルベキモノトス蓋シ舊制ニ依リテ改選シタルモ實施ノ日ニハ又々改選セザルベカラズシテ何等ノ益モナキコトナレハナリ

第百四十三條　此ノ法律施行ノ際府縣會及府縣參事會ノ職務ニ屬スル事項ニシテ急施ヲ要スルモノハ其ノ成立ニ至ルマテノ間府縣知

事之ヲ行フ

此ノ法律ヲ施行スル時ニ當リテハ更ニ此ノ法律ニ依リテ會議ヲ開カザルベカラズ即チ府縣會議員府縣參事會員ヲ選擧スベキノ必要ヲ生ズ然レドモ其ノ府縣會及府縣參事會ノ成立スルマテニ府縣會及府縣參事會ノ職務ニ屬スル事項ニシテ急ニ施行セザルベカラザルモノアラバ府縣參事會府縣會ニ於《オイ》テ行《オコナ》フベキ職務《ショクム》ヲ府縣知事ニ於テ之ヲ行フ權ヲ與ヘタリ

第百四十四條　此ノ法律施行ノ際議員ヲ選擧スルニ必要ナル選擧人名簿ノ調製ニ限リ第九條乃至第十二條ノ期日及期間ハ勅令ヲ以テ別ニ之ヲ定ムルコトヲ得但シ其ノ選擧人名簿ハ翌年調製スル選擧人名簿確定ノ日マテ其ノ效力ヲ有ス

此法律ヲ施行スル際府縣會議員ヲ選擧スルニ付テ選擧人名簿ヲ調製スルノ必要アリ是レ前《マヘ》ニモ述《ノ》ベタル如ク舊府縣制ニ依《ヨ》リテ選擧被選擧人ノ資格《シカク》ヲ定メタルモノハ其權利《ソノケンリ》ヲ失フニ至ルヲ以テナリ而シテ之ヲ調製スルニハ第九條乃至第十二條ノ期日ニ依ルベキモノナレドモ到底之ニ依ルコト能ハザルモノアルヲ以テ此場合ニ限リテ右二ケノ條項ノ規定ニ依ラズシテ勅令ヲ以テ別ニ定ムルコトヲ得ベシトス此ノ如クシテ調製シタル

選擧人名簿ハ翌年調製スル選擧人名簿ガ確定スルマデ其効力ヲ有セシメタルナリ

第百四十五條　此ノ法律ニ定ムル直接税ノ種類ハ內務大臣及大藏大臣之ヲ告示ス

本條ハ說明ヲ要セズ

第百四十六條　明治十三年第十五號布告府縣會規則明治十四年第八號布告區郡部會規則明治二十二年法律第六號府縣會議員選擧規則其ノ他此ノ法律ニ牴觸スル法規ハ此ノ法律施行ノ府縣ニ於テハ其ノ效力ヲ失フ

本條ハ本法施行ノ爲《タ》メ本法ヲ施行《シカウ》スベキ府縣ニ在《ア》リテハ其牴觸《テイショク》スル法律規則ノ効力ヲ失フコトヲ示ス規定ナリ

第百四十七條　此ノ法律ヲ施行スル爲必要ナル事項ハ命令ヲ以テ之ヲ定ム

此法律ヲ施行スル爲メ必要ナル事項トハ此ノ法律ヲ運用スベキ手續法トモ云フベクモノニシテ多々アルベシ例ヘバ施行細則ノ如ク其ノ他詳細ナル小事項ニ就テハ到底此法律ノ盡スベキニアラザレバ別ニ命令ニ依リテ之ヲ定ムルモノトス

改正府縣制註釋　終

改正 郡制註釋

第一章 總則

第一條 郡ハ從來ノ區域ニ依リ町村ヲ包括ス

本條ヲ說明《セツメイ》スルニ先《サキ》ダチ今回府縣制ヲ改正《カイセイ》スルト共ニ郡制《グンセイ》ヲ改正シタル主《オモ》ナル趣意《シユシ》ハ前ニモ說明シタルガ如ク從前ノ郡制ニハ大地主制ヲ廢シタルノ一事是レナリ大地主制トハ郡內ニ於テ町村稅ノ賦課《フクワ》ヲ受クル地價《チカ》一万圓以上ノ土地ヲ所有《シヨイウ》スルモノヲイフ大地主ニ特權ヲ與ヘタルコト郡制ノ特色ナリ大地主選出議員ノ數ハ町村選出議員ノ三分ノ一トシ若シ大地主ノ員數ガ此ノ三分ノ一ニ滿タザルトキハ其ノ大地主ハ選擧ニ由ラズシテ當然《タウゼン》郡會議員トナル郡會議員ノ被選擧權《ヒセンキヨケン》ハ郡內ノ町村公民ニシテ町村會議員選擧ニ參與スルコトヲ得ベキ者及選擧ニ加ハルコトヲ得ベキ大地主ハ總テ之ヲ有スト爲シタルナリ

然ルニ今回《コンクワイ》此ノ大地主ヲ廢《ハイ》スルハ大地主ノ制タル我地方制度《ワガチハウセイド》ニ於テハ郡制ニ始メテ之ヲ採用シタリト雖モ之ヲ從來ノ情況ニ鑑ミルニ之ヲ存セザルヲ得ザルノ必要アルヲ認メズ況ヤ複選制ヲ廢シテ直選制ヲ採リ一定ノ直接國稅ヲ納ムル者ヲシテ選擧權被選擧權

ヲ有セシムルニ於テオヤ地主ノ利害ハ優ニ之ヲ議會ニ表彰シテ十分ナルヲ以テ更ニ地價一万圓以上ヲ有スル地主ニ限リ特別ノ參政權ヲ與フルハ毫モ其必要ナキノミナラズ權利《ケンリ》ノ分配《ブンパイ》上却《カヘツ》テ不《フ》權衡《ケンカウ》ヲ招《マ子》クノ嫌《キラヒ》アルヲ免レズ

且之レ大地主ニ關スル現行法規ノ規定タル頗ル不完全ニシテ土地ノ所有ニ關シテ一定ノ年限《子ンゲン》ナク又其ノ所有《シヨイウ》ニ付テハ登記ヲ必要《ヒツエウ》トセザルガ故ニ選擧ニ際《サイ》シ避《ニハカ》ニ大地主資格ヲ造成シテ依テ以テ競爭ヲ試ムルノ弊害アルハ一般ノ認メル所ナリト云フニ在ルナリ

其他改正ノ点ハ以後ノ各條項ノ下ニ就テ説明スベシ

却説《サテ》郡ハ從來ノ區域《クイキ》ニ依リ町村ヲ包括《ハウクワツ》ストアリ故ニ郡トハ町村ノ相集《アヒアツマ》ツテ之ガ區域ヲ立ツルモノナリ而シテ郡ノ區域ハ行ヒ來リタル區域ニ從フテ町村ヲ包括セシメタルハ此郡制ヲ施行スベキ所ヲ稱シテ云フナリ即チ郡制ヲ施行スルハ從前ノ區域ニ依ルベシト云フ意ナリ

第二條 郡ハ法人トシ官ノ監督ヲ承ケ法律命令ノ範圍內ニ於テ其ノ公共事務並法律命令ニ依リ郡ニ屬スル事務ヲ處理ス

郡モ亦府縣ト同ジク地方官府タルト同時ニ地方團体タルモノナリ而シテ地方官府タル郡ノ職權ハ廣ク地方團体タル郡ノ職權ハ狹キコト府縣ニ同ジ

地方官府トシテノ郡ハ其ノ郡内ニ普通行政ヲ施行スルノ機關タリ郡ニ郡長及郡書記ヲ置ク郡長ハ知事ノ指揮監督ヲ受ケ法律命令部内ニ執行シ部内ノ行政事務ヲ處理シ部下ノ官吏ヲ監督シ行政事務ニ付キテ其ノ部内ノ町村長ヲ指揮監督ス郡長ハ法律命令ニ依リ若クハ知事ヨリ委任セラレタル事件ニ付キ郡令ヲ發スルコトヲ得郡長モ亦知事ト同シク單獨官府《タンドククワンフ》タリ

地方團体《チハウダンタイ》トシテノ郡ハ市制ヲ施行《シカウ》セザル土地ニ於テ町村《チヤウソン》ヲ基礎《キソ》トシテ成立《セイリツ》スル地方自治体ニシテ公法人タルノ資格ヲ有ス

第三條 郡ノ廢置分合又ハ境界變更ヲ要スルトキハ法律ヲ以テ之ヲ定ム

郡ノ境界ニ渉リテ市町村境界ノ變更アリタルトキハ郡ノ境界モ亦自ラ變更ス町村ヲ變シテ市ト爲シ若ハ市ヲ變シテ町村ト爲シ又ハ所屬未定地ヲ町村ノ區域ニ編入シタルトキ亦同シ

本條ノ處分ニ付財產處分ヲ要スルトキハ內務大臣ハ關係アル府縣郡市參事會及町村會ノ意見ヲ徵シテ之ヲ定ム但シ特ニ法律ノ規定アルモノハ此ノ限ニ在ラス

市町村ヲ組織《ソシヨク》スル元素《ゲンソ》ハ土地及住民ノ二者トス土地《ドチ》ハ市町村カ自治行政《ジヂギヤウセイ》ヲ行フノ範囲《ハンヰ》

タルト同時ニ普通行政ヲ行フノ區劃タリ市町村ノ境域ハ妄リニ之ヲ變更セザルヲ本則トス蓋シ市町村ハ地勢習俗等ニ本ヅキ天然ニ成立發達シタルモノニシテ人爲的ニ區劃シタルモノニアラザルナリ故ニ必要ノ場合ニ於テ市町村ノ境界ヲ變更シ又ハ其廢置分合ヲ行フニハ關係市町村會及郡參事會ノ意見ヲ聞キテ府縣參事會ヲ議決シ內務大臣ノ許可ヲ得ルコトヲ要ス

然《シカ》レドモ市町村ノ資力貧弱《シリヨクヒンジヤク》ニシテ自治行政ヲ行《オコナ》フコト能ハズ又ハ公益上《コウエキジヤウ》ノ必要アルトキハ府縣參事會ハ關係者ノ異議アルニモ拘ハラズ市町村ノ合併ヲ行フコトヲ得ベシ

本條第二項ハ市町村境界《ケイカイ》ノ變更《ヘンカウ》ヨリ郡ノ境界ニ渉《ワタ》リタル場合及ビ市ヲ變《ヘン》ジテ町村ト爲シ町村ヲ變ジテ市ト爲シタル場合又所屬未定即チ市部ニ屬スルカ町村ニ屬スルモノカノ定マラザル地ヲ町村ノ區域ニ編入シタル場合ノ如キハ郡ノ境界ニ影響ヲ來タスモノナルヲ以テ郡ノ境界ハ自カラ變更シタルモノトシテ別ニ法律ヲ以テ變更スルニ及バザルナリ

又廢置分合境界ノ變更《ヘンカウ》ヲ爲スニ付テ財産《ザイサン》處分即チ郡ノ動産《ドウサン》不動産ノ處分ヲ爲スコトヲ要スルトキハ內務大臣府縣參事會郡參事會及ビ町村會ノ意見ヲ聽キテ之ヲ定ムルモノトス然レドモ別ニ法律ニ於テ此手續ヲ爲スヲ要セズトシタル場合ニアリテハ其法律ノ

規定ニ従フベシトス

第二章　郡會

第一款　組織及選擧

第四條　郡會議員ハ各選擧區ニ於テ之ヲ選擧ス
選擧區ハ町村ノ區域ニ依ル但シ事情ニ依リ郡長ハ郡會ノ議決ヲ經府縣知事ノ許可ヲ得テ數町村ノ區域ニ依リ選擧區ヲ設クルコトヲ得
町村組合ニシテ町村ノ事務ノ全部ヲ共同處理スルモノハ之ヲ一町村ト看做ス

郡會ハ郡内ノ町村ヨリ選出シタル議員ヲ以テ組織ス即チ郡ノ各選擧區ニ於テ之ヲ選擧スルナリ例ヘバ一町村ヲ以テ一區トシ一村ヲ以テ一區トスルガ如シ然レドモ其町村ニシテ餘《アマ》リ小ナルカ又ハ他ニ事情《ジヤウ》アリテ數町村ヲ一區域《クイキ》トナシテ選擧ヲ爲ス方却《カヘツ》テ選擧ノ實ヲ擧グル場合ノ如キハ郡長ニ於テ郡會ニ付シテ郡會ノ議決ヲ經タル上府縣知事ノ許可ヲ得テ數町村ヲ一區ト爲スコトヲ得ルモノトス町村ガ數個相合同シテ一ノ組合町村ヲ設《マウ》ケタル場合《バアヒ》ニ在リテハ其町村ノ事務ハ其全部《ソノゼンブ》ヲ共同《キヤウドウ》シテ處理スルヲ普通《フツウ》トス是

レ組合ヲ爲シタルハ町村ガ獨立スル能ハザル場合多キヲ以テナリ此場合ニ於テハ其組合全体ヲ一選擧區ト爲スヲ便利ナルヲ以テ此場合ハ前項ノ例ニヨラズシテ直チニ數町村ヲ一選擧區トスルナリ

第五條　郡會議員ノ員數ハ十五人以上三十人以下トス

郡ノ狀況ニ依リ內務大臣ノ許可ヲ得テ前項ノ員數ヲ四十人マテ增加スルコトヲ得

郡會議員ノ定數及各選擧區ニ於テ選擧スヘキ郡會議員ノ數ハ郡會ノ議決ヲ經府縣知事ノ許可ヲ得テ郡長之ヲ定ム

前項議員ノ配當方法ニ關スル必要ナル事項ハ內務大臣之ヲ定ム

郡會議員ノ數《カズ》ハ郡ノ區域《クイキ》ノ大小人口ノ如何《イカ》ニヨリテ多少《タシヤウ》ノ區別《クベツ》ヲ立テザルベカラザルヲ以テ本條ニ於テハ十五人以上三十人以下トス然ラバ少クモ十五人多キモ三十人ヲ超過セザルモノトス

然レドモ郡ノ狀況《ジヤウキヤウ》例ヘバ郡ノ境域《ケイヰキ》ノ大ナルカ又ハ人口ノ數多《アマタ》キカ其他ノ狀況ニリテハ三十人ニテモ尚ホ不足ナリトスルコトアリ此場合ニハ之ヲ四十人マデ增加スベキコトヲ得ルモノトス然《シカ》ラハ即チ四十人マデハ超過《テウクワ》スルノ例外《レイグワイ》ヲ設ケタリ否特別《イナトクベヘ》ノ場合ヲ規

定セルナリ此員數ノ議員ヲ設ケントスル郡ニアリテハ内務大臣ノ許可ヲ得テ増加スルモノトス

郡會ノ議員ハ十五人ヨリ三十人マデハ隨意ニ之ヲ定ムルコトヲ得ルガ如クナレドモ郡會議員ノ定數及各選擧區ニ於テ選擧スベキ郡會議員ノ數ハ郡會ノ議決ヲ府縣知事ノ許可ヲ得テ郡長ニ於テ之ヲ定ムルモノトス

而《シカ》シテ議員ノ配當《ハイタウ》ハ町村ニヨリ異《コト》ニシテ或ハ一町村ヨリ二人ノ議員《ギヰン》ヲ出サシメ又ハ二町村ニシテ一人ノ議員ヲ出サシムルガ如ク方法ニ依ルナリ而シテ此ノ配當ヲ爲ス方法ニ關《クワン》シテ必要《ヒツエウ》ナル事項ニ付テハ之《コレ》ヲ内務大臣ニ於テ定ムベキコトヽ爲シタルナリ

第六條　郡内ノ町村公民ニシテ町村會議員ノ選擧權ヲ有シ且其ノ郡内ニ於テ一年以來直接國税年額三圓以上ヲ納ムル者ハ郡會議員ノ選擧權ヲ有ス

郡内ノ町村公民ニシテ町村會議員ノ選擧權ヲ有シ且其ノ郡内ニ於テ一年以來直接國税年額五圓以上ヲ納ムル者ハ郡會議員ノ被選擧權ヲ有ス

家督相續ニ依リ財産ヲ取得シタル者ハ其ノ財産ニ付被相續人ノ爲

シタル納税ヲ以テ其ノ者ノ納税シタルモノト看做ス
郡會議員ハ住所ヲ移シタル爲町村ノ公民權ヲ失フコトアルモ其ノ住所同郡內ニ在ルトキハ之カ爲其ノ職ヲ失フコトナシ
郡會議員ノ選擧權及被選擧權ノ要件中其ノ年限ニ關スルモノハ府縣郡市町村ノ廢置分合若ハ境界變更ノ爲中斷セラルルコトナシ
左ニ掲クル者ハ郡會議員ノ被選擧權ヲ有セス其ノ之ヲ罷メタル後一箇月ヲ經過セサル者亦同シ
一　所屬府縣ノ官吏及有給吏員
二　其ノ郡ノ官吏及有給吏員
三　撿事警察官吏及收稅官吏
四　神官僧侶其ノ他諸宗教師
五　小學校教員
前項ノ外ノ官吏ニシテ當選シ之ニ應セントスルトキハ所屬長官ノ許可ヲ受クヘシ

選擧事務ニ關係アル吏員ハ其ノ選擧區ニ於テ被選擧權ヲ有セス其ノ之ヲ罷メタル後一箇月ヲ經過セサル者亦同シ

郡ノ爲請負ヲ爲ス者又ハ郡ノ爲請負ヲ爲ス法人ノ役員ハ其ノ郡ノ郡會議員ノ被選擧權ヲ有セス

町村ノ公民トハ法律上《ハフリツジヤウ》一定ノ資格《シカク》ヲ具《ソナ》ヘ市町村ノ公務ニ參與《サンヨ》スルノ權利及義務《ギム》ヲ有スル者ヲ云フ即チ其ノ資格ハ左ノ如シ

一 帝國臣民《テイコクシンミン》ニシテ公權《コウケン》ヲ有スル獨立《ドクリツ》ノ男子《ダンシ》タルコト獨立ノ男子トハ滿《マン》二十五年以上ニシテ一戸ヲ搆ヘ禁治産ノ宣告ヲ受ケザル者ヲ謂フ

二 二年以來其市町村ノ住民タルコト但此ノ二年ノ制限ハ市町村會ノ議決ニ依リテ特ニ之ヲ免除スルコトアリ

三 二年以來《イライ》其ノ市町村ノ負擔《フタン》ヲ分任《ブンニン》スルコト

四 二年以上其ノ町村內ニ於テ地租ヲ納メ若クハ直接國稅年額二圓以上ヲ納ムルヿ

右ノ如ク郡內ノ町村公民ニシテ直チニ郡會議員ノ選擧權ヲ有スト云フニアラズ町村公民ニシテ町村會議員ノ選擧權ヲ有シ且其郡內ニ於テ一年以來直接國稅年額三圓以上ヲ納ムル者ニシテ始メテ郡會議員ノ選擧權ヲ有スルモノトス又町村公民ニシテ被選擧權

ヲ有スル者ハ選擧人ト同一ニシテ只異ナル所ハ直接國税年額五圓以上ヲ納ムルモノトスルニアルノミナリ

家督《カトク》相續人《サウゾクニン》ハ被相續人ノ總《スベ》テノ權利《ケンリ》義務《ギム》ヲ承繼《シヤウケイ》スルモノナレバ選擧被選擧權ニ付テモ亦之ヲ相續シタルモノトシテ被相續人ノ納税ハ相續人ニ於テ納税セシモノト看做シ直接相續人ニ於テ納税ヲ爲サヽリシト雖モ尚ホ選擧被選擧權ヲ有スルモノトス

郡會議員モ同一町村ニシテ一年以《ネンイ》來《ライ》直接國税ヲ納ムルモノニアラザレバ選擧權《センキヨケン》被選擧トモ有セザルモノトスレバ其郡內ヲ移轉シタルトキハ公民權ヲ失フコトハ勿論ナレドモ其《ソノ》移轉《イテン》ガ同一ナル郡內《グンナイ》ナルトキハ郡會議員タルノ職《シヨク》ヲ失《ウシナ》フコトナシ

第一項第二項ニ記載スル選擧及ヒ被選擧者ノ資格ニ付テ一年以來又ハ二年以來トアル年限ガ府縣郡市町村ノ廢置分合若クハ境界ノ變更ノ爲メ中斷即チ年限ガ不足スルニ至ルモ法律上ニ於テ中斷ナキモノトス是レ有權者自身ニ中斷セシメタルモノニアラザルヲ以テナリ

本條第六項ノ被選擧者《ヒセンキヨシヤ》ノ資格《シカク》ナキモノナルコトハ府縣制ニ於《オイ》テ述《ノ》ベタル所ト異ナル所ナケレバ茲ニ説明ヲ要セズ

第七條　郡會議員ハ名譽職トス

郡會議員ノ任期ハ四年トス

議員ノ定數ニ異動ヲ生シタル爲又ハ議員ノ配當ヲ更正シタル爲解任ヲ要スル者ハ抽籤ヲ以テ之ヲ定ム

郡會議員ハ名譽職《メイヨシヨク》トス是レ郡ノ議政《ギセイ》ニ公義務《コウギム》トシテ選擧セラル丶モノナルヲ以テナリ

郡會議員ノ任期ハ府縣會議員ト均シク四ケ年トシテ四ケ年毎ニ改選セラル丶モノトス

議員ノ定數ニ異動ヲ生シタルトキ即チ人口ノ增減ノ爲メ定數ニヨリ改任ヲ爲シ又各選擧區ノ配當ヲ更正シ爲メニ解任ヲ要スル塲合ノ如キハ抽籤ノ方法ニヨリテ之ヲ定ムルコト丶爲シタリ

第八條　郡會議員中闕員アルトキ及郡會議員ノ定數ニ異動ヲ生シタル爲又ハ議員ノ配當ヲ更正シタル爲議員ノ選擧ヲ要スルトキハ三箇月以内ニ之ヲ行フヘシ

補闕議員ハ其ノ前任者ノ殘任期間在任ス

補闕議員ヲ除ク外本條第一項ニ依リ選擧セラレタル議員ハ次ノ改選期マテ在任ス

郡會議員ニシテ死亡病氣《シバウビヤウキ》其他ノ故障等《コシヤウトウ》ノ爲メ議員ニ欠員《ケツヰン》ヲ生シタルトキ及ヒ郡會《グンクワイ》ノ議

員ノ定數ニ異動ヲ生ジタルトキ又議員ノ配當即チ何レノ選擧區ニ何人何レノ選擧區ニハ幾名《イクメイ》ヲ選擧スベシトノ配當《ハイタウ》ヲ更正《カウセイ》シタルカ爲メ議員ヲ選擧《センキヨ》スルノ必要《ヒツエウ》生ジタルトキハ三ヶ月以內ニ其ノ選擧ヲ爲サヾルベカラズ

補欠議員《ホケツギヰン》トハ前任ノ議員ガ故障《コシヤウ》アリテ欠《カ》ケタルトキ之ニ代ハル議員ナリ而シテ其任期《ソノニンキ》ハ前任ノ殘期間其任ニアルモノトス故ニ前任期四ヶ年幾分ヲ經タルトキ例ヘバ二年ヲ經タル後ナルトキハ其殘期タル二年其職ニ就クベキモノトス

又本條第一項ノ規定スル所ニヨリ選擧セラレタル者即チ定數ニ異動ヲ生ジ又ハ議員ノ配當ヲ更正シタル爲メ議員ノ選擧ヲ要シ當選シタル議員ナルニ於テハ次ノ改選期マデハ其職《ソノシヤク》ニ在《ア》ルモノトス

第九條 郡會議員ノ選擧ハ郡長ノ告示ニ依リ之ヲ行フ其ノ告示ニハ選擧ヲ行フヘキ選擧區投票ヲ行フヘキ日時及選擧スヘキ議員ノ員數ヲ記載シ新ニ選擧人名簿ヲ調製シテ選擧ヲ行フ場合ニ於テハ少クトモ七十日前其ノ他ノ場合ニ於テハ少クトモ十四日前ニ之ヲ發スヘシ

郡會議員選擧《センキヨ》ハ郡長《グンチヤウ》ノ之ヲ行フベキモノトス而シテ之《コレ》ヲ選擧スルニハ告示《コクシ》シテ之ヲ行

フ其告示ニ記載スベキ要件ハ選擧ヲ行フベキ選擧區其ノ投票ヲ行フベキ日時及ビ選擧スベキ議員ノ員數ヲ記載シテ告示スベシ然レドモ新ニ選擧人名簿ヲ調製シテ選擧ヲ行フ場合ニ於テハ少《スクナ》クトモ七十日前《ゼン》其他《ソノタ》ノ場合ニ於テハ少クトモ十四日前ニ之ヲ發《ハツ》スベシトス新ニ選擧人名簿ヲ調製スルニハ相當ノ日時ヲ與ヘザレバ完全ナル調製ヲ爲スコト能《アタ》ハザルヲ斟酌《シンシャク》シタルモノナリ其他ノ場合《バアヒ》ニ於テハ告示《コクシ》ニ記載セル準備《ジュンビ》等ノ爲メナルベシ

第十條 郡會議員ノ選擧ハ町村長之ヲ管理ス但シ數町村ヲ以テ一選擧區ト爲シタル場合ニ於テハ郡長ノ指定シタル町村長之ヲ管理ス

郡會議員ノ選擧ハ町村長ニ於テ之ヲ管理スルモノトシタルハ町村ハ各選擧區ナルヲ以テ而シテ町村長ノ上ハ郡長ニシテ郡長《グンチャウ》ハ町村長ヲ指揮《シキ》スル者ナレバ之ニ管理《クワンリ》セシムル能ハザレバ町村長ヲ以テ之ガ順序トス然レドモ數町村ニシテ其ノ町村事務ヲ共同シテ一選擧區ト爲リ居《オ》ルモノハ町村長數名アルコトアルベキヲ以テ之レニ管理《クワンリ》セシムルハ却テ煩雜ナルヲ以テ其中ノ者ヲ郡長ガ選拔シテ即チ郡長ニ於テ適當ト指定シタルモノヲ以テ之ヲ定ムルモノトス

第十一條 町村長ハ選擧期日前六十日ヲ期トシ其ノ日ノ現在ニ依リ

選擧人名簿ヲ調製スヘシ但シ數町村ノ區域ニ依リ選擧區ヲ設ケタル場合ニ於テハ選擧ヲ管理スル町村長ニ之ヲ送付スヘシ
選擧人其ノ住所ヲ有スル町村外ニ於テ直接國税ヲ納ムルトキハ前項ノ期日マテニ當該行政廳ノ證明ヲ得テ其ノ住所地ノ町村長ニ屆出ツヘシ其ノ期限内ニ屆出ヲ爲サヽルトキハ其ノ納税ハ選擧人名簿ニ記載セラルヘキ要件ニ算入セス
選擧ヲ管理スル町村長ハ選擧前五十日ヲ期トシ其ノ日ヨリ七日間町村役場又ハ其ノ他ノ場所ニ於テ選擧人名簿ヲ關係者ノ縱覽ニ供スヘシ若關係者ニ於テ異議アルトキ又ハ正當ノ事故ニ依リ前項ノ手續ヲ爲スコト能ハスシテ名簿ニ登錄セラレサルトキハ縱覽期限内ニ之ヲ町村長ニ申立ツルコトヲ得此ノ場合ニ於テハ町村長ハ其ノ申立ヲ受ケタル日ヨリ十日以内ニ之ヲ決定スヘシ
前項町村長ノ決定ニ不服アル者ハ郡參事會ニ訴願シ其ノ裁決ニ不服アル者ハ府縣參事會ニ訴願シ其ノ裁決ニ不服アル者ハ行政裁判所ニ出訴スルコトヲ得

前項ノ裁決ニ關シテハ府縣知事郡長町村長ヨリモ亦訴願及訴訟ヲ提起スルコトヲ得
町村長ハ第三項異議ノ決定ニ依リ又ハ第四項訴願ノ裁決確定シ若ハ訴訟ノ判決ニ依リ名簿ノ修正ヲ要スルトキハ選擧ノ期日前七日マテニ修正ヲ加ヘテ確定名簿ト爲スヘシ
本條ニ依リ確定シタル名簿ハ郡内ノ各選擧區ニ渉リ同時ニ調製シタルモノハ確定シタル日ヨリ一年以内ニ於テ行フ選擧ニ之ヲ適用ス其ノ郡内一部ノ選擧區限リ調製シタルモノハ確定シタル日ヨリ一年以内ニ該選擧區ニ於テノミ行フ選擧ニ之ヲ適用ス但シ名簿確定後訴願ノ裁決若ハ訴訟ノ判決ニ依リ名簿ノ修正ヲ要スルトキハ選擧ノ期日前七日マテニ修正スヘシ
選擧人名簿ヲ修正シタルトキハ直ニ其ノ要領ヲ告示スヘシ
確定名簿ニ登錄セラレタル者ハ選擧ニ參與スルコトヲ得ス但シ選擧人名簿ニ登錄セラルヘキ確定裁決書若ハ判決書ヲ所持シ選擧ノ當日選擧會場ニ到ル者ハ此ノ限ニ在ラス

確定名簿ニ登錄セラレタル者撰擧權ヲ有セサルトキハ撰擧ニ參與スルコトヲ得ス但シ名簿ハ之ヲ修正スル限ニ在ラス

異議ノ決定若ハ訴願ノ裁決確定シ又ハ訴訟ノ判決アリタルニ依リ名簿無效ト爲リタルトキハ更ニ名簿ヲ調製スヘシ其ノ名簿調製ノ期日縱覽修正及確定ニ關スル期限等ハ府縣知事ノ許可ヲ得テ郡長之ヲ定ム

選擧人名簿ヲ調製スルハ選擧ヲ爲スベキ日ヨリ六十日前ヲ期シテ其日ノ現在ニヨリテ調製《テウセイ》スベキナリ而シテ一町村ノ選擧區《センキヨク》ノ塲合ニアリテハ町村長之ヲ設備《セツビ》シ數町村ノ區域ニヨリテ選擧區ヲ設ケタルモノナルトキハ前條ノ如ク郡長ノ指定サレタル所ノ選擧ヲ管理《ソワンリ》スル町村長ニ之ヲ送致《ソウチ》シ其町村長ハ之ヲ管理《クワンリ》シ置《オ》クベキモノナリ

選擧人ニシテ住所地以外ノ地ニ於テ直接國稅ヲ納メ居ル塲合ニ於テハ其住所地町村ニ於テ納稅シ居ルコトノ證明ヲ當該行政廳即チ郡役所若クハ府縣廳ニ於テ之ヲ受ケ其住所地ノ町村長ニ屆出ヲ爲サヽルベカラズ其住所地外ニ於ケル納稅《ノウゼイ》ハ選擧ノ基礎《キソ》タル選擧人名簿《センキヨジンメイボ》ハ記載セラレズ從テ其要件中《ソノエウケンチウ》ニ入レラレザルヲ以テ選擧人ハ爲メニ不利益ヲ蒙ルベク且其屆出ノ期限ハ選擧人名簿調製ノ條件タル選擧期日前六十日ヲ期トシテ其

日ノ現在ニ相當セシメ同日マデニ届出ヲ為サヾルベカラズ若シモ其期限ヲ經過スルニ於テハ人名簿調製ノ時期ニ入ルヲ以テ其届出ハ効力ナキモノトス

選擧人名簿ヲ縱覽セシムルハ選擧人名簿ナル者ハ選擧上利害ノ關係ヲ有スル者即チ選擧人被《ヒ》選擧人《センキヨジン》若ハ郡長郡參事會等ノ縱覽《ジウラン》ニ供《キヤウ》スルモノナリ而シテ其ノ縱覽ノ期間《キカン》ハ選擧期日ノ前五十日ヲ期トシテ其日ヨリ七日間ナリトス其ノ縱覽ノ場所ハ人名簿ヲ調製セル町村役場又ハ其他ノ場所ニ於テ縱覽セシムベキナリ

縱覽ヲ為サシムルハ關係者ニ於テ異議ヲ述ブル者ナシトセザレバ若シ異議アルトキハ縱覽期限內ニ町村長ニ申立ツルコトヲ得セシムルガ為メナリ又天災時變若クハ他ノ正當ノ事由《シユウ》即チ自身《シシン》病氣《ビヤウキ》ナルカ又ハ父母等ノ病氣ノ為メニ其ノ手續《テツヽキ》ヲ為スコト能《アタ》ハズシテ人名簿ニ自己ノ氏名チ登錄セラレザリシ者アルトキハ縱覽期限內ニ之ヲ町村長ニ申立ツヘシ若シ縱覽期間內ニ申立チ為サヽル者ハ關係者ニ於テ苦情ナキモノト看做サレテ其ノ苦情《クジヤウ》ノ申立ハ効《カウ》ナキナリ而シテ町村長ハ其申立ヲ受理《ジウリ》シタル日ヨリ起算《キサン》シテ十日以內ニ其申立ニ付テ決定スヘキナリ

右ノ決定ニ不服アル者ハ郡參事會ニ訴願シ郡參事會ノ裁決ニ不服アル者ハ府縣參事會ニ訴願シ其ノ裁決ニ不服アル者ハ行政裁判所ニ出訴スルノ道ヲ設ケタリ又郡參事會及

府縣參事會ニ於テ裁決シタル点ニ關シテハ府縣知事郡長町村長ハ監督者又ハ關係者タルヲ以テ之ガ訴願并ニ訴訟ヲ爲スコトヲ得ベシ

町村長ハ第三項異議《イギ》ノ決定《ケツテイ》ニヨリ又ハ第四項ノ訴願《ソグワン》ノ裁決ガ確定シ若クハ行政裁判所ノ訴訟ノ判決ニヨリ名簿ヲ修正スルノ必要アリタルトキハ選擧ノ期日前ナル七日ヲ期シテ人名簿ニ修正ヲ加ヘザルベカラズ其ノ修正ヲ加ヘタルモノハ始メテ確定名簿ナリトス

本條ニ依《ヨ》リ確定《カツテイ》シタル名簿ハ郡内《グンナイ》ノ各町村選擧區ニ渉《ワタ》リテ同時ニ調製《テウセイ》シタルモノナルニ於テハ名簿ガ確定シタル日ヨリ一年内ニ於テ行フベキ選擧ニ之ヲ適用スルモノトス其ノ郡内一部ノ選擧區限リ調製シタルモノナルトキハ名簿ガ確定シタル日ヨリ一年内ニ其ノ選擧《センキヨ》ノミニ於テ行《オコナ》フ所ノ選擧ニ之ヲ適用《テキヨウ》スベキナリ然レドモ名簿ガ確定《カツテイ》シタル後ニ訴願ノ裁決若クハ行政裁判所ノ訴訟ノ判決ニヨリ名簿ノ修正ヲ必要トスル場合ニ於テハ選擧ノ期日前七日ヲ期トシ其マデニ選擧人名簿ノ修正ヲ爲スベキコトヽシタルナリ

選擧人名簿ガ修正《シウセイ》セラレタルトキハ之ヲ縱覽《ジウラン》セシムベキモノトス然レドモ之ヲ縱覽《ジウラン》セシムルニ於テハ徒ラニ手數ヲ要スルニ至ルヲ以テ之ヲ告示シテ一般ニ知ラシムルノ方

法ヲ取レリ而シテ其告示ハ其要領ノミヲ告示スヘキナリ確定名簿《カクテイメイボ》ニ登錄《トウロク》セラレテ始メテ選擧人被選擧人ノ資格《シカク》アルコトハ確定スルモノナリ故ニ確定名簿ニ登錄セラレザル者ハ假令不服ノ申立中ニアリトモ決シテ其選擧ニ參與スルコトヲ得ズ然レドモ選擧權ヲ有スル者トノ申立ガ正當ニシテ選擧人名簿ニ記載セラルベシトノ府縣參事會若クハ郡參事會《グンサンジクワイ》ノ裁決ガ確定《カクテイ》シ其裁決書若クハ行政裁判所《ギヤウセイサイバンショ》ノ判決書ヲ所持シ選擧ノ當日投票所ニ到ル者ハ已ニ選擧權ヲ有シタルモ選擧人名簿ニ記載セラレザリシコトガ明カナルヲ以テ選擧場ニ臨ミテ投票スルコトヲ得ベシ

確定名簿ニ一旦登錄セラレタルモノニシテ選擧權ヲ有セザルモノハ稀ナルコトナレドモ然レドモ亦万一之レ無シトモ云ヒ難ケレバ此ノ者ハ名簿ニ登錄シアリトスルモ所謂有名無實《イウメイムジツ》ニシテ選擧ニ參與《サンヨ》スルコトヲ得ザルモノナリ而シテ此有名無實ノ者《モノ》ガ確定名簿ニ記載シアリト雖モ參與セシメサルニ於テハ別段ニ名簿ヲ修正スルノ必要ナケレバ其儘《ソノマヽ》ニナシ置クモ事ニ害《ガイ》ナキヲ以テナリ異議《イギ》ノ決定若クハ訴願《ソグワン》ノ裁決確定シ又ハ行政裁判所ノ訴訟ノ判決アリタルニヨリテ名簿ガ無効トナリタルトキニ於テハ更ニ名簿ノ調製ヲ爲サヽルベカラズ其調製ヲ爲スノ期日及ビ縱覽修正若クハ確定ニ關スル期限ヲ定ムルハ府縣知事ノ許可ヲ得テ郡長之ヲ定ムルモノトス

第十二條 撰舉會ハ町村役場若ハ撰舉ヲ管理スル町村長ノ指定シタル場所ニ於テ之ヲ開クヘシ

數町村ヲ以テ一撰舉區ト爲シタルトキハ撰舉ヲ管理スル町村長ハ撰舉ノ日ヨリ少クトモ四日前ニ撰舉會ノ場所ヲ定メ關係町村長ニ通知スヘシ

撰舉會ノ場所ハ撰舉ノ日ヨリ少クトモ三日前町村長ニ於テ之ヲ告示スヘシ

特別ノ事情アル地ニ於テハ命令ヲ以テ選舉分會ヲ設ケ其ノ選舉ニ關シ特別ノ規定ヲ設クルコトヲ得

選舉會ハ何《イツ》レニ於テ之ヲ開《ヒラ》クヘキヤト云フニ町村役場若《モシ》クハ選舉ヲ管理《クワンリ》スル町村長ノ指定シタル場所ニ開クベキモノトス是レ町村役場ハ各選舉區ニアルヲ以テ何レヲ選舉場ト定ムルコトヲ得ヘキモノナルヲ以テナリ

然《シカ》レドモ數町村ヲ以テ一選舉區ト爲《ナ》シタルトキハ其選舉《ソノセンキヨ》ヲ管理スル町村長ニアリテ選舉ノ日ヨリ少クトモ四日前ヲ期シ選舉會場ヲ定メテ關係シ居ル他ノ町村長ニ通知スヘキナリ

選擧會ノ場所ハ之ヲ選擧關係者ニ知ラシムル必要アルヲ以テ選擧期日ヨリ少クトモ三日前ニ町村長ハ告示スヘキナリ

而《シカ》シテ選擧會場ニ事故《ジコ》アツテ選擧スルコト能《アタ》ハサル場合ニハ命令《メイレイ》ヲ以テ選擧ノ分會ナルモノヲ設ケ選擧人ヲ始メ關係者ノ便利ヲ謀ラサルヘカラス此ノ場合ニハ其選擧方法ニ就テ特別ナル規定ヲ設クルコトヲ許シタリ

第十三條　選擧ヲ管理スル町村長ハ臨時ニ選擧人中ヨリ二名乃至四名ノ選擧立會人ヲ選任シ其ノ町村長ハ選擧長トナル

選擧立會人ハ名譽職トス

選擧ヲ管理スルノ任アル町村長ハ選擧立會人ヲ臨時ニ其選擧會場ニ於テ選任ス而シテ其員數《ソノヰンスウ》ハ二名乃至《ナイシ》四名ニシテ其町村長ハ選擧長トナリテ選擧ヲ總理《ソウリ》スルナリ選擧立會人ヲ選擧スルハ選擧ノ公明正大公平無私ナラシムルガ爲メナリ

選擧立會人ハ名譽職ト爲ス所以ハ此等ハ一時ノモノニシテ選擧ヲ終リタラハ無用ノモノナルト且《カ》ツ相當《サウタウ》ニ名望《メイボウ》アル者ヲ選擧セサルベカラザルトニアルナリ

第十四條　選擧人ノ外選擧會場ニ入ルコトヲ得ス但シ選擧會場ノ事務ニ從事スル者選擧會場ヲ監視スル職權ヲ有スル者ハ此ノ限ニ在

ラス

選擧人選擧會場ニ於テ協議又ハ勸誘ヲ爲スコトヲ得ス

選擧會場ニハ選擧人ノ外ハ其ノ關係ナキモノハ之ガ入場ヲ許サズ是レ選擧會場ハ他ノ關係《クワンケイ》ナキ者ノ用ナキ所ナレバ之テ入場《ニフジヤ》セシムルハ只《タヽ》騷擾《ソウゼウ》タラシムルノミナレバナリ然レドモ選擧會場ノ事務ニ從事スル者選擧會場ヲ監視スル職權ヲ有スル者ハ取締上且事務ヲ取ル上ニ於テ入場スルヲ許ス

選擧人ハ公平無私《コウヘイムシ》ニシテ常ニ自己《ジコ》ノ信《シン》スル所ノ者ヲ選擧セサルベカラズ然《シカ》ルニ之ガ協議ヲ爲シ他人ノ意思ヲ斟酌スルガ如キ又ハ人ノ勸誘ニヨリ自己ノ意思ニナキ人ヲ選擧スルガ如キヲ爲スベカラズ否ラズシテ若シ協議ヲ爲シ勸誘ヲ許スニ於テハ相互ニ選擧ノ競爭《キヤウサウ》起《カコ》リ公平無私自己ノ信《シン》スル所ヲ選擧セザルニ至《イタ》ルノ弊害《ヘイガイ》アレハナリ

第十五條 選擧ハ投票ニ依リ之ヲ行フ

投票ハ一人一票ニ限ル

選擧人ハ選擧ノ當日自ヲ選擧會場ニ到リ選擧人名簿ノ對照ヲ經投票簿ニ捺印シ投票スヘシ

選擧人ハ選擧會場ニ於テ投票用紙ニ自ヲ被選擧人一名ノ氏名ヲ記

載シテ投函スヘシ

投票用紙ニハ選擧人ノ氏名ヲ記載スルコトヲ得ス

自ラ被選擧人ノ氏名ヲ書スルコト能ハサル者ハ投票ヲ爲スコトヲ得ス投票用紙ハ郡長ノ定ムル所ニ依リ一定ノ式ヲ用ウヘシ

選擧ニハ指名選擧トシテ投票ヲ用ヒズシテ選擧スルコトアリ本法ハ指名選擧ノ法ニ依ラズ投票《トウヘウ》ヲ以テ之《コレ》ヲ行《オコナ》フベキコトヲ規定《キテイ》シタルナリ

又選擧ハ單記《ハンキ》連記《レンキ》ノ二法アリ單記ハ一人一票ニ限《カギ》ルモノニシテ二票《ヘウ》以上《イジヤウ》ヲ投《トウ》スルコトヲ得ス

選擧人ハ他人ヲシテ代理セシムルコトヲ得ズ必ズ自ラ選擧場ニ到リ選擧人自身ト相違ナキヤ否《イナ》ヤヲ選擧人名簿ト對照《タイセウ》シタル上尚《ナ》ホ投票簿《トウヘウボ》ニモ自己ガ出頭《シユツトウ》シタルコトヲ證スル爲メニ自己ノ印ヲ捺シテ而シテ後其投票ヲ爲スベキモノトス

投票ニハ選擧人ノ氏名ヲ記シテ投票ヲ爲スコトアリト雖モ本法ハ之ヲ記載スルコトヲ許サスシテ被選擧人一人ノ氏名ノミヲ記シテ投函スルモノトス是レ選擧人ノ氏名ヲ記スルコト丶セバ親族《シンゾク》朋友《ハウイウ》恩誼《オンギ》アル人等ニ對シテ平常ノ情實《ジヤウジツ》ニ憚《ハヾカ》リテ自己ノ意思《イシ》ニナキ人ニテモ己ムヲ得ズ選擧スルニ至リ公平無私ノ選擧ヲ爲スコトヲ得ズ選擧人ノ氏名ヲ

書セザルコト丶セバ此ノ如キ弊害ナクシテ選擧人ハ自己ノ信スル所ノ人ヲ選擧シ自カヲ適當ノ人物ヲ選擧スルノ好結果ヲ得ルヲ以テナリ

自カラ選擧人ガ投票用紙ニ選擧人ノ氏名ヲ書スルコト能ハザルガ如キハ無キ筈ナレドモ亦之ナシトモ云フベカラズ此ノ如キ人ニ選擧セシムルハ信用ヲ置クニ足ラザルモノナレバ投票《トウヘウ》ヲ爲《ナ》スコトヲ得《エ》ズトスル方寧《ムシロ》其ノ宜シキヲ得タルモノトシテ本項《ホンコウ》ヲ設《マウ》ケタルナリ

投票用紙ヲ一定スルハ形式《ケイシキ》ヲ尙《タツト》ブニアリ且鄭重《カツテイチヤウ》ヲ主《シユ》トスレバ其ノ形式ニ從《シタ》ハザルモノハ無効ト爲スヲ至當トスベシ

第十六條　左ノ投票ハ之ヲ無效トス

一　成規ノ用紙ヲ用ヰサルモノ

二　一投票中二人以上ノ被選擧人ヲ記載シタルモノ

三　被選擧人ノ何人タルヲ確認シ難キモノ

四　被選擧權ナキ者ノ氏名ヲ記載シタルモノ

五　被選擧人ノ氏名ノ外他事ヲ記入シタルモノ但シ爵位職業身分住所又ハ敬稱ノ類ヲ記入シタルモノハ此ノ限ニ在ラス

投票ノ無効ナルベキハ本條ニ列記シタル塲合ヲ以テ無効トス今左ニ本條第一ヨリ第五ニ至ル事項ニ付テ説明スベシ

一　成規ノ用紙ヲ用ヰザルモノ　前條ノ規定ニヨリテ投票用紙ハ郡長ノ定ムル所ニヨリ一定ノ式《シキ》ヲ用《モチ》ユベキモノナルニ此式《コノシキ》ニ依ラズシテ投票ヲ為シタルモノハ無効《ムカウ》トス是レ形式ヲ重ンゼザルニヨル

二　一投票中二人以上ノ被選擧人ヲ記載シタルモノ　投票ハ單記法ニシテ一人一票ニ限《カギ》ルモノナルニ二人以上《イジヤウ》ノ被選擧人ヲ記載《キサイ》シタルモノハ何レヲ選擧シタルモノナリヤヲ知ルコトヲ得ザルヲ以テナリ

三　被選擧人ノ何人《ナニビト》タルヲ確認《カクニン》シ難キモノ　被選擧人ノ氏名《シメイ》ヲ記載《キサイ》シタルモ文字明了ナラスシテ文字ニヨリテハ之ヲ判別シ難キ塲合又ハ姓ト名トヲ誤リ例ヘバ小林平八ナル人ヲ選擧スルニ小林昆平ト書シタルガ如キ是レナリ

四　被選擧權ナキ者ノ氏名ヲ記載シタルモノ　此ノ如キ投票ノ無効ナルハ説明ヲ俟タズシテ明カナリ

五　被選擧人ノ氏名ノ外他事ヲ記入シタルモノ　他事トハ無用ノ文字ヲ記載《キサイ》シタルヲ云フ此等ヲ無効トセサルトキハ如何ナル事ヲ記載スルモ有効トセサルヘカラザ

ルヲ以テ遂ニ投票ノ鄭重ヲ失フニ至ルベケレバナリ而シテ尊稱ニ係ルモノハ之ヲ記《キ》スルモ決シテ無効《ムカウ》トセズ是レ敬意《ケイイ》ヲ表《ヘウ》シタルモノナレバ寧《ムシロ》鄭重ヲ重ンジタルモノトスルニアリ

第十七條 投票ノ拒否竝效力ハ選擧立會人之ヲ議決ス可否同數ナルトキハ選擧長之ヲ決スヘシ

投票ノ有効ナルト無効ナルトハ選擧上一大眼目タレバ之ヲ決スルハ輕卒ニナスベカラズ最モ公平正當《コウヘイセイタウ》ノ議決ヲ爲サザルベカラズ之レ選擧《センキヨ》立會人ヲシテ調査《テウザ》決定《ケツテイ》セシムル所以ナリ然レドモ選擧立會人中可否同數ナルトキハ選擧長即チ町村長之ヲ決セザルベカラズ

第十八條 郡會議員ノ選擧ハ有效投票ノ最多數ヲ得タル者ヲ以テ當選トス投票ノ數相同キトキハ年長者ヲ取リ同年月ナルトキハ選擧長抽籤シテ其ノ選當者ヲ定ム

同時ニ補闕員數名ヲ選擧スルトキハ投票ノ數多キ者投票ノ數相同キトキハ年長者ヲ以テ殘任期ノ長キ前任者ノ補闕ト爲シ同年月ナルトキハ選擧長抽籤シテ之ヲ定ム

本條ハ當選者ヲ定ムル規定ナリ郡會議員ノ選擧投票ニ於テ當選者ハ如何ナル者ヲ有効ナリトスルカト云フニ有効《イウカウ》ナル投票《トウヘウ》ノ最多數ヲ得《エ》タルモノヲ以テ當選者《タウセンシヤ》ト爲スベキナリ然レドモ投票ノ數ニシテ相同ジキ塲合ニハ年長者タルベキモノヲ取ルナリ是レ年長者ハ年少者ニ比シテ世事ニ通曉スル者トシテ古今同一轍ナリ若シ年齢ニシテ同生年月ナルニ於テハ抽籤《チウセン》ノ法ニヨリテ定メザルベカラズ而シテ其抽籤《ソノチウセン》ヲ定ムル者《モノ》ハ選擧長ニシテ選擧長カ抽籤シテ定メタルモノハ一旦定マリタルモノナリ

補《ホ》欠員數名《ケツヰンスウメイ》ヲ選擧スルトキハ其投票ノ數多キモノ補欠殘任期《ザンニンキ》ノ長キモノヽ補欠トナシ又投票ノ數カ同一ナルトキモ尚ホ年長者ニ殘任期ノ長キモノヲ與ヘザルベカラズ而シテ投票ノ數同ジキト其生年月日同ジキ塲合ニハ年長年少ノ區別ナキヲ以テ前項ノ如ク選擧長タルモノ抽籤ノ方法ニヨリ之ヲ定ムベキモノトス

第十九條　選擧長ハ選擧錄ヲ製シテ選擧ノ顛末ヲ記載シ選擧ヲ終リタル後之ヲ朗讀シ選擧立會人二名以上ト共ニ之ニ署名シ投票選擧人名簿其ノ他關係書類ト共ニ選擧ノ效力確定スルニ至ルマテ之ヲ保存スヘシ

選擧錄ハ必ズ調製セザレバ選擧ノ顛末ヲ知ルコト能ハズ此選擧錄ヲ製スルハ選擧長ノ

任ナリトス而シテ選擧錄ニハ選擧ノ顛末ヲ記載シ選擧ヲ終リタル後之ヲ朗讀シ選擧立會人二名以上ト共ニ之ニ署名シテ其ノ相違ナキヲ證スルナリ而シテ此ノ選擧錄ハ如何ニシテ保存スルヤト云フニ投票選擧人名簿其ノ他選擧ニ關係アル書類ト共ニ選擧ノ効力即チ何人カ選擧當選者ナルコトノ確定スルマデ之ヲ保存スベシ是レ其ノ効力確定スルマデハ何時《イツ》ニテモ其ノ選擧《センキョ》ノ取消《トリケシ》サルベキコトアルヲ以テナリ

第二十條　選擧ヲ終リタルトキハ選擧長ハ直ニ當選者ニ當選ノ旨ヲ告知シ同時ニ選擧錄ノ寫ヲ添ヘ當選者ノ住所氏名ヲ郡長ニ報告スヘシ

當選者當選ノ告知ヲ受ケタルトキハ五日以内ニ其ノ當選ヲ承諾スルヤ否ヲ郡長ニ申立ツヘシ

一人ニシテ數選擧區ノ選擧ニ當リタルトキハ最終ニ當選ノ告知ヲ受ケタル日ヨリ五日以内ニ何レノ選擧ニ應スヘキカヲ郡長ニ申立ツヘシ

定期改選增員選擧補闕選擧等ヲ同時ニ行ヒタル場合ニ於テ一人ニシテ其ノ數選擧ニ當リタルトキハ前項ノ例ニ依ル

前三項ノ申立ヲ其ノ期限內ニ爲サヽルトキハ當選ヲ辭シタルモノト看做ス

第六條第七項ノ官吏ニシテ當選シタル者ニ關シテハ本條ニ定ムル期間ヲ二十日以內トス

選擧ヲ終《オハ》ハリタルトキハ其選擧ノ顚末《テンマツ》及何人カ當選者《タウセンシヤ》タルコトヲ郡長ニ報告《ハウコク》セザルベカラズ其ノ報告ノ方法ハ選擧長ニ於テ選擧錄ヲ受取リ其寫ヲ添付シテ當選者ノ住所氏名ヲ報告スルナリ

當選者ニシテ出席《シユツセキ》セザリシ場合ニ其當選《ソノタウセン》ノ通知《ツウチ》ヲ受ケタルトキハ五日以內ニ其ノ當選ヲ承諾スルヤ否ヤヲ郡長ニ申立ツベシトス是レ當選者ニシテ之ヲ承諾セザル者モアルヲ以テナリ

一人ニシテ數選擧區ノ選擧ニ當選スルコトアリ此ノ場合ハ各選擧區ヨリ前項ノ通知ヲ受クルニヨリ其中《ソノナカ》ノ一ヲ選《エラ》バザルベカラズ而シテ其中ノ一ヲ擇《エラ》ブレバ何《イツ》レモ其最終ニ選擧區ヨリ通知ヲ受ケタル日ヨリ起算シテ其日ヨリ五日內ニ郡長ニ申立ツベキモノトス

第三項ハ定期改選即總議員ガ四ケ年ノ任期ヲ終ヘテ改選スル場合又ハ人口其他區劃ノ廢擴等ニヨリテ增員スベキ場合又ハ補欠選擧等ヲ同時ニ行ヒタル場合ニ於テ其ノ數選

擧區ニ於テ一人ガ當選シタル塲合ニアリテハ第三項ト同ジキ手續ヲ爲スベシ即チ最モ終リニ當選ノ通知ヲ受ケタル日ヨリ五日內ニ何レノ選擧ニ應ズベキ旨ヲ郡長ニ申立ベシ

前三項ノ期限內《キゲンナイ》ニ於テ其手續ナル申立《マヲシタテ》ヲ爲サヾルニ於テハ當選者ハ其承諾《ソノシヤウダク》ヲ爲サザル者ト見做サレ期限後ニ於テ承諾ノ申出ヲ爲スモ何等ノ効ナキモノトナル是レ法律ハ怠リタル者ヲ保護《ホゴ》スルモノニアラザレバ相當《サウタウ》ノ期間《キカン》ヲ法律《ハフリツ》ニ於テ定メタルニモ拘《カヽ》ハラズ其申立ヲ爲サヾル者ハ其任ニ就クヲ欲セザルモノニアラザレバ怠リタル者ナリ

第六條第七項ノ官吏ニシテ當選シタル者ニ關シテハ其ノ申立ノ期限ヲ二十日以內トス此等ノ者ハ當該官長ノ許可ヲ受クル等ノ手續ニ時日ヲ經ザルベカラザルヲ以テナリ而シテ同條第七項ノ塲合トハ同條第六項ニ揭グル官吏ノ外ノ者ニシテ其第六條第六項ノ官吏トハ即チ左ノ如シ

(一)所屬《シヨゾク》府縣ノ官吏及有給吏員(二)其郡ノ官吏及有給吏員《クワンリオヨビイウキフリヰン》(三)撿事《ケンジ》警察官吏及ビ收税吏(四)神官僧侶《シンクワンソウリヨ》其他諸宗敎師《シヨシウケウシ》(五)小學校敎員

右ノ者等ヲ除キタル官吏ニシテ當選シタル塲合ニアリテハ其申立ヲ二十日以內トスルナリ

第二十一條　郡會議員ノ當選ヲ辭シタル者アルトキハ更ニ選擧ヲ行フヘシ

二人以上投票同數ニシテ年長ニ由テ當選シタル者其ノ當選ヲ辭シタルトキハ年少ニ由テ當選セサリシ者ヲ以テ當選トス但シ年少ニ由テ當選セサリシ者二人以上アルトキハ年長者ヲ取リ同年月ナルトキハ選擧長抽籤シテ其ノ當選者ヲ定ム

二人以上投票同數ニシテ抽籤ニ依テ當選シタル者其ノ當選ヲ辭シタルトキハ抽籤ノ爲當選セサリシ者ヲ以テ當選トス但シ抽籤ノ爲當選セサリシ者二人以上アルトキハ選擧長抽籤シテ其ノ當選者ヲ定ム

郡會議員ノ當選ヲ辭シタル者アルトキハ更ニ選擧ヲ行フテ當選者ヲ出サヽレバ議會ハ成立セザレバナリ

又當選《タウセン》ヲ辭《シ》シタル者ガ二人以上投票同數《トウヘウドウスウ》ニシテ年長者トシテ當選《タウセン》シタル者ナルトキハ其際投票同數ニシテ年少者ナル故ヲ以テ當選セザリシ者ヲ當選セシムルハ順序トス故ニ此塲合ハ更ニ選擧ヲ行フノ手數ヲ要セズ年少者ヲ當選セシムルナリ然レドモ年少者

ノ故ヲ以テ當選セザリシ者ガ二人以上アルトキハ尚ホ其年齢ヲ比較シテ年長者ヲ當選者ト爲スベキモノトス而シテ若シ共ニ同年月ナルトキハ選擧長ニ於テ抽籤法ニヨリテ當選者ヲ定ムベキコトヽス

又二人以上同數ノ投票ニシテ抽籤ニ依テ當選シタル者其ノ當選ヲ辭シタルトキハ抽籤ノ法ニ依リテ當選セザリシ者ヲ當選者トスベキコトハ順序ナリ而シテ前ニ抽籤ヲ爲シタルトキ三人カ抽籤《チウセン》ヲ受ケ一人當選シ殘《ノコ》リノ抽籤ニ當選《タウセン》セザリシ二人ノ者ハ又《マタ》抽籤法《チウセンハフ》ニヨリテ選擧長ニ於テ之ヲ定ムベキモノトス

第二十二條　當選者其ノ當選ヲ承諾シタルトキハ郡長ハ直ニ當選證書ヲ付與シ及其ノ住所氏名ヲ告示スヘシ

當選者ガ郡長ニ當選ノ承諾ヲ爲シタル旨ヲ申立タルトキハ郡長ハ其當選ヲ承諾シタルコトヲ證《シヨウ》スル爲メニ直チニ當選證書ナルモノヲ付與《フチ》シ及其ノ住所氏名ヲ告示《コクシ》シテ一般ニモ知ラシムルナリ

第二十三條　選擧人選擧若ハ當選ノ效力ニ關シ異議アルトキハ選擧ノ日ヨリ十四日以內ニ之ヲ郡長ニ申立ツルコトヲ得

前項ノ異議ハ之ヲ郡參事會ノ決定ニ付スヘシ

郡長ニ於テ選擧若ハ當選ノ效力ニ關シ異議アルトキハ第一項申立ノ有無ニ拘ラス第二十條第一項ノ報告ヲ受ケタル日ヨリ二十日以內ニ郡參事會ノ決定ニ付スルコトヲ得

本條郡參事會ノ決定ニ不服アル者ハ府縣參事會ニ訴願シ其ノ裁決ニ不服アル者ハ行政裁判所ニ出訴スルコトヲ得

前項ノ決定及裁決ニ關シテハ府縣知事郡長選擧ヲ管理スル町村長ヨリモ亦訴願及訴訟ヲ提起スルコトヲ得

選擧關係者ハ總《スベ》テ異議《イギ》ノ申立ヲ爲スコトヲ得《ウ》レドモ本條ハ選擧若《センキヨモシ》クハ當選ノ効力《カウリヨク》ニ關シテ選擧人ニ於テ異議ノ申立ヲ爲スベキコトヲ得ベキ場合ヲ規定シタリ而シテ其申立ノ期間ハ十四日以內トシ之ヲ申立ツルハ郡長ニ爲スベキモノトセリ

右《ミギ》ノ申立《マチシタテ》アリタル場合ニ於テハ郡長ハ自己《ジコ》ノ職權《シヨクケン》ヲ以テ決定スベキモノニアラズ之ヲ郡參事會ニ付シ郡參事會ノ決定ニヨリテ異議ノ申立カ果シテ正當ナルカ否ヤヲ決定スベキナリ

選擧若クハ當選ノ効力ニ關シテハ其關係者タル郡長ニ於テモ亦選擧人カ異議ノ申立ヲ爲スト否トニ拘ハラズ當選者ガ當選ノ承諾申立期間第二十條第一項ノ報告ヲ受ケタル

日ヨリ二十日以內ニ郡參事會ノ決定ニ異議ヲ付スルコトヲ得ルモノトス

而シテ郡參事會ノ決定ニ付テ不服アル者ハ尙ホ府縣參事會ニモ訴願スルコトヲ得セシメ而シテ尙ホ府縣參事會ノ裁決ニ不服ナルニ於テハ行政裁判所ニ出訴スルコトヲ得ベキモノトス是《コ》レ十分ニ權利《ケンリ》ヲ主張《シユチヤウ》セシムルニアルナリ

第二十四條 選擧ノ規定ニ違背スルコトアルトキハ其ノ選擧ヲ無效トス但シ選擧ノ結果ニ異動ヲ生スルノ虞ナキモノハ此ノ限ニ在ラス

當選者ニシテ被選擧權ヲ有セサルトキハ其ノ當選ヲ無效トス

選擧ノ規定《キテイ》ニ違背《イハイ》スルトハ選擧ヲ爲ス手續《テツヾキ》ガ其ノ規定ニ依《ヨ》ラザルコトアル場合ヲ云《イ》フ

卽チ例ヘバ撰擧立會人ナクシテ撰擧シタルガ如ク又撰擧ヲ投票ニヨリテ爲サズ或ハ抽籤法ニ依ルベキヲ抽籤セズシテ選擧タルガ如ク選擧全体ニ關スル規定ニ違背シタルトキハ選擧全体《センキヨゼンタイ》ヲ無効《ムカウ》トセザルベカラズ

然レドモ選擧ノ結果ニ異動ヲ生ズルノ虞ナキモノ例ヘバ被選擧權ナキモノヲ當選セシメタルガ如キ假令ヒ規定ニ違背シタル者アルモ其違背シタルニ依リ選擧結果ニ何等ノ影響ヲ及ボサヾル塲合ハ所謂撰擧全体ニ關スルモノニアリサレバ撰擧ヲ無効トセズ即

チ本條第二項ノ規定ノ如キ是レナリ第二項ニ於テハ撰擧ノ全体ニ關係ヲ及ボサズシテ單ニ一人ニ止ムル塲合ナリ即チ撰擧シタルモノ被撰擧人ノ資格ナキトキノ如キハ其當撰ハ無効ナリト雖モ他ノ當撰者ニ何等ノ影響ヲ及ボスベキモノニアラザルヲ以テ只其當撰者ヲ無効トスレバ止ムモノナリ

第二十五條　選擧若クハ當選無效ト確定シタルトキハ更ニ選擧ヲ行フヘシ但シ得票數ノ查定ニ錯誤アリタル爲又ハ選擧ノ際被選擧權ヲ有セサル爲當選無效ト確定シタルトキハ第十八條及第二十條ノ例ニ依ル

撰擧全体《ゼンタイ》ニシテ無効ト確定《カクテイ》シ當選者ニシテ無効《ムカウ》ト確定《カクジツ》シタルトキニアリテハ更《サラ》ニ選擧ヲ行ハザルベカラズ然レドモ投票ヲ得タル數ニ査定ノ錯誤アリタル爲メ例ヘハ五十四票ト查定シタルニ五十二票ヨリナキ塲合又ハ選擧ヲ行フ際ニ於テ被選擧權ヲ有セザル爲《タ》メ當選ガ無効《ムカウ》ナリト確定シタルトキハ更《サラ》ニ選擧ヲ行フニ及バズ次《ツギ》ノ投票ノ數ニヨリテ第十八條第二十條ノ例ニヨリ當選者ヲ出ダスベキナリ

第二十六條　郡會議員ニシテ被選擧權ヲ有セサル者ハ其ノ職ヲ失フ其ノ被選擧權ニ關スル異議ハ郡參事會之ヲ決定ス

郡會ニ於テ其ノ議員中被選擧權ヲ有セサル者アリト認ムルトキハ之ヲ郡長ニ通知スヘシ但シ議員ハ自己ノ資格ニ關スル會議ニ於テ辯明スルコトヲ得ルモ其ノ議決ニ加ハルコトヲ得ス

郡長ハ前項ノ通知ヲ受ケタルトキハ之ヲ郡參事會ノ決定ニ付スヘシ郡長ニ於テ被選擧權ヲ有セサル者アリト認ムルトキ亦同シ

本條郡參事會ノ決定ニ不服アル者ハ府縣參事會ニ訴願シ其ノ裁決ニ不服アル者ハ行政裁判所ニ出訴スルコトヲ得

前項ノ決定及裁決ニ關シテハ府縣知事郡長ヨリモ亦訴願及訴訟ヲ提起スルコトヲ得

郡會議員ハ其ノ被選擧權ヲ有セストスル決定若ハ裁決確定シ又ハ判決アルマテハ會議ニ列席シ及發言スルノ權ヲ失ハス

選擧ニ當選シテ郡會議員ト爲リタル者モ當選ノ際被選擧權ナカリシモノナルコトアリ又就職《シュショク》ノ後チ被選擧權ヲ失《ウシナ》フ者アリ此ノ場合ハ共《トモ》ニ郡會議員ノ職《ショク》ヲ失《ウシナ》フモトス而シテ被選擧權ノ事《コト》ニ關《クワン》シテ郡會ニ於テ之ヲ爭《アラソ》フトキハ郡參事會ニ於テ之ヲ決定《ケッテイ》スルモノトス是レ一旦郡會議員ノ職ニ就キタルモノナレハナリ

郡會ニ於テ其ノ議員中被選擧權ヲ有セザル者ナリト發見シタルトキハ之ヲ郡長ニ通知スベシ然レドモ其議員ハ自己ノ資格ニ關スル會議ニ臨席シテ辨明即チ資格ノアルコトヲ陳述スルコトヲ得ベシト雖モ其議決ニ加ハルコトハ得ザルナリ是レ自己ノ利益ニ左袒スレバナリ

郡長ハ議員ノ被選擧權ナキ旨ノ通知ヲ受ケタルトキハ之ヲ郡參事會ノ決定ニ付スベシ而《シカ》シテ郡長自身《ジシン》ニ於テ被選擧權ナキモノト認《ミト》メタルトキモ亦郡參事會ノ決定《ケツテイ》ニ付セザルベカラズ其ノ議員ハ此ノ場合ニ於テモ郡參事會ニ臨席シテ辨明ヲ爲スコトヲ得ベキナリ

郡參事會ニ於テ果《ハタ》シテ資格《シカク》ナキモノト決定《ケツテイ》シタルトキハ此ノ決定ニ不服《フフク》アル者ハ府縣參事會ニ訴願シ尚ホ其裁決ニ不服アル者ハ行政裁判所ニ出訴スルコトヲ得ルモノトス

前項ノ決定及裁決ニ關シテハ府縣知事郡長ヨリモ亦訴願及訴訟ヲ提起スルコトヲ得ルモノトス是レ自己ガ述《ノ》ベタル意見《イケン》ニ反對《ハンタイ》スル裁決ナルトキハ其儘《ソノマヽ》ニテ止《ヤ》ムベキニアラザレバナリ

郡會議員ハ自己ノ資格ニ付テ決定ニ付セラルヽモ其ノ果シテ職ヲ失フ者ナルヤ否ヤハ決定《ケツテイ》若クバ裁決確定《カクテイ》ノ後ニアラザレバ知《シ》ルコト能《アタ》ハザルヲ以テ其レマデハ會議ニ列席

シテ發言スルノ權ヲ失ハズ

第二十七條　本款ニ規定スル異議ノ決定及訴願ノ裁決ハ其ノ決定書若ハ裁決書ヲ交付シタルトキ直ニ之ヲ告示スヘシ

本款トハ即チ第四條ヨリ第二十六條ニ至ル規定ナリ此ノ規定ニ對シ異議アル場合ノ決定及ビ訴願《ソグワン》ニ就テノ裁決ハ其結局《ソノケツキヨク》ヲ告《ツ》ゲタルトキニ於テ其決定書若《モシ》クハ裁決定書ヲ一般ニ告示ヲ為サヽルベカラズ

第二十八條　郡會議員ノ選擧ニ付テハ市町村會議員選擧ニ關スル罰則ヲ準用ス

郡會議員ノ選擧《センキヨ》ニ付テ其法律《ソノハフリツ》及命令ニ背《ソム》キタルモノハ之ガ處分《シヨブン》ヲ為サヽルベカラズ而シテ罰則ハ如何ナルモノヲ用ユルヤト云フニ市町村會議員選擧ニ關スル罰則ヲ準用スルモノトス市町村會議員選擧罰則ハ明治二十三年五月二十九日第三十九號ノ法律ニヨリテ公布シタルモノナリ今之ヲ左ニ掲グベシ

第一條　凡《スベ》テ選擧資格ニ必要《ヒツエウ》ナル事項ヲ詐稱《サシヨウ》シテ選擧人名簿ニ記載《キサイ》セラレタルモノハ二圓以上二十圓以下ノ罰金ニ處ス

議員タルコトヲ得ザルノ實ヲ告ゲスシテ議員トナリタルモノハ三圓以上三十圓以

下ノ罰金ニ處ス

第二條　投票ヲ得又ハ他人ニ投票ヲ得セシメ若クハ他人ノ爲メニ投票ヲ爲スコトヲ抑止《ヨクシ》スルノ目的《モクテキ》ヲ以テ直接又ハ間接《カンセツ》ニ金錢物品手形若クハ公私《コウシ》ノ職務《シヨクム》ヲ選擧人ニ授與シ又ハ授與スルコトヲ約束シタルモノハ三圓以上三十圓以下ノ罰金ニ處ス

其授與《ジユヨ》又ハ約束ヲ受ケタルモノ亦同ジ

第三條　第二條ニ記載《キサイ》シタル目的《モクテキ》ヲ以テ選擧會場ノ近傍《キンバウ》若クハ選擧人往來《ワウライ》ノ途中《トチウ》ニ於テ選擧人ニ酒食ヲ供シ又ハ選擧會場ニ往復スル爲メ車馬ノ類ヲ給與シタルモノハ第二條物品授與《ブツピンジユヨ》ノ例ニ據《ヨ》リ處斷《シヨダン》ス

其供給ヲ受ケタルモノ亦同ヲ

第四條　第二條ニ記載シタル目的ヲ以テ選擧人ノ爲メニ選擧會場ニ往復スル車馬賃又ハ路費《ロヒ》若クハ休泊料《キウハクレウ》ノ類ヲ代辦《タイベン》シ又ハ代辦スルコトヲ約束《ヤクソク》シタルモノハ第二條金錢授與ノ例ニ依リ處斷ス

其代辨又ハ約束ヲ受ケタルモノ亦同シ

第五條　第二條第三條及第四條ニ記載シタル所業ヲ爲シテ第二條ニ記載シタル目的ヲ達シタルモノハ刑法第二百三十四條ノ例ヲ以テ處斷ス

第六條　第二條ニ記載シタル目的ヲ以テ選擧人ニ暴行ヲ加ヘタルモノハ十五日以上三ケ月以下ノ輕禁錮《ケイキンコ》ニ處シ二圓以上二十圓以下ノ罰金《バツキン》ヲ附加《フカ》ス

第七條　第二條記載シタル目的《モクテキ》ヲ以テ選擧人ヲ脅迫《ケウハク》シ拐引《カイイン》シ若クハ往來《ワウライ》ノ便《ベン》ヲ妨ケ若クハ詐僞ノ手段ヲ以テ其選擧權ノ施行ヲ妨害シタルモノハ第六條暴行ノ例ニ依リ處斷ス

第八條　第六條及ヒ第七條ニ記載シタル所業ヲ爲シテ第二條ニ記載シタル目的ヲ達シタルモノハ二月以上二年以下ノ輕禁錮ニ處シ五圓以上五十圓以下ノ罰金ヲ附加ス

第九條　選擧人ヲ脅迫《ケウハク》シ若クハ選擧會場ヲ騷擾《ソウゼウ》シ又ハ投票函ヲ抑留毀壞《ヨクリウキクワイ》若クハ劫奪《コウダツ》スルノ目的ヲ以テ多衆ヲ嘯集シタルモノハ二月以上二年以下ノ輕禁錮ニ處シ五圓以上五十圓以下ノ罰金ヲ附加ス

其情《ソノジヤウ》ヲ知リ嘯集《セウシウ》ニ應《オウ》シタルモノハ十五日以上二月以下ノ輕禁錮《ケイキンコ》又ハ二圓以上二十圓以下ノ罰金ニ處ス

第十條　選擧ノ際選擧ニ關スル吏員若クハ選擧掛ニ暴行ヲ加ヘ又ハ暴行ヲ以テ選擧會員ヲ騷擾シ又ハ投票函ヲ抑留毀損若クハ劫奪シタルモノハ三月以上三年以下ノ

輕禁錮ニ處シ十圓以上百圓以下ノ罰金ヲ附加ス

第十一條　多衆ヲ嘯集シテ第十條ノ罪ヲ犯シタルモノハ二年以上五年以下ノ輕禁錮ニ處シ二十圓以上二百圓以下ノ罰金ヲ附加ス

其情ヲ知リ嘯集ニ應シタルモノハ十五日以上六月以下ノ輕禁錮又ハ四圓以上四十圓以下ノ罰金ニ處ス

第十二條　第九條第十條第十一條ノ場合ニ於テ犯罪者《ハンザイシヤ》戎器《ジウキ》又ハ兇器《キヨウキ》ヲ携帶《ケイタイ》シタルトキハ各本刑ニ一等ヲ加フ

第十三條　撰擧會場所在ノ郡市內ニ於テ撰擧ノ氣勢ヲ張ル爲メ多衆集合シ若クハ隊伍ヲ組《ク》ミテ往來《ワウライ》シ又ハ篝火《カヽリビ》松明《タイマツ》ヲ焚《タ》キ若クハ鐘鼓《シヨウコ》法螺《ハフラ》喇叭《ラツパ》ノ類ヲ鳴ラシ旗幟《キシ》其他ノ標章ヲ用ユル等ノ所業ヲ爲シ警察官ノ制止ヲ受クルモ仍ホ其命ニ從ハザルモノハ十五日以上二月以下ノ輕禁錮ニ處シ三圓以上三十圓以下ノ罰金ヲ附加ス

第十四條　被選人タルコトヲ得ルモノヲ指シテ被選人タルコトヲ得ズ又ハ當選ヲ承諾スルノ意《イ》ナシトノ虛報《キヨハウ》ヲ流傳《リウデン》セシメタルモノハ三圓以上三十圓以下ノ罰金《バツキン》ニ處ス

第十五條　戎器又ハ兇器ヲ携帶シテ選擧會場ニ入リタルモノハ三圓以上三十圓以下

ノ罰金ニ處ス

第十六條　第二條ニ記載《キサイ》シタル目的ヲ以テ張札《ハリフダ》ノ類ヲ公然掲示《コウゼンケイシ》シタルモノハ二圓以上二十圓以下ノ罰金ニ處ス

第十七條　他人ノ姓名ヲ詐稱シテ投票ヲ爲シ又ハ選擧人タルコヲ得ズシテ投票ヲ爲シタルモノハ三圓以上三十圓以下ノ罰金ニ處ス

第十八條　當選人《タウセンニン》第二條乃至第十六條ニ依リ刑《ケイ》ニ處セラレタルトキハ其當選ハ無効トス

第十九條　本法ニ規定セシモノヽ外刑法ニ正條アルモノハ各其條ニヨリ重キニ從テ處ス

第二十條　本法ニ關《クワン》スル犯罪《ハンザイ》ハ六ケ月ヲ以テ期滿免除《キマンメンジヨ》トス

第二十一條　本法ハ市町村會ノ外市制町村制幷ニ明治二十二年法律第十一號ニヨリテ開設スル各種ノ議會ノ議員ニモ適用ス

第二款　職務權限及處務規程

郡會ノ職務權限及處務規定トハ郡會ガ議決スベキ事項ニ付テノ範囲及ビ職務ヲ爲スニ付テノ手續ヲ云フナリ郡會ハ此等ノ權限內ニ於テ議決シ職務ヲ行フナリ

第二十九條　郡會ノ議決スヘキ事件左ノ如シ
一　歳入出豫算ヲ定ムル事
二　決算報告ニ關スル事
三　法律命令ニ定ムルモノヲ除ク外使用料手數料及夫役現品ノ賦課徵收ニ關スル事
四　不動產ノ處分竝買受讓受ニ關スル事
五　積立金穀等ノ設置及處分ニ關スル事
六　歳入出豫算ヲ以テ定ムルモノヲ除ク外新ニ義務ノ負擔ヲ爲シ及權利ノ拋棄ヲ爲ス事
七　財產及營造物ノ管理方法ヲ定ムル事但シ法律命令中別段ノ規定アルモノハ此ノ限ニ在ラス
八　其ノ他法律命令ニ依リ郡會ノ權限ニ屬スル事項
郡會ノ議決スベキ事件ハ本條ニ揭グル第一ヨリ第八ニ至ル事項ニシテ此ノ他ニモ尙ホ之レアルベシト雖モ其主要タルベキモノ此等ヲ以テ其重要ナルモノトス今茲ニ說明スレバ左ノ如シ

一 歳入出豫算ヲ定ムル事　歳入出豫算ヲ定ムル事ハ郡ノ議政ニ屬スル權利ナリ此ノ歳入出豫算ナケレバ郡ノ施政上何ヲ以テ經費ニ充ツルヤ是レ國及ビ府縣ガ豫算ヲ議定シテ政費ヲ定メルト一般經濟ナカルベカラズ議政中主要ニ屬スルト云フハ此ニ在ルナリ

二 決算報告《ケツサンハウコク》ニ關スル事　既《スデ》ニ豫算ヲ議決《ギケツ》スルノ權利アリ決算ハ豫算ヲ實行《ジツカウ》シタル結果ナリ豫算ヲ議定スト雖モ決算報告ヲ爲サヾレバ豫算ノ如ク實行シタルヤ否ヤヲ知ルコト能ハザレバナリ而シテ豫算ハ動カスコトヲ得ルモノナレバ實際ハ決算報告ヲ爲スヲ主要トスルナリ

三 法律命令ニ定ムルモノヲ除《ノゾ》ク外使用料、手數料及夫役《ブエキ》現品ノ賦課徴收《フクワチヨウシウ》ニ關スル事　使用料トハ郡ノ營造物即チ學校病院水道瓦斯ノ如キモノヲ使用セシメタル料金ヲ云ヒ又手數料トハ一個人ニ對シテ取扱フ事務ニ付テノ手數料ヲ云フナリ夫役及現品ノ賦課徴收ハ郡内ニ公共事業ノ起ルトキ例ヘバ道路修繕橋梁架設等ノ事ニハ人夫ヲ賦課シ之ニ付テノ人夫ニ代フルニ現品即チ之ニ用フル物品ヲ賦課スルニアリ此等ノモノハ法律命令《ハフリツメイレイ》ニ定ムルモノヲ除《ノゾ》クノ外郡令ニ於テ賦課方法《フクワハウハフ》ヲ議決ス

四 不動産ノ處分並買受讓受ニ關スル事　不動産即地所家屋ノ賣渡讓渡交換質入書

入及買受讓受等ヲ爲スコトヲ得ベシ此等ニ關シテモ亦議決セザルベカラザルナリ

五　積立金穀等《ツミタテキンコクトウ》ノ設置及處分ニ關スル事　積立金穀ヲ爲スハ基本《キホン》ノ財産《ザイサン》ヲ造ルニアレバ此等ノ事ヲモ議決セザルベカラズ而シテ設置ト云ハバ基本財産ヲ造ルヲ云ヒ處分トハ其ノ金穀ヲ貸附等ヲ爲スヲ云フ何レモ郡ノ財産ヲ造ル方法ナリ

六　歳入出豫算ヲ以テ定《サダ》ムルモノヲ除ク外新ニ義務《ギム》ノ負擔《フタン》ヲ爲シ及權利ノ拋棄《ホウキ》ヲ爲ス事　歳入豫出算ヲ定ムルハ前ニモ述ベシ如ク郡ノ議政上主要ナルモノナレバ必ズ之ヲ議定セザルベカラザルハ一ハ權利ニシテ一ハ義務ナリ此ノ外新ニ郡ガ義務ノ負擔ヲ爲シ例ヘバ正當ナル理由ニヨリテ貧者ノ納稅ヲ免ズル議定ヲ爲シ又權利ヲ拋棄《ホウキ》スル例ヘバ貸金ヲ爲シアルニ其取立《ソノトリタテ》ヲ止《トド》メタル議定ヲ爲スガ如キヲ議定ヲ爲スコトヲ得ベキナリ

七　財産及營造物ノ管理方法ヲ定ムル事但シ法律命令中別段ノ規定アルモノハ此限ニ在ラズ　郡ノ財産及ビ營造物ヲ管理スルハ如何ナル方法ニシテ如何ナル場所ニ於テ之ヲ爲スベキヤヲ定ムルナヨ然レドモ法律命令中別段ノ規定アルモノハ此限ニアラズ即チ郡會ノ議定スルモノニアラズトス

八　其ノ他法律命令ニ依リ郡會ノ權限ニ屬スル事項　其他トハ本條第一ヨリ第七ニ

至ル事項ノ外法律命令ニ依リ郡會ノ權限ニ屬スル事項ハ總テ之ヲ議定スルコトヲ得ルナリ

第三十條　郡會ハ其ノ權限ニ屬スル事項ヲ郡參事會ニ委任スルコトヲ得

郡會ト郡參事會トハ一ハ議政《ギセイ》ヲ爲スノ機關《キクワン》ニシテ一ハ行政ノ機關ノ爲メ設《マウ》ケタルモノナリ其ノ行政ノ機關タル郡參事會ト雖モ尚ホ會議ノ上之ヲ行フモノナルガ故ニ單ニ施政ノミニ關スルモノニアラサレハ郡會ノ權限ニ屬スル事項ト雖モ郡參事會ニ委任スルコトヲ得ルモノトス

第三十一條　郡會ハ法律命令ニ依リ選擧ヲ行フヘシ

郡會ハ法律命令ノ規定スル所ニヨリテ選擧ヲ行ハサルヘカラス例ヘハ名譽職郡參事會員ノ選擧ヲ爲スガ如シ此選擧ハ府縣會ガ府縣ニ代リテ府縣參事會ヲ選任スルカ如ク郡會カ郡ニ代《ワ》ハリテ爲スヘキモノナリ是ヲ以《モツ》テ法律命令《ハフリツメイレイ》カ選擧ヲ行フヘシト規定シタル場合ハ之ガ選擧ヲ爲サヽルヘカラズ若シ之ヲ爲サヽルトキハ内務大臣ノ命令ヲ以テ解散スルコトアルヘシ

第三十二條　郡會ハ郡ノ公益ニ關スル事件ニ付意見書ヲ郡長若ハ監

督官廳ニ呈出スルコトヲ得
郡ノ公益《コウエキ》トハ一般ノ公共利益《コウキヨウリエキ》ニ關スルコトナリ此ノ利益ニ關《クワン》スル事件ニ付テハ意見書《イケンシヨ》ヲ郡長若クハ監督官廳即チ府縣廳ニ呈出スルコトヲ得ルモノトス何トナヲハ公益ニ關スル事件ハ容易《ヨウイ》ニ之ヲ行フコトヲ得《エ》サレハナリ且《カ》ツ公共ニ利アリトスルモ此ノ事《コト》ヲ起スニハ其ノ方法及ヒ經費等ノ支出ニ付テ之ガ支途郡會ノ職務權限ヲ以テ定ムルコトヲ得ザルノ場合アルヲ以テナリ是レ自治ノ行政ハ國家ノ行政ニシテ地方團体ハ法律ニ依リ組織セヲレタルモノニシテ住民自由ノ意思ヲ以テ組織シタルモノニアラズ

第三十三條 郡會ハ官廳ノ諮問アルトキハ意見ヲ答申スヘシ
郡會ノ意見ヲ徴シテ處分ヲ爲スヘキ場合ニ於テ郡會招集ニ應セス若ハ成立セス又ハ意見ヲ呈出セサルトキハ當該官廳ハ其ノ意見ヲ俟タスシテ直ニ處分ヲ爲スコトヲ得

凡ソ自治團体《ジチダンタイ》ノ事ハ官廳ニ於テ詳《ツマビラ》カナラサルコトアリ故ニ其利害得失《リガイトクシツ》ニ至テモ亦之ヲ知ルヲ得サルコトアルヘシ而シテ郡ノ事務ハ郡會其ノモノニ在テハ熟知スルモノナレバ官廳ハ之ニ諮問セサルヘカラズ否諮問スべキ權利アリ郡會ハ其ノ諮問ニ應シテ意見ヲ答申《トウシン》スルハ其ノ義務《ギム》ナリ故ニ官廳《クワンチヤウ》即チ各省大臣幷ニ府縣知事ヨリ諮問《シモン》アルトキハ

其ノ意見ヲ答申セザルベカラズ

郡會ニ意見ヲ徵シタルトキハ郡會ハ其ノ招集ニ應ヲ郡會ヲ成立セザルベカラズ而シテ郡會ノ意見ヲ徵シテ處分ヲ爲スベキ場合ニ於テ郡會ハ其ノ招集ニ應ゼザルカ之ニ應ズルモ議員定員ニ滿タズシテ郡會成立セズ又ハ成立スルモ其意見ヲ呈出セザルトキハ當該官廳即チ其諮問《ソノシモン》シタル官廳ニアリテハ郡會ノ意見《グンクワイイケン》ヲ俟タズシテ直ナニ其處分ヲ爲スコトヲ得ベシ

第二十四條　郡會議員ハ選擧人ノ指示若ハ委囑ヲ受クヘカラス

議員タルモノハ選擧人《センキヨジン》ノ代理人ニアラズ國會議員ハ全國人民《ゼンコクジンミン》ノ代表者《ダイヘウシヤ》ニシテ府縣會議員ハ其府縣一般人民ノ代表者ナリ郡會議員ハ其郡內一般人民ノ代表者ニシテ一般人民ノ爲メニ議政ヲ爲スノ權ヲ有スルモノナリ而シテ選擧人ナルモノハ一般人民中ニ於ケル一小部分ニシテ只人民ニ代ハツテ選擧ヲ爲シタルノミナレハ議員ハ此等ノ者ノ指圖若クハ委囑《イゾク》ヲ受クルモノニアラサルナリ議場ニ立テハ公明正大《コウメイセイタイ》公平無私一般人民ノ爲メニ自カラ平生ノ持論ヲ吐キ何人ニモ忌憚ルコトナク私情ノ爲メニ拘禁セラルヽコトナク議決ヲ爲スベシ此ノ如クシテ始メテ議員ノ本分ヲ盡シタルモノト云フベシ何ゾ卑劣ニモ選擧人ノ指圖又ハ委囑即チ此ノ事ヲ通過セシムル樣盡力スベシナドノ事ヲ承諾

シテ議會ノ本質ヲ傷ケルコトアルベキヤ議員タルモノ宜シク省慮スヘキコトナリ

第三十五條 郡會ハ議員中ヨリ議長副議長各一名ヲ選擧スヘシ
議長副議長ハ議員ノ定期改選毎ニ之ヲ改選スヘシ

會議ニハ議長タルモノナカルヘカラス會議ニシテ議長副議長ナクンハ議事ノ可否ヲ採決シ議場ヲ整理スルコト能ハズシテ徒ラニ紛爭ノ場所ト爲ルノミニシテ議事ノ体面ヲ保ツコトヲ得ンヤ故ニ議長副議長ハ必ズ各々一名ヲ選擧セサルヘカラズ而シテ之ヲ選擧スルニハ議員中ヨリ之ヲ選擧スルモノトス

又議長副議長ノ任期ハ議員ノ改選毎ニ改選スヘシ是レ議員改選期ニハ議員ニ變動ヲ生シ全ク別異ノ人物ヲ選出スルコトアルヲ以テナリ而シテ議長副議長ハ再選スルコトヲ得ヘシ

第三十六條 議長故障アルトキハ副議長之ニ代リ議長副議長共ニ故障アルトキハ臨時ニ議員中ヨリ假議長ヲ選擧スヘシ

議長ニシテ自己《ジコ》若クハ祖父母《ソフボ》父母妻子《サイシ》孫《ソン》兄弟等ノ一身上ニ關スル事件ニシテ郡會《グンクワイ》ノ同意ヲ得サルトキハ議會ニ參與スルコトヲ得サルコトハ第四十二條ノ規定スル所ナリ是等ノ事情若クハ病氣其他ノ事故アリテ議會ニ參與スルコト能ハサルトキハ副議長之ニ

代リテ議長ノ職務ヲ執ルベキナリ而シテ議長副議長共ニ故障アルコトアリ此場合ハ何人ニ於テ議長ノ職ヲ取ルヘキヤ此場合ハ議長ニ代ハル者ナキヲ以テ議會ハ臨時ニ議員中ヨリ選擧《センキヨ》シテ假議長《カリギチヤウ》ナルモノヲ定《サダ》メテ議長ノ職務《シヨクム》ヲ執《ト》ルヘキモノトセリ

第三十七條　郡長及其ノ委任若ハ囑託ヲ受ケタル官吏吏員ハ會議ニ列席シテ議事ニ參與スルコトヲ得但シ議決ニ加ハルコトヲ得ス

前項ノ列席者ニ於テ發言ヲ求ムルトキハ議長ハ直ニ之ヲ許スヘシ但シ之カ爲議員ノ演說ヲ中止セシムルコトヲ得ス

郡長及郡長ノ委任《井ニン》ヲ受《ウ》ケタル官吏若クハ囑託《ゾクタク》ヲ受ケタル官吏吏員《クワンリリ井ン》ハ施政者《シセイシヤ》ニシテ議政ヲ爲スモノニアラス然レトモ此等ハ郡會ノ議案提出者又ハ委員ナリ故ニ郡會ノ會議ニ參與スルコトヲ得ヘキモノトス然レドモ其議決ニ加ハルコトヲ得ズシテ只意見ヲ陳述シ答辯ヲ爲スニ止マルナリ是レ郡長ハ施政者ニシテ會議ノ議決ヲ實行スルモノナリ若シ議決《ギケツ》ニ加《クハ》ハルモノトスルトキハ行政《ギヤウセイ》ト議政トヲ混同《コンドウ》スルニ至ルノミナラス自カラ提出シタル議案ヲ贊成スルノ奇ナルヲ見ル何ゾ是ノ如キ不都合ナルコトヲ規定スベキヤ

本條ニ云フ所ノ官吏幷ニ吏員トハ郡書記ノ如キヲ云フ

郡長又ハ委任若クハ囑託《ゾクタク》ヲ受ケタル官吏吏員《クワンリリ井ン》ハ議場ニ列席《レツセキ》シ議事ニ參與《サンヨ》スルコトヲ得

ルハ前項ニ規定セラレタリ此等ノ官吏ハ發言ヲ爲スコトヲ得ベシ其ノ發言ハ議員ノ注意ヲ訴ヘ及ビ説明ヲ爲シ或ハ答辨ヲ爲サント欲スルニ依リ發言ヲ求ムルコトヲ得ベク然《シカ》レドモ之ガ發言權《ハツゲンケン》ヲ求《モト》メタル爲メニ議員《ギイン》ガ議事ニ付キ演説《エンゼツ》ヲ爲シ居ルマデ中止セシムルコトハ爲スコトヲ得ザラシム是レ施政ガ議政ノ權ヲ侵スガ如キコトナカラシメンガ爲メナリ

第三十八條　郡會ハ通常會及臨時會トス

通常會ハ毎年一回之ヲ開ク其ノ會期ハ十四日以内トス臨時會ハ必要アル場合ニ於テ其ノ事件ニ限リ之ヲ開ク其ノ會期ハ五日以内トス

臨時會ニ付スヘキ事件ハ豫メ之ヲ告示スヘシ但シ其ノ開會中急施ヲ要スル事件アルトキハ郡長ハ直ニ之ヲ其ノ會議ニ付スルコトヲ得

郡會ハ通常會臨時會ノ二種トス而シテ通常會ハ法律ヲ以テ其會期ヲ定ムルコトヲ得ベシト雖モ臨時會ハ其ノ必要アル場合ニ於テ之ヲ開クモノトス通常會ハ少クトモ毎年一回之ヲ開キ其會期《ソノクワイキ》ハ十四日以内トス故《ユヘ》ニ十四日以内ハ幾日《イクジツ》タリトモ自由《ジユウ》ナリト雖モ十

四日ヲ超過スルコトヲ得ズ臨時會ハ五日以內トスルヲ以テ是レ亦五日ヲ超過スルコトヲ得ズ

臨時會《リンジクワイ》ニ付《フ》セントスル議事ニ付テハ豫メ其事件ヲ告示シテ議員ニ其事件《ソノジケン》ノ如何《イカン》ナルモノヲ知ラシメザルベカラズ是レ議員ニ於テ其考案ヲ要スベク出席等ノ都合アルヲ以テナリ議員ハ平常各々職業ニ就キ且他行セシ者モアレバナリ然レドモ其ノ開會中急遽ヲ要スル場合ハ之ヲ豫告《ヨコク》スルノ暇《イトマ》ナキヲ以テ郡長ハ直《タヾチ》ニ之ヲ會議《クワイギ》ニ付スルコトヲ得ルモノトス

第三十九條　郡會ハ郡長之ヲ招集ス

招集ハ開會ノ日ヨリ少クトモ十日前ニ告示スヘシ但シ急施ヲ要スル場合ハ此ノ限ニ在ラス

郡會ハ郡長之ヲ開閉ス

郡會ヲ招集スル者ハ何人ナルヤ郡長之ヲ招集スルモノトス郡長ハ其郡內ヲ統監シ行政ノ權ヲ掌ルモノナレバナリ

郡會ハ開會《カイクワイ》ノ日ヨリ少クトモ十日前ニ告示《コクシ》スベシ是レ招集《セウシウ》ハ十分ニ準備《ジユンビ》ヲ爲サシムルノ必要アルヲ以テナリ即チ十日前ニ告示スレバ議員ハ其ノ間ニ議事事件ノ考案ヲ定メ

職務等ヲ繰合ス猶豫ヲ得ルモノトシタルナリ然レドモ急施ヲ要スル事件ハ期日ヲ設クルノ暇ナキヲ以テ直チニ之ヲ招集スルコトヲ得ベキナリ

第四十條　郡會ハ議員定員ノ半數以上出席スルニ非サレハ會議ヲ開クコトヲ得ス

郡會ハ法律上規定《ハフリツジヤウキテイ》シアル議員總數ノ半數《ハンスウ》以上例ヘバ郡會議員ノ總數《ソウスウ》三十人トスレバ其半數十五人ナリ是レニ一人ヲ加ヘテモ即チ半數以上ニシテ此ノ半數以上ノ數ニ達シテ始《ハジ》メテ會議ヲ開《ヒラ》クコトヲ得ルモノナリ是レ定員《テイヰン》ノ半數以上出席《シユツセキ》スルニアラザレバ會議ヲ開クコトヲ得ズトスル所以ナリ議事ハ成ルベク多數決ヲ要スルモノナレバ僅ニ少數者ノ議了《ギレウ》シタルモノ反《カヘツ》テ一般人民ノ代表《ダイヘウ》ヲ爲スベキ眞理《シンリ》ニモ適《テキ》セザルヲ以テナリ

第四十一條　郡會ノ議事ハ過半數ヲ以テ決ス可否同數ナルトキハ議長ノ決スル所ニ依ル

議事ハ多《オホ》クハ過半數《クワハンセウ》ヲ以テ決スルモノトス是レ前《ゼン》ニモ述《ノ》ベタル如ク一般人民ノ代表《タイヘウ》ヲ爲スモノナレバ成ルベク多數決ヲ可トスルニアルナリ事實ニヨリ云ヘバ議員中ニ盲從議員トテ一定ノ意見モナク可否ノ如何ヲ辨ゼズ雷同シテ起立ヲ爲スモノモアランナレ

ドモ議會ノ精神ヨリ云フトキハ議員タル者ハ人民ノ代表者ニシテ人物ト名望アル者ヲ選擧スベキノ理由ヨリシテ之ガ可否ハ正當ノモノトセザルヲ得ザルニ因ルナリ盲從議員ノアルハ畢竟選擧ノ宜シカズシテ其ノ人ヲ得ザルノ然ラシムル所ナレバ止ムヲ得ザル次第ナリ

第四十二條　議長及議員ハ自己若ハ父母祖父母妻子孫兄弟姉妹ノ一身上ニ關スル事件ニ付テハ郡會ノ同意ヲ得ルニ非サレハ其ノ議事ニ參與スルコトヲ得ス

會議ハ公明正大《コウメイセイタイ》ナラザルベカラズ決シテ親族《シンゾク》等《ラ》ノ一身上ニ關《クワン》スル事件ニ付テ私情《シジヤウ》ヲ以テ議事ニ參與スルコトヲ得ザルヲ至當トス而シテ此等ノ私情ノ爲メニ其ノ志ヲ枉ゲルハ人情ノ常《ツ子》ナリ此《コ》ノ如《ゴト》キハ議員ノ公平《コウヘイ》ヲ保《タモ》ツコト能ハザレバ郡會ノ同意《ドウイ》ヲ得ルニアラザレバ議事ニ參與スルコトヲ得ザルモノトス然レドモ郡會ノ同意ヲ得ルトキハ其ノ者ニ信ヲ置キタルモノナレバ議事ニ參與セシムルモ敢テ差支ナキモノトシタルヲ以テ議事ニ參與スルコトヲ得ルモノトシタリ

第四十三條　法律命令ノ規定ニ依リ郡會ニ於テ選擧ヲ行フトキハ一名毎ニ匿名投票ヲ爲シ有效投票ノ過半數ヲ得タル者ヲ以テ當選ト

ス若過半數ヲ得タル者ナキトキハ最多數ヲ得タル者二名ヲ取リ之ニ就キ決選投票ヲ爲サシム其ノ二名ヲ取ルニ當リ同數者アルトキハ年長者ヲ取リ同年月ナルトキハ議長抽籤シテ之ヲ定ム此ノ決選投票ニ於テハ最多數ヲ得タル者ヲ以テ當選トス若同數ナルトキハ年長者ヲ取リ同年月ナルトキハ議長抽籤シテ之ヲ定ム其ノ他ハ第十五條乃至第十七條ノ規定ヲ準用ス

前項ノ選擧ニ付テハ郡會ハ其ノ議決ヲ以テ指名推選若ハ連名投票ノ法ヲ用ウルコトヲ得其ノ連名投票ノ法ヲ用ウル場合ニ於テハ前項ノ例ニ依ル

法律及命令ノ規定ニ依リ郡會ニ於テ選擧ヲ行フトキ例ヘバ郡會ガ副議長及議長ヲ選擧シ郡參事ヲ選擧スルガ如キトキハ其選擧ハ最モ鄭重ニ投票ヲ爲サヽルベカラズ即チ其ノ方法《ハウハフ》ハ一名毎ニ選擧《センキヨ》ヲ爲シ選擧ハ投票《トウヘウ》ヲ以テ爲スモ匿名《トクメイ》投票ニシテ即選擧人ノ名ヲ書《シヨ》スルコトナシ是レ匿名投票《トクメイトウヘウ》ハ自己ガ恩義《オンギ》ニ預《アツ》カリタル人又ハ知己《チキ》親族等《シンゾクトウ》ノ爲メ私情ニ拘束サルヽヿナクシテ自由ニ信ズル所ノ人ヲ撰擧セシムルノ方法ナリ而シテ其ノ投

票ニハ有効ナルモノアルベク無効ナルモノモアルベシ其ノ有効投票ノ半數以上ヲ得タルモノ例ヘバ有効投票ノ總數ガ三百アリタルトキ百五十一以上ヲ得タル者ヲ以テ當選者ト定メタルナリ然レドモ時ニ或ハ過半數ノ投票ヲ得ルモノナキコトアリ此場合ハ到底《トウテイ》此ノ規定ニ據《ヨ》リ難《ガタ》キヲ以テ最多數《サイタスウ》ヲ得ルモノ二名ヲ取《ト》リ更《サラ》ニ此二名ノ内ヨリ一名ヲ選拔セシムベキナリ斯ノ如クスルトキハ多衆ノ望ミヲ屬スル人ヲ選拔スルコトヲ得ルヲ以テナリ而シテ選拔セラレタルモノハ全員ノ半數以上ヨリ選擧セラレタル者トナリテ其ノ結果《ケックワ》宜シキヲ以テナリ尤《モット》モ二名ノ決選投票ヲ行《オコナ》ハレントスルトキ投票得數同《トクスウオナ》ジキモノアルトキハ議長ハ其年長者ヲ取リ同年月ナルトキハ抽籤法ニヨリテ之ヲ取リ結局二名ノ候補者ヲ出シテ決選投票ヲ行フベキナリ

然レドモ前項ノ規定ニヨリ選擧ヲ爲スニ付テハ一ノ便宜法ヲ設ケタリ即チ議員ニ於テ其選擧スベキ人物ノ如何ヲ知ラザルトキ又ハ議員ノ七八分マデモ望ミヲ屬スルトキノ如《コト》キハ指名推選《シメイスヰセン》又ハ連名投票ニシテ即チ一投票中《トウヘウチウ》ニ數名ノ選擧人連名《レンメイ》シテ投票ヲ爲スモノトス

第四十四條　郡會ノ會議ハ公開ス但シ左ノ場合ハ此ノ限ニ在ラス

一　郡長ヨリ傍聽禁止ノ要求ヲ受ケタルトキ

二　議長若ハ議員三名以上ノ發議ニ依リ傍聽禁止ヲ可決シタルトキ

前項議長若ハ議員ノ發議ハ討論ヲ須ヒス其ノ可否ヲ決スヘシ

議會ハ公明正大ナルコトヲ欲ス又人民ハ間接ニ議事ノ監督ヲ爲サヽルヘカラズ且ツ人民自身《シシン》ニ於テハ議會《ギジ》ノ如何ヲ知ルノ必要《ヒツエウ》アリ依テ會議ハ之ヲ公開《コウカイ》スルヲ原則《ゲンソク》トス然レドモ議事ニシテ秘密ニセザルベカラザルコトアリ又議事ノ重大ナル時ニ或ハ傍聽人ノ爲メニ騷擾《ソウゼウ》ヲ來タスコトアリ此等ノ塲合ハ公開《コウカイ》ノ却テ《カヘツ》害《ガイ》アルヲ以テ公開セザルナリ本條ニ公開セザル塲合ヲ左ノ二ケノ塲合トセリ

一　郡長ヨリ傍聽禁止ノ要求ヲ受ケタルトキ　郡長ニ於テ行政上必要ナルトキハ傍聽ノ禁止ヲ議會ニ請求スルコトヲ得ベキヲ以テ此ノ塲合ハ公開スルコトヲ許サヽルナリ

二　議長若ハ議員《ギヰン》三名以上ノ發議《ハツギ》ニ依リ傍聽禁止《バウチヨウキンシ》ヲ可決シタルトキ　此ノ塲合ニハ議會全体ガ見テ以テ禁止セザルベカラズト爲シタルモノナルヲ以テ傍聽ヲ禁ジタル所以ナリ是レ議長ハ議會ニ權利アルモノナルヲ以テ議長ニ於テ之ヲ發議セバ直ニ議會ニ上ボスベキナリ又議員ニ於テモ三名以上ノ同意アルトキハ議會ハ之ヲ議

決セザルベカラズ已ニ議會ニ於テ公開禁止ヲ可決シタルトキハ公開ハ必要ナラザルモノト認《ミト》メタル場合《バアヒ》ナレバ公開《コウカイ》ヲ禁止《キンシ》スベキハ勿論《モチロン》ナリ

前項ノ如ク議長若クハ議員ノ發議ハ最早討論ヲ須ヒズシテ其可否ヲ決スルモノトス是レ前項ニ於テ述ベタル理由ナレバナリ

第四十五條　議長ハ會議ノ事ヲ總理シ會議ノ順序ヲ定メ其ノ日ノ會議ヲ開閉シ議場ノ秩序ヲ保持ス

本條ハ議長ノ議場ニ於ケル職權《ショクケン》ヲ規定《キテイ》シタルモノナリ即チ議長《ギチヤウ》ハ會議ノ事ヲ總理《ソウリ》シ議事ノ可否ニ付テ決ヲ取リ議員ニ發言ヲ許シ或ハ之ヲ禁止シ又ハ會議ノ順序ヲ定メ即チ議事日程及ビ開會中議場ヲ整理シ議員ノ進退ヲ許否シ凡テ議場ノ秩序ヲ保タシムルナリ

第四十六條　郡會議員ハ會議中無禮ノ語ヲ用ヰ又ハ他人ノ身上ニ渉リ言論スルコトヲ得ス

郡會議員ニ選擧セラレタル者ハ郡内ニ於テ相當ノ資産モアリ平日公衆ノ望ミヲ屬スル人ナルヲ以テ撰擧サレタルモノナリ即チ名譽ト重キ責任トヲ荷フテ議場ニ臨ムモノナリ然ラバ則チ能《ヨ》ク其身《ミ》ヲ愼重《シンチユウ》シ品位《ヒンイ》ヲ高メ苟モ他人ニ對シテ傲慢《ゴウマン》無禮《レイ》ノ擧動ト言語ヲ

用ユルナカレ又他人ノ私事ニ渉リ一身上ヲ攻撃シ名譽ヲ傷クルガ如キ事アルベカラズ此《カク》ノ如キハ獨《ヒト》リ議員自身《ジシン》ノ品格《ヒンカク》ヲ失墜《シッツイ》スルノミナラズ議會ノ体面《タイメン》ヲ損《ソン》シ議員タルノ本分ヲ失フナリ

第四十七條 會議中此ノ法律若ハ會議規則ニ違ヒ其ノ他議場ノ秩序ヲ紊ル議員アルトキハ議長ハ之ヲ制止シ若ハ發言ヲ取消サシメ命ニ從ハサルトキハ議長ハ當日ノ會議ヲ終ルマテ發言ヲ禁止シ又ハ議場ノ外ニ退去セシメ必要ナル場合ニ於テハ警察官吏ノ處分ヲ求ムルコトヲ得

議場騷擾ニシテ整理シ難キトキハ議長ハ當日ノ會議ヲ中止シ又ハ之ヲ閉ツルコトヲ得

會議中此ノ法律《ホフリツ》即チ郡制《グンセイ》及郡會ノ設《マウ》ケタル會議規則ニ違背《イハイ》シ其他議場ノ秩序《チツジヨ》ヲ紊《ミダ》ル議員アラバ議長ハ職權ヲ以ッテ此レ等ノ議員ヲ制止シ注意ヲ爲シ若ハ議員ノ發言ヲ取消サシメ其ノ注意ヲ受ケシモ尚ホ命ニ從ハザルトキハ議長ハ其日ノ會議ヲ終ハルマデ其ノ議員ニ發言ヲ禁止シ又ハ議場外ニ退カシメ議場ノ整理ヲ保タザルベカラズ又議長ガ如何《イカ》ニ制止《セイシ》スルモ命ニ從《シタガ》ハズ益議場ヲ騷擾《ソウゼウ》セシメテ止《ヤ》マザルトキハ警察官吏《ケイサツクワンリ》ノ力ニ依

リテ適當ノ處分ヲ爲スコトヲ得ベキナリ

斯ノ如ク議長ガ力ヲ盡シテ制止スルモ尚ホ暴行ノ所爲アリテ議事ノ進行ヲ妨グルトキハ當日ノ議會ヲ中止《チウシ》シ尚ホ靜穩《セイオン》ニ歸《キ》セザレバ其日ノ會議ハ之ヲ閉會《ヘイクワイ》シ翌日モ亦同樣ナラバ右ノ手續ヲ爲スベシ

第四十八條　傍聽人公然可否ヲ表シ又ハ喧騷ニ渉リ其ノ他會議ノ妨害ヲ爲ストキハ議長ハ之ヲ制止シ命ニ從ハサルトキハ之ヲ退場セシメ必要ナル場合ニ於テハ警察官吏ノ處分ヲ求ムルコトヲ得

傍聽席騷擾ナルトキハ議長ハ總テノ傍聽人ヲ退場セシメ必要ナル場合ニ於テハ警察官吏ノ處分ヲ求ムルコトヲ得

本條ハ局外者《キヨククワイシヤ》即チ傍聽人ノ喧騷《ケンソウ》ナルヲ制止《セイシ》スル場合ナリ傍聽人ニシテ公然《コウゼン》議事ノ可否ヲ評シ賛成《サンセイ》ノー〳〵ノ聲《コヱ》ヲ頻《シキリ》ニ發シ其他冷評《レイヒヤウ》ヲ試ミ喧噪《ケンソウ》ニ渉《ワタ》リテ會議ノ妨害ヲ爲スガ如キハ傍聽人ノ爲スベキ行爲ニアラズ故ニ此ノ場合ニハ議長ハ之レヲ制止シ或ハ其命ニ從ハザルトキハ退場ヲ命ズベシ其ノ退場ノ命ニ從ハザルトキハ警察官吏ノ力ヲ假リテ處分ヲ求ムルコトヲ得ルナリ

傍聽席ニ於テ多衆ノ者ガ右ノ如キ行爲アリテ騷擾ナルトキハ一人又ハ數人ヲ退場セシ

ムルモ鎭ルモノニアラザレバ總テノ傍聽人ヲ退場セシメ退場セシムル能ハザルトキハ警察官吏ノ處分ヲ求ムルコトヲ得ルナリ

第四十九條　議場ノ秩序ヲ紊リ又ハ會議ノ妨害ヲ爲ス者アルトキハ議員若ハ第三十七條ノ列席者ハ議長ノ注意ヲ喚起スルコトヲ得

秩序《チツジヨ》トハ一言《ゲン》ニ云ヘバ公安《コウアン》ヲ害《ガイ》スルコトナリ議場ヲ騷擾《ソウゼウ》スル等會議ノ妨害《バウガイ》ヲ爲スハ秩序ヲ紊ルナリ議場ノ秩序ヲ紊ル者アリテ議長ガ氣附カザリシカ又ハ氣付テモ其儘ニ看過シ居ル場合ニハ議員若クハ第三十七條ノ列席者ハ議長ノ注意ヲ喚起スルコトヲ得ルモノトス然《シカ》レドモ只《タヾ》喚起《クワンキ》スルマデナレバ議長ニ於テ制止《セイシ》スベキモノナレバ之ヲ爲スベキモ制止スルニ足ラザルモノトスルトキハ其處分ヲ爲サヾルナリ

第五十條　郡會ニ書記ヲ置キ議長ニ隷屬シテ庶務ヲ處理セシム

書記ハ議長之ヲ任免ス

書記ハ會議ニ必要ナルモノナレバ郡會ニモ書記ヲ置キ議長ニ隷屬セシメテ議事其他必要ノコトヲ錄取シ又議會ノ庶務ヲ處理セザルベカラズ此等ノ職務ハ皆書記ニ於テ之ヲ爲サヾレバ議長自カラ之ヲ爲スコト能ハザレバナリ

書記ハ議長ニ隷屬《レイゾク》スルモノナレバ議長ニ於テ之《コレ》ヲ任免《ニンメン》スルモノトス

第五十一條　議長ハ書記ヲシテ會議錄ヲ製シ會議ノ顚末竝出席議員ノ氏名ヲ記載セシムヘシ會議錄ハ議長及議員二名以上之ニ署名スルヲ要ス其ノ議員ハ郡會ニ於テ之ヲ定ムヘシ

議長ハ會議錄ヲ添ヘ會議ノ結果ヲ郡長ニ報告スヘシ

書記ノ爲スヘキ庶務ハ前ニ述ベタルガ如クナレドモ尚ホ本條ニ於テ明カニ規定シタルニ因レバ會議錄ヲ製シ會議ノ顚末並ニ出席議員ノ氏名ヲ記シタルモノヲ製セザルベカラズ而シテ此ノ會議錄ニハ議長及議員二名以上之ニ署名シテ其ノ議事ノ顚末ノ確實ナルコトヲ證《シヨウ》スルナリ此ノ會議錄《クワイギロク》ニ署名《チヨメイ》スル議員ハ郡會ニ於テ之ヲ定《サダ》ムルモノトス是レ相當信用アル者ヲ選擇スルノ主旨ナルベシ

而シテ議長ハ前項ノ會議錄ヲ添ヘテ會議ノ結果ヲ議長ニ報告セザルベカラズ是レ議長ハ郡ノ施政者《シセイシヤ》ニシテ議會ノ議決ニ依《ヨ》リ以テ施政《シセイ》ヲ行フモノナレバナリ

第五十二條　郡會ハ會議規則及傍聽人取締規則ヲ設ケ府縣知事ノ許可ヲ受クヘシ

會議規則ニハ此ノ法律竝會議規則ニ違背シタル議員ニ對シ郡會ノ議決ニ依リ三日以內出席ヲ停止スル規定ヲ設クルコトヲ得

會議ニ係《カヽ》ル規定ハ本制即チ此《コ》ノ郡制《グンセイ》ニ於テ規定アリト雖モ會議《クワイギ》規則ノ如キ細目《サイモク》ニ付テハ別ニ之ヲ規定スルニアラザレバ會議ヲ爲スコトヲ得ズ即チ議會ニ於テ之ヲ制定セザルベカラズ而シテ此ノ會議規則ハ如何ナルモノナリヤト云ハヾ先一般ニ通ズベキ總則議案《ギアン》ニ關スルコト及ビ期日《キジツ》會議《クワイギ》順序《ジユンジヨ》發言《ハツゲン》ニ關スルコト動議修正等ニ關スルコト建議《ケンギ》決議其他委員等ノ事ナリ其他傍聽人ノ取締規則モナケレバ議場ヲ整理シ秩序ヲ保ツコト能ハズ即チ傍聽人取締規則ヲ設クルノ必要アル所以ナリ傍聽人取締及ビ會議規則ハ府縣知事ノ許可ヲ受クベキモノトス

會議規則ニハ此法律ヤ會議規則《クワイギキソク》ニ違背《イハイ》シタル議員ハ懲罰《チヨウバツ》ニ付スベキコトヲ規定セザルベカラズ而シテ其ノ規定スベキ條項ハ多シト雖モ府縣知事ノ許可ヲ受クベキモノナルガ罰則ニ關スルコトハ事重大ニ關スルヲ以テ先ヅ法律ヲ以テ其ノ法律規則ニ違背シタル議員ニ對シテハ郡會ノ議決ニヨリ出席停止ノ期日ノ範圍ヲ掲ゲテ三日以内出席ヲ停止スル規定《キテイ》ヲ設《マウ》クルコトヲ得《ウ》ルナリ

第三章　郡參事會

第一款　組織及選擧

第五十三條　郡ニ郡參事會ヲ置キ左ノ職員ヲ以テ之ヲ組織ス

一　郡長

二　名譽職參事會員　五名

郡會ハ議政ヲ爲ス職務權限アルモノナルトハ前ニ述ベタルガ如ク町村ヨリ選擧シタル議員數十人相集《アヒアツマ》リテ會議ヲ開キ郡ノ行政上《キヤウセイジヤウ》ニ施ス議案ヲ議決《ギケツ》スルモノナリ郡參事會ハ施政ニ付テ組織シタルモノナリ然レドモ施政ノ事モ亦會議ヲ要スルコトアリ其ノ會議員ハ郡會議員中ヨリ少數ノ參事會員ヲ選擧シ施政ヲ補助スルニアリ而テ郡參事會ノ職員ハ左ノ如シ

一　郡長　二　名譽職參事會員《メイヨシヨクサンジクワイヰン》五名ヲ以テ組織《ソシヨク》ス郡長ハ議長トナリ郡參事會ヲ綜理シ議員ノ一人タルナリ

第五十四條　名譽職參事會員ハ郡會ニ於テ議員中ヨリ之ヲ選擧スヘシ

郡會ハ名譽職參事會員ト同數ノ補充員ヲ選擧スヘシ

名譽職參事會員中闕員アルトキハ郡長ハ補充員ノ中ニ就キ之ヲ補闕ス其ノ順序ハ選擧同時ナルトキハ投票數ニ依リ投票同數ナルトキハ年長者ヲ取リ同年月ナルトキハ抽籤ニ依リ選擧ノ時ヲ異ニス

ルトキハ選擧ノ前後ニ依ル仍闕員ヲ生シタル場合ニ於テハ臨時補闕選擧ヲ行フヘシ補闕員ハ前任者ノ殘任期間在任ス

名譽職參事會員及其ノ補充員ハ郡會議員ノ定期改選毎ニ之ヲ改選スヘシ但シ名譽職參事會員ハ後任者就任ノ日マテ在任ス

名譽職參事會員ハ郡會ニ於テ議員中ヨリ之ヲ選擧スルモノトス是レ適當ノ人物ヲ選擧スルニアルヲ以テナリ而シテ名譽職參事會員ハ欠員ヲ生ズルコトヲ以テ之ニ代ハルベキモノヲ豫メ用意ノ爲メ選擧シ置カザルベカラズ其員數ハ名譽職參事會員ト同數ノ補充員即チ五名ヲ選擧スルモノトス

而シテ之ヲ補充《ホジウ》スルニハ如何ナル方法《ハフハウ》ニヨルベキヤト云フニ五名ノ補充員アルヲ以テ何レヲ補欠スベキヤハ選擧ノ同時ナリシ場合ニ於テハ投票ノ最多數ノモノヲ先推選セザルベカラズ若シ投票《トウヘウ》ノ數同ジケレバ年長者ヲ選擧シ同年月ナルトキハ抽籤ノ方法ニヨリ之ガ補欠ヲ爲スモノトス而シテ選擧ノ時ガ異リ居ル場合ニハ選擧ノ前後ニヨリ先キナルモノヲ選擧セザルベカラズ仍《ナ》ホ補充員等《ホジウヰントウ》ニ至《イタ》ルマデ欠員《ケツヰン》ヲ生ジタルトキニハ臨時ニ補欠選擧ヲ行フベシ

補缺選擧ハ前任者ガ缺ケタル爲メ補充セラルベキモノナルヲ以テ前任者ガ缺ケルマデ

ニハ其ノ任期ハ最早其職ニ在リタルモノト同ジク任期ヲ終ヘタルモノナルヲ以テ其殘任期間職ニ在ラバ可ナルルベキナリ

名譽職參事會員及ビ其補充員ノ任期ニ付テハ郡會ガ其定期改選スル毎ニ之ヲ改選スベキナリ是《コ》レ元ト郡會《グンクワイ》ニ於《オイ》テ選擧シタル名譽職參事會員《メイヨシヨクサンジクワイヰン》及ビ補充員ナルヲ以テ郡會議員ト其任期ヲ同ジウスルハ當然ナリ

然レドモ名譽職參事會員ハ後任者《ゴニンシヤ》ガ其任《ソノニン》ニ就《ツ》クニアラザレバ事務ノ引繼《ヒキツキ》ヲ爲スベカラズ故ニ其レマデハ尙ホ責任ヲ負フテ其職ニ在ルモノトス

第五十五條　郡參事會ハ郡長ヲ以テ議長トス郡長故障アルトキハ出席會員中ヨリ臨時議長ヲ互選スヘシ

郡參事會ハ郡長ヲ以テ議長トス是レ議長ハ郡參事會ノ總理ノ任アルモノナレバナリ而シテ議長ニ障故《コシヤウ》アリテ議長ナキ場合《バアヒ》ハ其代理者《ソノタイリシヤ》ハ出席《シユツセキ》員中ヨリ臨時《リンジ》議長《ギチヤウ》ヲ互選《ゴセン》スベシ

互選トハ其議員即チ郡參事會員中互ニ選擧スルヲ云フナリ

第二款　職務權限及處務規程

第五十六條　郡參事會ノ職務權限左ノ如シ

一　郡會ノ權限ニ屬スル事件ニシテ其ノ委任ヲ受ケタルモノヲ

議決スル事

二　郡會ノ權限ニ屬スル事件ニシテ臨時急施ヲ要シ郡長ニ於テ之ヲ招集スルノ暇ナシト認ムルトキ郡會ニ代テ議決スル事

三　郡長ヨリ郡會ニ提出スル議案ニ付郡長ニ對シ意見ヲ述フル事

四　郡會ノ議決シタル範圍內ニ於テ財產及營造物ノ管理ニ關シ重要ナル事項ヲ議決スル事

五　郡費ヲ以テ支辨スヘキ工事ノ執行ニ關スル規定ヲ議決スル事但シ法律命令中別段ノ規定アルモノハ此ノ限ニ在ヲス

六　郡ニ係ル訴願訴訟及和解ニ關スル事項ヲ議決スル事

七　其ノ他法律命令ニ依リ郡參事會ノ權限ニ屬スル事項

郡參事會郡政ノ集議体ニシテ郡ノ議決スル所ニヨリテ郡ノ事務ヲ執行スルモノナリ而シテ郡參事會ハ其ノ施政ノ實務ヲ行フ所ナレドモ集議シテ行フニアルナリ故ニ郡會ニ於テ議決スベキコトモ其ノ委任ヲ受ケタルトキハ其ノ議決ヲ爲スコトヲ得ルモノトス即チ本條ハ郡參事會ノ職務權限ハ如何ナルモノナリヤヲ規定シタルモノナリ即チ左ニ

之ヲ説明スベシ

一　郡會ノ權限ニ屬スル事件ニシテ其ノ委任ヲ受ケタルモノヲ議決スル事　此ノ説明ハ本制第三十條ニ説明シタルモノヲ了解セバ自カラ明カナリ

二　郡會ノ權限《ケンゲン》ニ屬スル事件《ジケン》ニシテ臨時急施《リンジキフシ》ヲ要シ郡長ニ於テ之ヲ招集《セウシウ》スルノ暇《イトマ》ナシト認ムルトキハ郡會ニ代テ議決スル事　郡會ノ權限ニ屬スル事柄ハ總テ議政ニ關スル事柄ナレバ郡參事會ノ行政ノ權限トハ自カラ異ニシテ互ニ相侵スベカラザル事ハ原則ナレドモ臨時急施ヲ要スル塲台ニシテ郡長ニ於テ郡會ヲ招集スルノ暇ナシト認《ミト》メタルトキハ之ヲ郡會ニ付《フ》スルノ害《ガイ》アツテ益《エキ》ナシ是ヲ以テ例外ヲ設《マウ》ケ此ノ塲合ニ限リ郡會ニ屬スル權限ト雖モ郡參事會ノ議決ニ付スルコトヲ得セシメ郡參事會ハ郡會ニ代テ之ヲ爲スコトヲ得ルモノトス

三　郡長ヨリ議案ヲ郡會ニ提出スルハ郡ノ行政ニ付テ郡會ノ議決ニ付セザルベカラザルモノナリ故ニ郡會ニ於テ否決《ヒケツ》セシ議案《ギアン》ハ郡長之ヲ施政《シセイ》スルコトヲ得ザルハ勿論ナリ而シテ郡長ガ郡會ニ提出スル前ニ郡參事會ハ其ノ議案ニ付テ意見ヲ述ベ即チ其ノ議案不可ナルモノハ之ヲ提出セシメザルナリ是レ不可ナル議案ヲ郡會ニ議決セシメ郡會ニ於テ之ヲ可決シタルトキハ施政ニ行フガ故ニ人民ハ其不利益ヲ蒙

ルヲ以テ輕々ニ議事ニ付スベカラズトシタルニ因ルナリ

四　郡會ノ議決シタル範囲内ニ於テ財産及營造物ノ管理ニ關シ重要ナル事項ヲ議決スル事　郡會ニ於テ議決シタル事項ト雖モ議會ニ於テ其ノ細目ノ事項マデ議決セザルコトアリ即チ郡會カ郡ノ財産及營造物ノ管理ニ關シテ議決シタルモ其ノ細微ノ事ニマデ議決セザルトキ且ツ其ノ管理方法ニ付テ重要ナル事柄ニアリテハ郡參事會ノ職務上之ヲ議決《ギケツ》セザルヘカラズ然《シカ》レドモ郡會ノ議決シタル範囲内《ハンイナイ》ニテ之ヲ議決シテ郡會ノ權限ヲ超エタル事ヲ議決スルコトヲ得ザルナリ

五　郡費ヲ以テ支辨《シベン》スヘキ工事ノ執行ニ關スル規定ヲ議決《ギケツ》スル事　郡費ヲ以テ支辨スベキ費用ハ郡直接ニ負擔シ郡内ノ經濟ニ關スル事ナレバ郡會ニ於テ之ヲ支辨スベキナリ而シテ其ノ工事ノ執行ニ關スル規定ニ至テハ施政上ニ屬スルヲ以テ郡參事會ニ於テ之ヲ議決スルモノトス然レドモ法律命令ニ於テ別段ノ規定アルモノハ郡參事會ニ於テ議決スルノ必要ナシ茲ニ本項ニ於テ工事ノ執行トハ道路ノ修築建造物ノ工事等ヲ云フナリ

六　郡ニ係ル訴願訴訟及ヒ和解ニ關スル事項ヲ議決スル事　訴願及訴訟及ヒ和解等ニ關スル事項ハ郡會ノ議決《ギケツ》スベキモノニアラズ否《イナ》之ヲ議決スル權限ナキモノナレ

バ郡內ヨリ府縣知事ニ訴願シ又ハ行政裁判所ヘ行政訴訟ヲ起シ及ヒ訴訟ニ付テ和解ヲ爲スコト等ハ郡參事會ノ權限ニ屬スル議決ナリ

七 其ノ他法律命令ニ依リ郡參事會ノ權限《ケンゲン》ニ屬《ゾク》スル事項　本條第一項ヨリ第六ニ至ル事項ノ外ニ尙ホ法律命令ヲ以テ郡參事會ノ權限ニ屬スルモノト定メタル事項アリ此等ハ固ヨリ郡參事會ノ議決セザルヘカラズ

第五十七條 郡參事會ハ名譽職參事會員中ヨリ委員ヲ選擧シ之ヲシテ郡ニ係ル出納ヲ檢査セシムルコトヲ得

前項ノ檢査ニハ郡長又ハ其ノ指命シタル官吏若ハ吏員之ニ立會フコトヲ要ス

郡參事會ニモ亦委員ヲ置《オ》ク其ノ委員ハ名譽職參事會員中《サンジクワイヰンチウ》ヨリ選擧シテ而シテ委員ノ職務ハ郡ノ出納ヲ檢査《ケンサ》セシムルコトヲ得ルモノトス郡ノ出納トハ會計事務《クワイケイジム》ニシテ年度中ノ金錢ノ出入計算ノ如何ヲ檢査セシムルナリ何ヲ以テ委員ニ之ヲ檢査セシムルヤト云フニ此等ノ事ハ別ニ委員ヲ設ケテ檢査セシメサレバ十分ノ檢査ヲ爲スコトヲ得ザルヲ以テナリ

出納檢査ニ付テハ總《スベ》テ鄭重《テイチヤウ》ニ爲サザルベカラザルヲ以テ郡長タルモノハ立會シテ檢査

スベキナリ若シ郡長ニ於テ差支アルトキハ立會ノ官吏又ハ吏員ヲ指命シテ立會ハサシムルコトヲ要ス

第五十八條　第三十二條第三十三條第三十七條及第五十條ノ規定ハ郡參事會ニ之ヲ準用ス

本條ニ列記《レツキ》セル規定ハ郡内ノ公益《コウエキ》ニ關スル事件ニ付郡長又ハ府縣知事ニ意見書《イケンシヨ》ヲ呈出スルコト、官廳ノ諮問《シモン》ニ對スル答申《タフシン》ノ規定ト郡長又ハ郡長ノ指定《シテイ》シテ委任屬託シタル官吏ガ會議ニ列席《レツセキ》スルコト、又ハ書記ノ任免ニ關《クワン》スルコトノ規定ニシテ此等ノ條項《デウカウ》ヲ郡參事會ニ準用スト云フノ規定ニシテ説明ヲ要セス

第五十九條　郡參事會ハ郡長之ヲ招集ス若名譽職參事會員半數以上ノ請求アル場合ニ於テ相當ノ理由アリト認ムルトキハ郡長ハ郡參事會ヲ招集スヘシ

郡參事會ノ會期ハ郡長之ヲ定ム

郡參事會ヲ招集《セウシフ》スル者ハ郡長ナリ郡長ハ何《イツ》レノ時ニ之ヲ招集スベキヤト云ハヾ其ノ必要アル場合ニ之ヲ招集スベキハ言フヲ俟タザレドモ尚ホ其他ニ若シ名譽職參事會員ガ半數以上ノ請求《セイキウ》ニヨリ開會スルコトヲ必要《ヒツエウ》ト認メタル場合ハ之ヲ招集《セウシフ》スヘキナリ然レ

ドモ其ノ請求アリタルモ相當ノ理由アリト認メタル場合ニアラザレバ招集セサルナリ
郡參事會ハ必ズ一定ノ會期ナカルベカラズ此ノ會期モ亦郡長ニ於テ之ヲ定ムルナリ

第六十條　郡參事會ノ會議ハ傍聽ヲ許サス

郡參事會ノ會議ハ郡會ノ如ク議政ニアラズシテ施政ノ集議ナルヲ以テ直チニ之ヲ人民ニ傍聽セシムルノ必要ナキノミナラズ却テ之ヲ聽カシムルノ害アルコトアレバ如何ナル場合ヲ問ハズ郡參事會ノ會議《クワイギ》ハ傍聽《バウチヤウ》ヲ禁《キン》ジタル所以ナリ

第六十一條　郡參事會ハ議長及名議職參事會員定員ノ半數以上出席スルニ非サレハ會議ヲ開クコトヲ得ス

第五十六條第二ノ議決ヲ爲ストキハ郡長ハ其ノ議決ニ加ハルコトヲ得ス

郡參事會ノ議事ハ過半數ヲ以テ決ス可否同數ナルトキハ議長ノ決スル所ニ依ル

會議ノ顛末ハ之ヲ會議錄ニ記載シ議長及名譽職參事會員二名以上之ニ署名スヘシ

會議ハ定員ノ半數以上出席セザレバ成立《セイリツ》セサルモノトハ原則《ゲンソク》ナリ即チ郡參事會ニ於テ

モ之レニ依リテ議長及ヒ名譽職參事會員ノ定員六名ノ半數以上即チ四名以上出席スルニアラザレバ會議ヲ開クコトヲ得ズ

又第五十六條第二ノ場合ナル郡ノ權限《ケン〳〵》ニ屬スル事件ニシテ臨時《リンジ》急施《キフシ》ヲ要スル場合郡長ガ郡會ヲ招集《セウシフ》スル暇ナシト認《ミト》メタル時ニ會議ヲ爲スベキ權限《ケン〳〵》ヲ郡參事會ニ委任シタル議決ヲ爲ストキハ元《モト》郡會ガ議決スベキモノヲ施政者《シセイシヤ》タル郡參事會ガ議決スルモノナレバ其ノ議決スベキ事件ハ取モ直サズ議政ナレバ純粋ノ官吏タル郡長ヲ議決ノ數ニ加ハルコトヲ得セシメバ議政ト施政《シセイ》トヲ混同《コンドウ》スルヲ以テナリ然レドモ會議ニ臨《ノゾ》ンデ其意見ヲ吐クハ差支ナキナリ

郡參事會ノ議決ニ於テ議決ヲ採ルハ過半數ヲ以テ可否ヲ決スベキナリ然レドモ可否同數ナルトキハ議長ニ於テ決スルコトヽセリ

會議ニハ必ズ議事録ナカルベカラズ故ニ郡參事會《グンサンジクワイ》ニモ會議ノ顛末《テンマツ》ハ之ヲ會議録ニ記載シ議長及ヒ參事會員二名以上連署スベシ

第六十二條　第四十二條ノ規定ハ郡參事會員ニ之ヲ準用ス但シ同條ノ規定ニ依リ會員ノ數減少シテ前條第一項ノ數ヲ得サルトキハ郡長ハ補充員ニシテ其ノ事件ニ關係ナキ者ヲ以テ第五十四條第三項

ノ順序ニ依リ臨時之ニ充テ仍其ノ數ヲ得サルトキハ郡會議員ニシテ其ノ事件ニ關係ナキ者ヲ臨時ニ指名シ其ノ闕員ヲ補充スヘシ

第四十二條トハ議長議員ハ自己《ジコ》若クハ父母祖父母妻子孫兄弟姉妹《シマイ》ノ一身上ニ關スル事件ニ付テハ議會ノ同意ヲ得ルニアラザレバ其議事ニ參與スルコトヲ得ザルナリトスルノ規定ナリ郡參事會ニアリテモ此ノ規定《キテイ》ヲ準用スルハ前ニ述《ノ》ベタルト同一ノ理由《リイウ》ニシテ議會ハ公明正大ニ議決セザルヘカラザルニ私情ノ爲メニ掣肘セラレテ不公平ナル議決アルガ如キハ神聖《シンセイ》ナル議會ヲシテ私情ノ紛爭場《フンソウジヤウ》ト爲スノ不都合アレバナリ故《ユヘ》ニ本條ニ於テ郡參事會ニ於テモ之ヲ準用《ジユンヨウ》スルモノトス然レドモ同條ノ規定《キテイ》ニヨリテ會員ノ數減少《ゲンセウ》シテ前條第一項ノ數即半數以上ノ會員ヲ減ジタルトキハ郡參事會員ト同一ナル數ノ補《ホ》充員中《ジウヰンチウ》ヨリ其議事々件ニ關係《クワンケイ》ナキ者ヲ以テ第五十四條第三項ノ順序《ジユンジヨ》ニヨリ即チ選擧同數ナルトキハ投票ノ數ニヨリ投票同數ナルトキハ年長者ヲ取リ同年月ナルトキハ抽籤ノ方法ニヨリ選擧ノ時ヲ異ニスルニ於テハ選擧ノ前後ニヨリ推選シテ臨時之ニ充テ仍《ナホ》其ノ數ニ不足《フソク》ナルトキハ郡會議員ニシテ其事件ニ關係《クワンケイ》ナキ者ヲ郡會ニ於テ臨時ニ指名シテ缺員ヲ補フナリ

第四章　郡行政

郡ノ行政モ府縣ノ行政ト同ジク郡ノ行政區劃デアッテ國ノ行政ノ一部ヲ行フモノナリ行政ト云フ事ニ付テ茲《コヽ》ニ一言セバ之ヲ二樣ニ觀察《クワンサツ》スルコトヲ得ベシ即チ實務《ジツム》ノ点《テン》ヨリスルモノト法理《ハフリ》ノ点《テン》ヨリスルモノ是レナリ先ヅ實務《ジツム》ノ点ヨリ觀察《クワンサツ》スルトキハ行政ハ諸般ノ公共事務《ジム》ノ全体《ゼンタイ》ナリト云フコトヲ得ベシ換言《クワンゲン》スレバ行政法人ガ施設《シセイ》スル所ノ事務ノ全体ハ即チ行政ナリ例ヘバ警察行政、教育行政、救恤行政、衛生行政、勸業行政ノ如シ此定義ハ行政ヲ客觀的ニ解釋シタルモノナリ行政學即チ行政實務ノ点ヨリ解釋シタルモノナリ蓋《ケダ》シ行政學トハ行政事務ノ原則ヲ研究《ケンキウ》スルモノニシテ行政法ヨリモ其範圍《ハンイ》遙《ハルカ》ニ廣大ナリ

茲ニ諸般《シヨハン》ノ公共事務ニ付キ說明《セツメイ》スル所アラントス

第一　行政ノ目的ニ關《クワン》スル事務行政手段ニ關スル事務公共事務トハ共同《キヤウドウ》ノ需用《ジユヨウ》ニ應ズル諸般ノ事務ナリ此公共事務ヲ行政ノ目的ニ關スル事務ト手段ニ關スル事務トニ類別スルコトヲ得ルナリ蓋《ケダ》シ公共事務ヲ處辨《シヨベン》スルニハ機關ノ組織ヲ要ス即チ吏員《リヰン》、營造物及ビ其二者ヲ維持《ヰヂ》スル資財等是ナリ此等機關ノ組織《ソシキ》ニ關スル事務モ亦公共事務タルニ外ナラズ例ヘバ行政吏員ニ關スル任免、懲罰、給料、恩給ノ支拂等ノ如キ營造物ニ關スル公用徵收公共土木等ノ如キ皆公共事務ニ非ザルハナシ又資財ニ關シテ

租税ノ徴收、豫算、會計等ノ如キ同ジク公共事務タリ而シテ行政ハ單ニ機關ノ組織ヲ整備《セイビ》スルニ止マラズシテ進《スヽ》ンデ其目的ヲ實行《ジツカウ》セザルベカラズ其目的トハ何ゾヤ即チ公共ノ需要ニ應スルコト是レナリ故ニ機關ノ組織既ニ成リタル上ハ其目的タル行政事務即チ前ニ例示《レイシ》シタル敎育行政　警察行政等ノ事務ヲ施行《シカウ》スルナリ此ノ如ク公共事務ニハ二種アリ第一種ヲ稱シテ手段ニ關スル公共事務ト云ヒ第二種ヲ稱シテ目的ニ關スル公共事務ト云フ

第二　全般ノ事務《ジム》、局部ノ事務　全般ノ公共事務トハ全國《ゼンコク》ノ利益《リエキ》ヲ目的トスル事務ニシテ國家ノ職司《シヨクシ》トスル所ナリ即チ中央行政ナリ局部《キヨクブ》ノ公共事務トハ首トシテ一區劃利益ヲ目的トスルモノナリ即チ府縣郡市等ノ職司トスル所ナリ而シテ府縣郡市町村ハ局部利益ノ行政ヲ職司トスルト同時ニ中央行政ノ區劃タルモノナリ

第三　必要事務、隨意《ズイヽ》事務《ジム》　此區別ハ國家《コクカ》ノ事務ノ上ニ存セズ國家ガ行政ヲ爲スハ義務トシテ之ヲ爲スニ非ズシテ權利トシテ其權力及ビ權利ヲ行使スルナリ法律ニ依リ國家ノ事務ヲ規定《キテイ》スルトキト雖モ國家《コクカ》自カラ行爲ノ範圍《ハンヰ》ヲ定メタルモノニシテ國家以上ノ權力アリテ其ノ執行ヲ爲スモノニアラズ故ニ必要事務隨意事務ノ區別ハ單ニ地方團体《ダンタイ》ノ事務中ニ存スル區別ナリ蓋《ケダ》シ地方團体ノ事務中ニハ國家《コクカ》ニ對スル義務ト

シテ執行スベキモノアリ又之ヲ爲スモ爲サヾルモ其ノ隨意ニ屬スルモノアリ此區別ノ利益ハ主トシテ豫算ノ上ニ表ハルヽモノナリ即チ地方團体ハ必要事務ニ關スル費用ノ支出ヲ豫算ニ編製セザルベカラズ或ハ又臨時支出ヲ爲サヾルベカラズ若シ之ヲ爲サヾルニ於テハ監督上行政廳ハ強制豫算ノ方法又ハ原案執行ノ方法ヲ以テ命令ヲ發スルコトヲ得ルモノナリ

第一款　郡吏員ノ組織及任免

第六十三條　郡ニ有給ノ郡吏員ヲ置クコトヲ得其ノ定員ハ府縣知事ノ許可ヲ得テ郡長之ヲ定ム

前項ノ郡吏員ハ府縣知事之ヲ任免ス

郡吏員ノ組織及任免ハ前ニ述ベタルガ如ク公共事務ヲ處辨スルニ付テ機關ノ組織ナリ此ノ機關ノ組織ナケレバ郡ノ施政ヲ行フコトヲ得ズ郡吏員ハ皆有給ニシテ其ノ定員ハ郡長之ヲ定ムト雖モ府縣知事ノ許可ヲ得テ之ヲ定ムルナリ是レ郡長モ亦府縣知事ノ任免スル所ニシテ郡吏員ハ之ニ從屬スルモノナレバナリ

第六十四條　郡ニ郡出納吏ヲ置キ官吏吏員ノ中ニ就キ郡長之ヲ命ス

出納吏トハ會計吏員ノ事ナリ郡ノ行政ニモ資財ニ關スル公共事務アリテ會計事務即チ

其中ノ一ナリ而シテ之ガ事務ヲ行フ者ヲ置カザルベカラズ之ヲ任命スルハ郡長ノ職權ニアリテ郡吏員ノ中ヨリ之ヲ命ズルモノナリ

第六十五條　郡ハ郡會ノ議決ヲ經府縣知事ノ許可ヲ得テ臨時若ハ常設ノ委員ヲ置クコトヲ得

委員ハ名譽職トス

委員ノ組織選任任期等ニ關スル事項ハ郡會ノ議決ヲ經府縣知事ノ許可ヲ得テ郡長之ヲ定ム

委員モ亦官吏ノ一種ナリ其ノ職務《シヨクム》等ノ事ハ第七十八條ニ於テ規定《キテイ》セラレタリ而シテ此ノ委員ハ郡長ノ任免スルモノニアラズシテ郡會ノ議決ヲ經テ府縣知事ノ許可ヲ得ルモノナリ委員ニハ常設委員ト臨時委員トノ二種アリ此ノ委員ノ數ハ一定セズシテ必要ニ從ヒ亦何時ニテモ設《マウ》クルコトヲ得ルモノニシテ何人ヨリ推選《スイセン》スルモ差支ナキモノトス
委員ハ名譽職トス故ニ相當學識アル者ヲ選任セザルベカラズ委員ノ組織選任方法及任期ハ豫メ法律ヲ以テ規定セズ郡會ニ於テ適宜ニ之ヲ定ムルモノトス

第二款　郡官吏郡吏員ノ職務權限及處務規程

第六十六條　郡長ハ郡ヲ統轄シ郡ヲ代表ス

郡長ノ擔任スル事務ノ概目左ノ如シ

一　郡費ヲ以テ支辨スヘキ事件ヲ執行スル事

二　郡會及郡參事會ノ議決ヲ經ヘキ事件ニ付其ノ議案ヲ發スル事

三　財産及營造物ヲ管理スル事但シ特ニ之カ管理者アルトキハ其ノ事務ヲ監督スル事

四　收入支出ヲ命令シ及會計ヲ監督スル事

五　證書及公文書類ヲ保管スル事

六　法律命令又ハ郡會若ハ郡參事會ノ議決ニ依リ使用料手數料郡費及夫役現品ヲ賦課徴收スル事

七　其ノ他法律命令ニ依リ郡長ノ職權ニ屬スル事項

郡官吏トハ郡長ヲ指《サ》シ郡吏員トハ郡長ノ指揮《シキ》ニ從ヒ郡ノ行政事務ニ從事《ジウジ》スル郡書記以下ヲ云フ郡長ハ郡內ヲ統轄シ郡ノ行政ヲ職司《シヨクシ》スル者ニシテ行政上郡ヲ代表《ダイヘウ》スルモノナリ而シテ郡長ノ職務ニモ亦制限アリ本條ハ郡長ノ擔任スベキ事務ヲ概略規定シテ左ノ七項トス即チ說明セン

一　郡費ヲ以テ支辨スベキ事件ヲ執行スル事　其郡內ニ限リテ負擔シテ費用ヲ支辨スル事件ハ郡長ノ職權《シヨクケン》ヲ以テ執行《シツカウ》スル事ヲ得ルモノトス執行ノ爲ニハ法律《ハフリツ》又ハ命令ニ依ルモノアリ又處分ノ形式ヲ以テスルモノアリ郡費ヲ以テ支辨スベキ事件ヲ執行《シツカウ》スルハ法律命令ニ依ルモノニアラズシテ前ニ述《ノ》ベタル所ノ行政法人ノ權利行爲ナルモノナリ例ヘバ公共土木ノ如キ是レナリ

二　郡會及郡參事會ノ議決ヲ經《フ》ヘキ事件ニ付其ノ議案ヲ發《ハツ》スル事　郡長ハ郡ノ統治《トウチ》ヲ爲スモノナレバ之ガ行政上必要ナル議案ハ郡長ニ於テ編製シ郡參事會及郡會ノ議決ヲ經ヘキ爲メ之ヲ發セザルベカラズ

三　郡ノ財產及ビ營造物《エイザウブツ》即チ學校病院水道瓦斯《ガス》ノ如キ物ハ郡ノ最モ重要《ヂウエウ》トスル所ノモノナレバ郡長ニ於テ之ヲ管理セザルベカラズ然レドモ特別ニ他ニ管理者アレバ郡長ハ之ヲ監督スルニ止マルナリ

四　收入支出ヲ命令《メイレイ》シ及會計ヲ督監《カントク》スル事　收入支出トハ定マリタル收入定マリタル支出ニシテ豫算ヲ議決《ギケツ》スベキモノニアラズ語《コ》ヲ換《カ》ヘテ言ハヾ其ノ收入支出ノ場合ニ之ヲ命令シ及其出納ニ注意監督ヲ爲スコトナリ此等ハ郡長ニ於テ命令及監督ヲ爲サヾレバ其ノ會計ヲ濫リニスルコトアルヲ以テナリ

五　證書及公文書類ヲ保管スル事　證書トハ郡ノ權利義務ニ關スル證書ナリ公文書トハ郡ガ他ニ往復シ其他命令公布セシ記事等ヲ云フ

六　法律命令又ハ郡會若ハ郡參事會ノ議決ニ依リ使用料、手數料、郡費及夫役現品ヲ賦課徵收スル事　本項ニ記載スル所ノモノヲ徵收スルハ郡政上所謂權力行爲ナルモノナリ即チ行政法人ガ一私人又ハ他ノ公共團体ニ對シテ平等ノ關係ニ於テ爲ス行爲ニアラズシテ命令的ノモノナリ而シテ此等ハ行政上必要ノ事件ニシテ之ヲ執行スルハ郡ニ其ノ責任アルモノトス

七　其ノ他法律命令ニ依リ郡長ノ職權ニ屬スル事項　郡長ノ職權ハ本條ニ揭グル所ノ第一ヨリ第六ニ至ルモノヽ外之無シト云フベカラズ單ニ概目ヲ擧ゲタルモノナレバ此ノ他ニ法律命令ニ依リ定メラレタルモノ即チ郡長ノ職權ニ屬スル事項ハ郡長之ヲ執行スヘキ責任アリ

第六十七條　郡長ハ議案ヲ郡會ニ提出スル前之ヲ郡參事會ノ審査ニ付シ若郡參事會ト其ノ意見ヲ異ニスルトキハ郡參事會ノ意見ヲ議案ニ添ヘ郡會ニ提出スヘシ

郡長ガ郡會ニ議案ヲ提出スルニ付テ輕忽ニナサシメズ郡會ニ提出スル前先ヅ之ヲ郡參

事會ニ提出シテ審査セシメ其ノ議案ニ付テ郡長ト郡參事會ト意見ヲ異ニスルトキハ郡長ハ郡參事會ノ意見ヲ議案ニ添ヘテ郡會ニ差出スベキナリ是レ鄭重ヲ要スルニアルナリ

第六十八條　郡長ハ郡ノ行政ニ關シ其ノ職權ニ屬スル事務ノ一部ヲ町村吏員ニ補助執行セシメ若ハ委任スルコトヲ得

郡長ハ郡ノ行政ニ關シ其ノ職權ニ屬スル事務ノ一部ヲ郡吏員ニ臨時代理セシムルコトヲ得

郡長ハ一人ニテ其職權《ショクケン》ニ屬スル事務ヲ行フコトヲ得ザル場合アルベシ此ノ場合《バアヒ》ニハ其ノ事務ノ一部ヲ町村吏員ニ補助執行セシメ若ハ委任スルコトヲ得ルモノトス是レ町村ノ偏僻《ヘンヘキ》ニ渉ル如キ費用ト繁雜《ハンザツ》ナル手續トヲ要スルニ因ル一ノ便宜《ベンギ》法《ハフ》ナリ右ハ町村ノ場所ニヨリテ執行委任ノ方法ヲ定メタルモノナレドモ場所ノ如何ニ拘ハラズシテ郡長ハ郡ノ行政ニ關シ其ノ職權ニ屬スル事務ノ一部ヲ郡ノ吏員ニ代理セシムルコトヲ得ルモノトス是レ亦一ノ便宜法ナリ

第六十九條　郡會若ハ郡參事會ノ議決若ハ選擧其ノ權限ヲ越エ又ハ法律命令ニ背クト認ムルトキハ郡長ハ自己ノ意見ニ依リ又ハ監督

官廳ノ指揮ニ依リ理由ヲ示シテ直ニ其ノ議決若ハ選擧ヲ取消シ又ハ議決ニ付テハ再議ニ付シタル上仍其ノ議決ヲ改メサルトキハ之ヲ取消スヘシ

前項取消處分ニ不服アル郡會若ハ郡參事會ハ府縣參事會ニ訴願シ其ノ裁決ニ不服アルトキハ行政裁判所ニ出訴スルコトヲ得

前項ノ裁決ニ關シテハ府縣知事郡長ヨリモ亦訴訟ヲ提起スルコトヲ得郡會若ハ郡參事會ノ議決公益ニ害アリト認ムルトキハ郡長ハ自己ノ意見ニ依リ又ハ監督官廳ノ指揮ニ依リ理由ヲ示シテ之ヲ再議ニ付シ仍其ノ議決ヲ改メサルトキハ府縣知事ニ具狀シテ指揮ヲ請フヘシ

前項府縣知事ノ處分ニ不服アル郡會若ハ郡參事會ハ内務大臣ニ訴願スルコトヲ得

郡會若ハ郡參事會ノ議決及ビ選擧ハ法律命令ノ規定スル其ノ範圍內ニ於テ之ヲ爲サヾルベカラズ然ルニ其ノ權限《ケンゲ》ヲ起《コ》エ又ハ法律命令ニ背《ソム》クトキハ之ガ處分ヲ爲サヾルベカラズ而シテ其ノ處分ヲ爲スニハ郡長ハ自己ノ意見ニ依リ又ハ監督官廳ノ指揮ニ依リ何

故ニ處分スルカノ理由ヲ示シテ直チニ議決若ハ選擧ヲ取消スベキナリ又議決ニ付テハ之ヲ再ビ議決シタル上之ヲ改正セシメ尚ホ改メザルトキハ之チ取消スベキナリ而シテ郡長ガ理由チ示シテ最後ニ其取消處分ヲ爲ストキハ議決者施政者ノ意見ニシテ何レガ正當《セイタウ》ナルヤハ未ダ判別《ハンベツ》スベカラズ是ニ於テ乎前項取消處分ニ不服《フフク》アル者ハ郡會若ハ郡參事會ハ府縣參事會ニ訴願シ尚ホ其ノ裁決ニ不服アル者ハ行政裁判所ニ出訴スルコトヲ得ルモノトス此ノ裁決ニ關《クワン》シテハ府縣知事郡長ヨリモ亦訴訟《ソシヤウ》ヲ提起《テイキ》スルコトヲ得ルモノトス是レ郡長ハ自己ノ意見ニヨリ選擧ヲ取消シタルニ因ルモノナリ府縣知事ハ郡長ニ指揮シテ郡會若ハ郡參事會ノ議決ヲ取消サシメタルニヨルナリ

郡會若ハ郡參事會ノ議決ガ公益ニ害アリト認ムルトキハ郡長ハ自己ノ意見ニヨリ又ハ監督官廳タル府縣知事等ノ指揮《シキ》ニ依リ理由ヲ示シテ再議《サイギ》ニ付セザルベカラザルナリ而シテ尚ホ再議ノ上之チ改メザルトキハ府縣知事ニ其狀チ具陳シテ指揮ヲ待ツベシ而シテ府縣知事ノ處分ニ不服アル郡會郡參事會ハ内務大臣ニ訴願スルコトチ得セシメタリ

第七十條 郡會若ハ郡參事會ニ於テ郡ノ收支ニ關シ不適當ノ議決チ爲シタルトキハ郡長ハ自己ノ意見ニ依リ又ハ監督官廳ノ指揮ニ依

リ理由ヲ示シテ之ヲ再議ニ付シ仍其ノ議決ヲ改メサルトキハ府縣知事ニ具狀シテ指揮ヲ請フヘシ但シ場合ニ依リ再議ニ付セスシテ直ニ府縣知事ノ指揮ヲ請フコトヲ得

前項府縣知事ノ處分ニ不服アル郡會若ハ郡參事會ハ內務大臣ニ訴願スルコトヲ得

郡ノ收支即チ歲入《サイラ》歲出等ノ事ニ關シテ不適當《フテキタウ》ノ議決ヲ爲シ例ヘバ郡ノ行政ニ必要ナル經費ニ對シテ支出スベカラザルモノトカ之ヲ削減スベシトカノ議決ヲ爲シタルガ如キ場合ニ於テハ郡長ハ自己ノ意見ヲ以テ又ハ監督《カントク》官廳即チ府縣知事ノ指揮《シキ》ニ依リ理由ヲ示シテ之ヲ再議ニ付シ仍其議決ヲ改メザルトキハ府縣知事ニ具狀シテ指揮ヲ請フベシ然レドモ急施ヲ要スル場合ハ再議ニ付セズシテ直チニ府縣知事ノ指揮ヲ請フコトヲ得セシム

前項ノ府縣知事ノ處分ニ不服アル郡會若ハ郡參事會ハ內務大臣ニ訴願スルコトヲ得ルモノトス

第七十一條　郡長ハ期日ヲ定メテ郡會ノ停會ヲ命スルコトヲ得

郡長ハ郡會ヲ招集《セウシフ》スル權利アルヲ以テ又郡會ノ停會《テイクワイ》ヲ命《メイ》ズルコトヲ得ルナリ而シテ停

會ハ其ノ期日ヲ定メテ即チ何日ヨリ何日マデトシテ之ガ停會ヲ命ズルコトヲ得ルナリ

第七十二條　郡會若ハ郡參事會招集ニ應セス又ハ成立セサルトキハ郡長ハ府縣知事ニ具狀シテ指揮ヲ請ヒ其ノ議決スヘキ事件ヲ處分スルコトヲ得第四十二條第六十二條ノ場合ニ於テ會議ヲ開クコト能ハサルトキ亦同シ

郡會若ハ郡參事會ニ於テ其ノ議決スヘキ事件ヲ議決セス又ハ郡會ニ於テ其ノ招集前告示セラレタル事件ニ關シ議案ヲ議了セサルトキハ前項ノ例ニ依ル

郡參事會ノ決定若ハ裁決スヘキ事項ニ關シテハ本條第一項第二項ノ例ニ依ル此ノ場合ニ於ケル郡長ノ處分ニ關シテハ各本條ノ規定ニ準シ訴願及訴訟ヲ提起スルコトヲ得

本條ノ處分ハ次ノ會期ニ於テ之ヲ郡會若ハ郡參事會ニ報告スヘシ

郡長ハ郡會若ハ郡參事會ヲ招集スルコトヲ得ルヲ以テ之ヲ招集スルモ其招集ニ應セス又ハ招集ニ應ジタルモ定員ニ滿タズシテ會議ガ成立セズ即チ會議ヲ開クコトヲ得ザルトキハ郡長ハ府縣知事ニ具狀シテ指揮ヲ請ヒ其議決ヲ爲サズシテ之ヲ處分スルコトヲ

而シテ第四十二條第六十二條ノ塲合ニ於テ會議ヲ開クコト能ハザルトキ亦同シ第四十二條ハ一身上及親屬ニ關スル議事ノ爲メ總員ニ差支ヲ生スル塲合第六十二條ハ郡參事會ニ於テ同樣ナル事情ノ爲メニ成立セザルニ至リタルトキヲ云フナリ

郡會及郡參事會ハ招集セラレ成立シタルトキト雖モ會議ガ議事ヲ議決セズ又ハ郡會ニ於テ招集前ニ議決スベキ事件ノ告示セラレタルニモ拘ハラズ其議案ヲ議了セザルトキハ前項ニヨリテ郡長ハ府縣知事ニ具狀シテ其指圖ヲ請ケ事件ヲ處分スベキナリ

郡參事會ノ決定若ハ裁決《サイケツ》スベキ事項ニ關シテハ本條第一項第二項ノ例《レイ》ニ依ルモノトス

而シテ此ノ塲合ニ郡長ノ處分ニ關シテ不服アルトキハ各本條ノ規定ニ準シ訴願及訴訟ヲ提起スルコトヲ得ルモノトス

郡長ガ前項《ゼンコウ》ノ處分ヲ爲シタルハ已《ヤム》ヲ得ザルニ出テタルモノナレバ最早《モハヤ》再ビ動カスコトヲ得ザレドモ郡會若ハ郡參事會ニ於テ之ヲ知ルノ必要アルヲ以テ次ノ會期ニ之ヲ報告セザルベカラズ

第七十三條　郡參事會ノ權限ニ屬スル事件ニシテ臨時急施ヲ要シ郡長ニ於テ之ヲ招集スルノ暇ナシト認ムルトキハ郡長ハ專決處分シ次ノ會期ニ於テ其ノ處分ヲ郡參事會ニ報告スヘシ

本條ノ規定ハ事後ノ承諾ト云フニ同ジ即チ郡長ハ郡參事會ノ權限ニ屬スル事件ハ之ヲ郡參事會ノ議決ニ付セズシテ專決《センケツ》處分スルハ例外《レイグワイ》ニ屬シ臨時急施ヲ要《エウ》シ郡長ニ於テ之ヲ招集スルノ暇ナシト認ムルトキハ郡長ハ自己ノ意見ヲ以テ之ヲ處分シ次ノ會期ニ於テ其處分ヲ郡參事會ニ報告セザルベカラズ此ノ報告ハ即チ事後ノ承諾ナリ

第七十四條　郡參事會ノ權限ニ屬スル事項ハ其ノ議決ニ依リ郡長ニ於テ專決處分スルコトヲ得

前條ハ未ダ議決ニ付セザル事件ヲ郡長ニ於テ專決處分スル場合ヲ規定シタルモノナレドモ本條ハ已《スデ》ニ郡參事會ノ議決シタル事件ヲ郡長ニ於《オヒ》テ專決《センケツ》處分スベキコトヲ定メタルナリ是レ固《モト》ヨリ郡長ノ職權上ニ於テ然《シカ》ルベキ所ナリ何トナレバ郡長ハ郡ノ行政上ノ總理タレバナリ

第七十五條　官吏ノ郡行政ニ關スル職務關係ハ此ノ法律中規定アルモノヲ除ク外國ノ行政ニ關スル其ノ職務關係ノ例ニ依ル

前ニ既ニ述ベタル所ノ如ク郡ノ行政ハ國家ノ行政區劃ニシテ國家行政ノ一部ナレバ郡ノ官吏ガ郡ノ行政ニ關スル職務關係モ亦國ノ行政ニ關スル職務關係ト同一ノ例ニ依ルベキハ當然《タウゼン》ナリ唯ダ此ノ法律中別ニ規定《キテイ》アリテ郡ノ行政ニ限リ其職務關係ノ例ニ依ル

ベキナリ
茲ニ一言セバ國家《コクカ》ナル語ハ行政法廣義ニ於テハ數個ノ行政團体《ダンタイ》ヲ包括《ハウクワツ》ス即チ狹義ノ國家、府、縣、郡、市、町、村等是レナリ此等ノ行政團体ハ皆悉ク孤立即チ一本立ナルモノニアラズ何トナレバ各々孤立スルニ於テハ政治上ノ統一ナク稱シテ以テ一國ト爲スコトヲ得ザレバナリ即チ狹義ノ國家ニ依リテ統一《トウ》セラルヽモノナリト雖モ行政上《ギヤウセイゼウ》ノ便宜ニ依リ此等ノ團体モ亦各國家ニ依リ多少ノ權限ヲ附與セラレ諸般ノ公共事務ヲ行フモノナリ此ノ如ク同ジク行政團体《ダンタイ》ナリト雖モ其間ニ權力ノ輕重《ケイチヤウ》大小ナキ能ハズ即チ國家ハ全國ノ公務ヲ處理《シヨリ》シ府縣郡市町村ハ局部ノ公務《コウム》ヲ管掌《クワンシヤウ》スルガ如シ然リト雖モ職務關係ニ至テハ郡ノ行政モ亦國ノ行政ニ關スル職務關係ト何ゾ異ナル所アランヤ

第七十六條　郡出納吏ハ出納事務ヲ掌ル

出納トハ金錢及ビ物品ノ收支《シウシ》ヲ掌《ツカサド》ルモノニシテ所謂會計事務ヲ取扱フモノナリ郡ノ出納吏ハ即チ此ノ會計事務ヲ掌ルモノト規定シタリ

第七十七條　郡吏員ハ郡長ノ命ヲ承ケ事務ニ從事ス

郡吏員トハ郡書記以下ノ役員ヲ云フ此等ノ者ハ皆郡長ガ府縣知事ノ認可ヲ得テ任免スルモノナレバ郡長ノ命ヲ承ケ郡ノ行政事務ニ從事スルナリ

第七十八條　委員ハ郡長ノ指揮監督ヲ承ケ財産若ハ營造物ヲ管理シ其ノ他郡行政事務ノ一部ヲ調査シ又ハ一時ノ委託ニ依リ事務ヲ處辨ス

委員ハ郡參事會ガ名譽職《メイヨショク》參事會員中ヨリ選擧スルモノナリ此ノ委員ハ如何《イカ》ナル職務ヲ行フモノナリヤト云フニ郡長ノ指揮監督ヲ受ケ郡ノ財産若クハ營造物ニ付テ之ガ保管ヲ爲シ又ハ郡ノ行政即チ施政《シセイ》事務《ジム》ノ一部ヲ調査《テウサ》シ又ハ一時郡ノ行政事務ニ付キ郡長ノ委託ヲ受ケテ處辨スルノ任アルモノトス是レ郡ノ財産若ハ營造物ノ保管ハ最モ重要ノ事務ナルヲ以テ名譽職參事會員ノ如キ信用アル者ヲシテ其ノ任ニ當ラシメタルモノナリ

第七十九條　郡ノ事務ニ關スル處務規程ハ郡長之ヲ定ム

郡ノ事務ニ關スル處務規定トハ即チ郡ノ行政上ノ事務ノ手續ヲ規定シタルモノナリ而シテ此ノ手續ハ郡長ニ於《オヒ》テ之ヲ定ムルモノトスルハ郡長ハ郡ヲ統轄《トウカツ》スル權アルモノニシテ且ツ此等ノ細目ノ事項ニ至テハ固ヨリ他ヨリ之ヲ規定シテ付與スルコト能ハザルモノナレバナリ

第三款　給料及給與

第八十條　有給郡吏員ノ給料額竝旅費額及其ノ支給方法ハ府縣知事ノ許可ヲ得テ郡長之ヲ定ム

給料《キウレウ》トハ其ノ職務ニ對スル月給《ゲツキウ》ナリ給與トハ旅費《リヨヒ》日當其他退隱料退職給與金遺族《イゾク》扶助料等ノ如ク實費又ハ恩典ヨリ支給セラルヽモノナリ

有給即チ給料ヲ受クル郡吏員ノ給料額竝旅費額及其支給方法即チ旅費ノ如キ或ハ里數ニ付テ或ハ逗留《トウリウ》ノ日數ニ依リ若クハ車馬《シヤバ》宿泊《シユクハク》等ニ付テ之ヲ定メルコトハ府縣知事ノ許可ヲ得テ郡長之ヲ定ムルモノトス

第八十一條　郡會議員名譽職參事會員其ノ他名譽職員ハ職務ノ爲要スル費用ノ辨償ヲ受クルコトヲ得

費用辨償額及其ノ支給方法ハ郡會ノ議決ヲ經府縣知事ノ許可ヲ得テ郡長之ヲ定ム若之ヲ許可スヘカラスト認ムルトキハ府縣知事之ヲ定ム

職務ノ爲メ要スル費用《ヒヨウ》トハ職務ヲ行フ上ニ於テ必要《ヒツエウ》ナル費用即チ例《タト》ヘバ他府縣ニ出張スル場合ノ如ク旅費其他職務ニ付テ必要ナル物品ヲ購求スル等ノ實費ヲ云フ郡會議員名譽職參事會員其他《ソノタ》ノ名譽職員ハ此等ノ費用ハ辨償《ベンシヤウ》ヲ請求スルコトヲ得ルモノトス

右費用ノ辨償額及其ノ支給方法ヲ定ムルニハ郡長隨意ニ定ムルコトヲ得ズ郡會ノ議決ヲ經府縣知事ノ許可ヲ得テ郡長之ヲ定メルコトヽス而シテ郡長ノ定メタルモノガ不適當ト認《ミト》ムルトキハ府縣知事之ヲ定《サダ》ムルモノトス蓋《ケダ》シ郡會議員及郡參事會員等ハ郡長ノ指揮ヲ受ケテ郡ノ行政事務ニ從事スルモノニアラザルヲ以テ斯ク鄭重ヲ要シ郡長ノ專決ニ任セザルナリ

第八十二條　有給郡吏員ノ退隱料退職給與金遺族扶助料及其ノ支給方法ハ郡會ノ議決ヲ經內務大臣ノ許可ヲ得テ郡長之ヲ定ム若許可スヘカラスト認ムルトキハ內務大臣之ヲ定ム

退隱料トハ一定ノ年限間公職《コウシヨク》ニ服《フク》シ退職ノ上他ノ業務《ゲフム》ヲ爲スコト能ハズシテ其身ノ終ルマデ給與スベキ性質ノモノニシテ恩惠上ニ出デタルモノナリ退職給與金トハ退隱料トハ少シク其ノ性質《セイシツ》ノ異《コト》ナル所アリ勤務上功勞《コウロウ》アル者ナレドモ退職セシムベキ事情アリテ退職セシムルモノナレバ前途ノ生計上ヲ斟酌シテ恩惠ヲ以テ之ヲ給與スルモノナリ此ノ二者ノ異ナル所ハ前者ハ養老ノ塲合ニアレドモ後者ハ必ズシモ養老ノ塲合ニアラズ年少者ト雖モ之ヲ給與《キフヨ》スルコトアリ而シテ其ノ功勞ニ酬《ムク》ユル所ハ孰《イツ》レモ同一ニ出ヅルナリ

遺族扶助料ハ職務ノ爲メニ倒レタル者ノ家族ニ其ノ生計ヲ扶助スル爲メニ支給スルモノナリ若シ此ノ扶助料ナキトキハ遺族ノ者ガ糊口ヲ爲ス能ハザル等ノ事情アル者ニ限ルナリ此等ノ者ニ恩典ヲ設クルハ其職務ニ忠節ナル者ヲ賞シ尚ホ後進者即チ他ノ官吏吏員ヲ奬勵《シヤウレイ》セシムルノ主意《シユイ》ナルベシ而シテ此ノ支給方法ハ郡會《グンクワイ》ノ議決ヲ經内務大臣ノ許可ヲ得テ郡長之ヲ定ムルモノトス郡長ノ定ムル所ノ方法ニシテ内務大臣ニ於テ之ヲ許スベカラズトスル者ハ内務大臣自カラ之ヲ定ムルナリ

第八十三條　退隱料退職給與金遺族扶助料及費用辨償ノ給與ニ關シ異議アルトキハ之ヲ郡長ニ申立ツルコトヲ得

前項ノ異議ハ之ヲ郡參事會ノ決定ニ付スヘシ其ノ決定ニ不服アル者ハ府縣參事會ニ訴願シ其ノ裁決ニ不服アル者ハ行政裁判所ニ出訴スルコトヲ得

前項ノ決定及裁決ニ關シテハ府縣知事郡長ヨリモ亦訴願及訴訟ヲ提起スルコトヲ得

退隱料退職給與金遺族扶助料及ビ郡參事會員等ノ名譽職ニ支給スル費用辨償ニ付テ異議アルトキハ其ノ給與額《キフヨガク》ニ付テ或ハ少額ナル場合等ニ異議《イギ》ヲ申立ツルモノナリ此ノ異

議ハ郡長ニ申立ツルコトヲ得ルモノトス而シテ其ノ申立テハ遺族扶助料ノ場合ノ外ハ吏員其他ノ本人ヨリ之ヲ申立ツベシ

此ノ異議ハ之ガ申立アリタルトキハ郡參事會ノ決定ニ付スベク而シテ給與金ヲ受クル者ニ於テ其決定ニ不服《フク》アルトキハ必ズ服從《フクジユウ》スベキモノニアラズ飽《アク》マデ其權利《ソノケンリ》ヲ主張スルコトヲ得ベキナリ其主張スルニハ先ヅ府縣參事會ニ訴願シ府縣參事會ノ裁決ニモ不服アル者ハ之ヲ行政裁判所ニ出訴スルコトヲ得ルモノトス

右決定及裁決ニ關《クワン》シテハ府縣知事郡長ヨリモ訴願《ソグワン》及訴訟ヲ提起《テイキ》スルトキヲ得セシムルナリ

第八十四條 給料旅費退隱料退職給與金遺族扶助料費用辨償其ノ他諸給與ハ郡ノ負擔トス

吏員及ビ名譽職ハ郡ノ行政上ニ其ノ職務ヲ行フベキモノナレバ此等ノ者ニ付テ生ズベキ費用《ヒヨウ》ハ總テ郡ノ負擔《フタン》トスルハ當然ナリ是《コ》レ郡ハ自治制度ナレバナリ自己《ジコ》ノ費用ハ自身之ヲ支辨スルト一般ナリ

第五章　郡ノ財務

第一款　財産營造物及郡費

郡ニハ財產アリ即チ動產不動產及營造物ヨリ生ズル收入ハ之ヲ郡ノ財產トス郡費トハ郡ノ行政上ニ其他公共事業ニ要スル費用ヲ云フ此等ノ財產及ビ郡費ニ付テノ事務ヲ財務トス本章《ホンシヤウ》ハ即チ此等ノ財產《ザイサン》ニ關スル事務《ジム》ヲ行フニ付テノ規定ナリ

第八十五條　郡ハ積立金穀等ヲ設クルコトヲ得

財產《ザイサン》ヲ作ルニハ貯蓄《チヨチク》法ヲ設ケザルベカラズ而シテ貯蓄法ハ金錢米穀等《キンセンベイコクトウ》ヲ積立溢リニ費サザルニアリ何ゾ多辨ヲ費スヲ要センヤ

第八十六條　郡ハ營造物若ハ公共ノ用ニ供シタル財產ノ使用ニ付使用料ヲ徵收シ又ハ特ニ一個人ノ爲ニスル事務ニ付手數料ヲ徵收スルコトヲ得

郡ハ營造物即チ學校病院水道等若ハ公共ノ用ニ供シタル財產例ヘバ道路河岸地ヲ使用セシメタルガ如シ此等《コレラ》ノ物ヲ使用《シヨウ》セシメタルトキハ其ノ使用料ヲ取立《トリタ》テ又ハ特ニ一個人ノ爲メニスル事務即チ印鑑ヲ付與シ免許料ヲ徵收スルガ如シ此等ノ物ハ郡ノ財源ニシテ即チ郡ノ財產ヲ作ルベキ事務ナルベキナリ

第八十七條　此ノ法律中別ニ規定アルモノヲ除ク外使用料手數料ニ關スル細則ハ郡會ノ議決ヲ經府縣知事ノ許可ヲ得テ郡長之ヲ定ム

其ノ細則ニハ過料二圓以下ノ罰則ヲ設クルコトヲ得

過料ニ處シ及之ヲ徴收スルハ郡長之ヲ掌ル其ノ處分ニ不服アル者ハ府縣參事會ニ訴願シ其ノ裁決ニ不服アル者ハ行政裁判所ニ出訴スルコトヲ得

前項ノ裁決ニ關シテハ府縣知事郡長ヨリモ亦訴訟ヲ提起スルコトヲ得

此ノ法律中別ニ規定アルモノヲ除クノ外前條ニ規定スル營造物又ハ公共ノ用ニ供シタル財産ノ使用料及ビ一己人ノ爲メニスル事務ノ手數料ニ關シテハ別ニ其細則ナルモノヲ設《マウ》ケ之ヲ郡會ノ議決ヲ經テ府縣知事ノ許可《キヨカ》ヲ得テ郡長之ヲ定ムルコトヽス而シテ其ノ細則《サイソク》ニハ制裁《セイサイ》即チ過料二圓以下ノ罰則《バツキン》ヲ設クルコトヲ得ルナリ凡《オヨ》ソ徴收《チヤウシウ》ニハ此等ノ制裁ヲ設ケザレバ之ヲ納付セザルモノアレバナリ若シ之ヲ納付セザル者アルモ本條ノ規定ナキトキハ之ヲ奈何トモスルコト能ハザレバナリ

過料《クワレウ》ニ處シ及其過料ヲ徴收スルハ何人ノ任ナリヤト云ハヽ郡長《グンチヤウ》ニ於テ之ヲ掌《ツカサド》ルモノトス而シテ郡長ノ處分ニ不服アル者ハ府縣參事會ニ訴願シ尚ホ府縣參事會ノ議決ニ不服アル者ハ行政裁判所ニ出訴スルコトヲ得ルモノトス

第八十八條　郡ハ其ノ公益上必要アル場合ニ於テハ寄附若ハ補助ヲ爲スコトヲ得

公益《コウエキ》トハ郡若ハ府縣一般ノ利《リ》益《エキ》トナルコトヲ云フ其ノ公益上必要《コウエキジヤウヒツエウ》ト認《ミト》メタル場合ニ於テハ金穀其他ノ財產ヲ無償即チ之ガ爲メニ代價ノ辨償ヲ受クルコトナクシテ處分即チ贈與《ソウヨ》スルナリ又補助《ホジヨ》即チ公益ヲ起《オコ》スニ付テ其ノ費用ノ不足《フソク》ナル場合ニ之ガ幾分《イクブン》ヲ補ヒ其ノ成功ヲ助クルヲ云フ郡ハ公益上必要ナル場合ニハ寄附又ハ補助ヲ爲スコトヲ得ルナリ此等ノ行爲ハ公益事業ヲ奬勵スルノ方法ナレバ之レガ規定ヲ設ケタル所以ナリ然レドモ郡ノ財產ヲ處分スルモノナレバ本條ノ規定ナケレバ之ヲ爲スコトヲ得ザルガ故ナリ

第八十九條　郡ハ其ノ必要ナル費用及法律勅令ニ依リ郡ノ負擔ニ屬スル費用ヲ支辨スル義務ヲ負フ

前項ノ負擔ハ財產ヨリ生スル收入及其ノ他ノ收入ヲ以テ充ツルモノヽ外之ヲ郡內各町村ニ分賦スヘシ

郡ノ費用《ヒヨウ》ニ必要ナルモノト隨意《ズイイ》費用トアルハ猶《ナ》ホ事務ニ必要事務《ヒツエウジム》隨意事務トアルガ如シ隨意事務必要事務ノコトハ前ニ述ベタレバ茲ニ之ヲ贅セズ而シテ必要費トハ吏員ノ

給料郡ノ負擔ニ屬スル必要ノ支出ノ如シ隨意費トハ郡ノ祭禮費ノゴトキモノヲ云フナリ郡ハ此等ノ費用ヲ支辨スル義務ヲ負フモノトス既ニ之ヲ義務トス必ズ之ヲ支辨セザルベカラズ

而シテ其ノ負擔ハ郡ノ財產ヨリ生ズル即チ營造物使用料等ヨリ收入スルモノ及ビ其他ノ收入ヲ以テ支辨シ之レニテ不足スル處ハ郡内各町村費トシテ町村ニ分割シテ之ヲ賦課徵收スベシトス

第九十條　郡費分賦ノ割合ハ其ノ豫算ノ屬スル年度ノ前前年度ニ於ケル各町村ノ直接國稅府縣稅ノ徵收額ニ依ル但シ本條ノ分賦方法ニ依リ難キ事情アルトキハ郡長ハ郡會ノ議決ヲ經内務大臣ノ許可ヲ得テ特別ノ分賦方法ヲ設クルコトヲ得

郡費分賦ノ割合《ワリアヒ》即チ前條ニ依リ郡費ヲ町村ニ分賦《ブンプ》スル割合ハ其豫算ノ屬《ゾク》スル年度例ヘバ明治三十二年度ノ豫算ニヨリ收入支出ヲ爲ス年度ノ前々即チ明治三十年度ニ於ケル各町村ノ直接國稅府縣稅《チヨクセツコクゼイフケンゼイ》ノ徵收ノ額ヲ基礎《キソ》トシテ分賦スルモノトス然レドモ非常ノ支出ヲ要スル等ノ事情アリテ收入ヲ增額スル場合ニハ其分賦方法ニ依ルコト能ハズ此ノ場合ニハ郡長ハ郡會ノ議決ヲ經テ内務大臣ノ許可ヲ得特別ノ分賦方法ヲ設クルコトヲ

得ルナリ

第九十一條　郡内ノ一部ニ對シ特ニ利益アル事件ニ關シテハ内務大臣ノ定ムル所ニ依リ不均一ノ賦課ヲ爲スコトヲ得

郡内ノ一部ニ關シテ特《トク》ニ利益《リエキ》アル事件例ヘバ郡ノ一部又ハ土地《ドチ》ノ一部ニ對《タイ》シテ利益アル營造物又ハ水道ノ如キモノアルトキハ之ニ關スル修繕費保存費等ハ郡ノ一部ノ使用者ヨリ之ヲ徵收セザルベカラズ是レ一方ノミニ利益アルモノニ對シ其ノ利益ヲ受ケザルモノニモ之ガ費用ヲ賦課スルハ不公平ナルコトナリ依テ此等ハ内務大臣ノ定ムル所ニ依リ不均《フキン》一ノ賦課《フクワ》ヲ爲スコトヲ得ルモノトス不均一トハ利益《リユキ》ヲ受クル者モ之ヲ受ケザル者ニモ平分セズシテ利益アル者ノミニ賦課スルヲ云フナリ

第九十二條　郡ハ其ノ必要ニ依リ夫役及現品ヲ郡内一部ノ町村ニ賦課スルコトヲ得但シ學藝美術及手工ニ關スル勞役ヲ課スルコトヲ得ス

夫役及現品ハ急迫ノ場合ヲ除ク外金額ニ算出シテ賦課スヘシ

夫役又ハ現品ヲ賦課セラレタル町村ハ急迫ノ場合ヲ除ク外金錢ヲ以テ之ニ代フルコトヲ得

夫役及ビ現品ヲ賦課スルハ一部ノ利益ノ爲メニ設ケタルモノニシテ金錢ヲ賦課スルヨリ寧《ムシ》ロ之ヲ賦課《ブクワ》スルノ利益《リエキ》アルヲ以テナリ即チ例ヘバ道路《ダウロ》ノ修繕橋梁《シウゼンケウリヤウ》ノ架設《カセツ》修繕ヲ爲スガ如キ塲合ナリ又水災火災ヲ防禦スルガ如キ公共ノ安寧ヲ維持スル塲合ノ如キ至急ヲ要スルトキハ最モ便利ナリト云フベシ而シテ之ヲ賦課スベキハ其ノ事件ガ郡内ノ一部ニ生ゼル塲合ナルヲ以テ其ノ生ゼル一部ノ町村ニノミ賦課スベキモノタルコトハ明カナリ

又夫役ナルモノハ勞力《ラウリヨク》ヲ賦課スルノ主意《シウイ》ナルガ故ニ智識《チシキ》ヲ要《エウ》スル學藝意匠《イシヤウ》ニ屬《ゾク》スル美術及ビ稽古ヨリ成ル手工ニ關スル勞役ハ之ヲ課スルコトヲ得ザルナリ

夫役ハ一人ノ勞力何程ト見積リ其總額ヲ住民各自ヨリ納ムルニ於テハ何程ヅヽ納ムヘキヤヲ定ムルハ割出方法ニ於テモ便利トスレバ金錢算出ヲ爲スモ之ヲ夫役ト云フナリ而シテ其納税高《ソノノウゼイダカ》ヲ以テ人夫工業者ヲ擇《エラ》ンデ修繕架設等《カセツトウ》ヲ爲サシムルノ必要ナク大ニ便利ナルベシ然レドモ其工事等ガ天災即チ水災震災等ニヨリ急迫ナル塲合ハ直ニ之ガ招集ヲ爲ス方却テ便利ナル塲合ニアリテハ金錢ニ算出セズシテ賦課スベキナリ現品《ゲンピン》ニ於テモ亦然リ而シテ實際《ジツサイ》ニ於テハ夫役ニ於《オ》ケルガ如ク金錢ヲ以《モツ》テ算出スベキナリ然レドモ反テ算出方法ニヨラザル賦課ヲ爲ス方好都合ニシテ急迫ノ塲合ニ適當ナル

ニ於テハ現品其物ヲ賦課スベシ故ニ夫役現品ヲ賦課スルハ正則ニシテ金錢ニ算出シテ賦課スルハ變則ナレドモ法律ハ金錢算出ヲ正則ト爲シタルナリ

前《マヘ》ニモ述ベタル如《ゴト》ク夫役現品《フエキゲンピン》ヲ賦課スルハ急迫《キフハク》ノ場合ヲ便利《ベンリ》トスレドモ其他ノ場合《バアヒ》ハ必ズシモ夫役及現品ヲ賦課スルノ必要ナク否寧金錢ヲ納ムル方利益ナリトス而シテ夫役ヲ課セラレタル者ハ自身必ズ夫役ニ當ルベシトセズ適當ナル代人ヲ出スコトモ勝手ナルベシ然ラバ則チ代人ヲ出シ急迫ノ場合ノ外金錢ヲ以テ夫役ニ代ヘルコトノ便宜ヲ與ヘタルナリ

第九十三條　使用料手數料ノ徵收ニ關シ告知ヲ受ケタル者其ノ告知ニ違法若ハ錯誤アリト認ムルトキハ告知書ノ交付後三箇月以内ニ郡長ニ異議ノ申立ヲ爲スコトヲ得

郡費ノ分賦ニ關シ町村ニ於テ其ノ分賦ニ違法若ハ錯誤アリト認ムルトキハ其ノ告知ヲ受ケタル時ヨリ三箇月以内ニ郡長ニ異議ノ申立ヲ爲スコトヲ得

前二項ノ異議ハ之ヲ郡參事會ノ決定ニ付スヘシ其ノ決定ニ不服アル者ハ府縣參事會ニ訴願シ其ノ裁決ニ不服アル者ハ行政裁判所ニ

出訴スルコトヲ得
前項ノ決定及裁決ニ關シテハ府縣知事郡長町村吏員ヨリモ亦訴願及訴訟ヲ提起スルコトヲ得

使用料手數料ノ徵收ハ郡ノ財務《ザイム》ナリ而シテ之ヲ徵收スルニハ之ガ告知《コクシ》ヲ爲サヽルヘカラズ其ノ告知ヲ受ケタル者ニ於テ其ノ告知ニ不當ナル所アルカ又ハ其額ニ錯誤アリト認ムルトキハ其ノ告知書ヲ受ケタル日ヨリ三ケ月以內ニ郡長ニ異議ノ申立ヲ爲スコトヲ得ルモノトス是《コ》レ行政上《ギヤウセイジヤウ》ノ過失《クワシツ》ニ服從《フクジウ》スベキモノニアラザレバナリ
郡費ヲ町村ニ分賦スルコトヲ得ルハ前ニ其ノ規定ヲ見タリ此ノ分賦ニ關シテ町村ニ於テ分賦ガ違法《イハフ》若ハ錯誤《サクゴ》アリト認《ミト》ムルトキハ是亦其ノ告知ヲ受ケタル日ヨリ三ケ月以內ニ郡長ニ異議ノ申立ヲ爲スコトヲ得ルモノトス
右二項ノ異議ヲ郡長ニ爲シタルトキハ之ヲ郡參事會ノ決定ニ付スベシ其決定ニ不服アル者ハ尚ホ府縣參事會ニ訴願シ其裁決ニモ不服アル者ハ行政裁判所ニ出訴スルコトヲ得ルモノトス
前項《ゼンコウ》ノ決定及裁決ニ關シテハ府縣知事郡長又ハ町村長吏員《チヤウソンチヤウリヰン》ヨリモ亦訴願《ソクワン》及訴訟ヲ提起スルコトヲ得ベシトス是レ其裁決ノ公平ヲ保タシメンガ爲メニ當事者即チ其徵收ヲ受

クル者ノミニ委ネザル所以ナリ

第九十四條　使用料手數料過料其ノ他郡ノ收入ヲ定期內ニ納メサル者アルトキハ國稅滯納處分ノ例ニ依リ之ヲ處分スヘシ

本條ニ記載スル徵收金ハ府縣ノ徵收金ニ次テ先取特權ヲ有シ其ノ追徵還付及時效ニ付テハ國稅ノ例ニ依ル

本條第一項ノ場合ニ於テ町村吏員ノ處分ニ不服アル者ハ郡參事會ニ訴願シ其ノ裁決又ハ郡長ノ處分ニ不服アル者ハ府縣參事會ニ訴願シ其ノ裁決ニ不服アル者ハ行政裁判所ニ出訴スルコトヲ得

前項ノ裁決ニ關シテハ府縣知事郡長町村吏員ヨリモ亦訴願及訴訟ヲ提起スルコトヲ得

本條第一項ノ處分ハ其ノ確定ニ至ルマテ執行ヲ停止ス

國稅滯納處分法《コクセイタイノウシヨブンハフ》トハ國稅ヲ納付《ナウフ》スベキ者ガ之ヲ納ムルコトヲ怠《オコタ》リタル場合ノ處分法ナリ此ノ法律ハ其ノ滯納者ハ公賣處分ヲ受ケテ徵收セラル丶ナリ依テ本條ニ規定スル使用料手數料過料其ノ他郡ノ收入ヲ其期限內ニ納メザル者アルトキハ國稅怠納處分法ニ定ムル例ニ依《ヨ》リテ之ヲ處分スベシトス而シテ本條ニ記載《キサイ》スル過料《クワレウ》トハ使用料手數料ニ

關スル細則等ニ於テ定メタルモノニシテ是々ノ規定ニ違犯シタルトキハ何程ノ過料ヲ科スベシト規定シアルモノニシテ此過料ニ付テモ亦同ジク國税怠納處分法ニ依リテ徵收セラルヽナリ

本條ニ記載スル徵收金ハ府縣ノ徵收金ニ次デ先取特權ヲ有セシメタリ府縣ノ徵収金トハ府縣税ノ如キモノヲ云ヒ其府縣税ヲ徵収シタル次ニ之ヲ納メシムルナリ而シテ先取特權トハ他ノ者ヨリ先キニ之ヲ取得スルノ謂ヒナリ故ニ本條ニ記載スル徵収金ハ國及府縣ノ徵収金ノ次ニ取得スルノ權アルモノトスルナリ尚ホ先取特權ノ語ハ民法及ビ其他ノ法律《ハフリツ》ノ規定《キテイ》ニヨリテ其債務者《ソノサイムシヤ》ノ財産《ザイサン》ニ對シテ他ノ債權者ニ先《サキ》ダチテ自己ノ權利ノ辨濟ヲ受クルノ權利ヲ有スルニ付テ多ナ使用スルモノナリ

納税ニ不足アリテ後日《ゴジツ》ニ之ヲ追徵即チ納付《ナフフ》セシメ或ハ過分《クワブン》ニ取立タルモノハ後日之チ知リタルトキ之ヲ納付者ニ還付スベキハ勿論ナリ而シテ追徵及ビ還付ノ時効即チ一定ノ年限ニヨリ其ノ義務ヲ免ガルヽコトモ亦國税怠納處分法ノ例ニ依ルナリ

本條第一項ノ場合ニ於テ其徵収處分《チヤウシウシヨブン》ニ付テ不服アル者ハ訴願訴訟《ソグワンソシヤウ》チ許シタルナリ即先ヅ郡參事會ニ訴願シ其裁決又ハ郡長ノ處分ニ不服アル者ハ府縣參事會ニ訴願スベク其府縣參事會ノ裁決ニ不服アルニ於テハ行政裁判所ニ出訴スルコトヲ得ルナリ

本條第一項ノ處分即チ國稅怠納處分法ニヨリ處分スルコトハ其裁決ガ確定ニ至ルマデ處分ヲ爲スコトヲ得ザルナリ何トナラバ一旦處分ヲ爲シタルトキハ舊ニ復スルコトヲ得ズシテ其ノ處分ヲ受《ウ》ケタル者ハ迷惑《メイワク》ヲ蒙《カウム》ルヲ以テナリ是レ果《ハタ》シテ府縣知事郡長町村吏員ノ處分ガ正當ナルヤハ豫メ之ヲ認ムルコトヲ得ザレバナリ

第九十五條　郡ハ其ノ負債ヲ償還スル爲又ハ郡ノ永久ノ利益ト爲ルヘキ支出ヲ要スル爲又ハ天災事變等ノ爲必要アル場合ニ限リ郡會ノ議決ヲ經テ郡債ヲ起スコトヲ得

郡債ヲ起スニ付郡會ノ議決ヲ經ルトキハ併セテ起債ノ方法利息ノ定率及償還ノ方法ニ付議決ヲ經ヘシ

郡ハ豫算内ノ支出ヲ爲ス爲本條ノ例ニ依ラス郡參事會ノ議決ヲ經テ一時ノ借入金ヲ爲スコトヲ得

郡債《グンサイ》トハ郡ガ公債即チ債權者《サイケンシャ》ヲ募《ツノ》リテ負債《フサイ》ヲ爲スヲ云フ而シテ之ヲ爲スニハ濫《ミタ》リニ起スコトヲ得ズ即チ舊ノ負債ヲ償還スル爲メニ郡債ヲ是スコトアリ是レ舊負債ハ利息ノ高《タカ》キモノナレバ利息ノ減少《ゼンセウ》ナル新債《シンサイ》ヲ起スハ郡ノ經濟上利益《ケイザイジヤウリエキ》ナレバナリ其他郡ノ永久ノ利益ト爲ルベキ支出ヲ要スル爲メ即チ郡ニ永久利益ヲ受クベキ事業アラバ郡債ヲ起

シテモ之ヲ爲スヲ利益トスルトキハ郡債ヲ起シ又ハ天災時變等ノ爲メ俄ニ工事ヲ起サヾルベカラザル場合ノ如キハ止ヲ得ザルヲ以テ郡債ヲ起スコトヲ得ルナリ何レノ場合ニモ郡會ノ議決ヲ經ズシテ之ヲ爲スコトヲ得ザルナリ

郡債《グンサイ》ヲ起スニ付キ議決ヲ爲ストキハ單《タン》ニ郡債ヲ起《オコ》スノ利不利ヲ議決スルノミナラズ併セテ同時ニ其ノ方法利息ノ定率即チ年何朱トカ何歩トカノ割方及ビ之ヲ償還スルニハ如何ニシテ即チ何ケ年ニ返還スベキヤトカ其ノ細目議決セザルベカラズ否ラザレバ折角ノ郡債モ其ノ目的《モクテキ》ノ利益ヲ失《ウシナ》ヒ却《カヘツ》テ郡ノ不經濟トナリテ大ニ救濟《キウザイ》ノ道ニ困難《コンナン》スコトアルニ至ルベシ

本條末項ハ豫算ニヨリテ定メタル支出ヲ爲スニ困難ヲ來タシタル場合ニ於テ一時借入金ヲ爲スコトヲ得ル場合ヲ規定シタリ而シテ一時ト云フ永久ニ渉ルベキモノニアラザルモノナレバ前項ノ如キ方法ニ依ルニアラザルナリ

第二款　歳入出豫算及決算

第九十六條　郡長ハ毎會計年度歳入出豫算ヲ調製シ年度開始前郡會ノ議決ヲ經ヘシ

郡ノ會計年度ハ政府ノ會計年度ニ同シ

豫算ヲ郡會ニ提出スルトキハ郡長ハ併セテ財產表ヲ提出スヘシ

地方團体《チハウダンタイ》ニ於テモ官府トシテノ郡ニ於《オイ》テモ行政上ニハ歲入歲出ノ豫算《ヨサン》ヲ調製《セイセイ》スベキハ所謂必要事務ニシテ必ズ之ヲ調製セザルベカラズ若シ之ヲ調製セザレバ監督上行政廳ハ强制豫算ノ方法又ハ原案執行ノ方法ヲ以テ命令ヲ發スルコトヲ得ルナリ即チ豫算ハ義務トシテ調製スベキナリ

而シテ豫算ハ何時《イツ》之ヲ調製《テウセイ》スベキヤト云フニ郡長ハ每年《マイチン》會計年度ニ於テ之ヲ調製シ年度開始前即チ例ヘバ明治三十二年度ハ同年四月ヨリ開始スルモノナレバ同年三月マデニ郡會ノ議決ヲ經ベキナリ

郡ノ會計年度ハ政府ノ會計年度ニ同ジトス即チ政府ノ會計年度ハ四月ヨリ始マリ翌年三月ニ終ルモノトス

右豫算《ミギヨサン》ヲ調製《テウセイ》シ郡會ニ提出シテ議決ヲ經ントスルニハ郡長ハ財產表《ザイサンヘウ》ヲ提出《テイシユツ》スベシ財產ハ豫算ヲ議決スルニ資料ト爲リ大ニ參考ト爲ルベキヲ以テナリ而シテ此ノ財產ハ每年增減アルベキヲ以テ其會計年度開始前ニアリテ調製スルモノトス

第九十七條　郡長ハ郡會ノ議決ヲ經テ既定豫算ノ追加若ハ更正ヲ爲スコトヲ得

豫算ナルモノハ元確定シタルモノニアラザレバ後動クコトアルベキハ當然ナリ或ハ費途ノ增加スルコトアリ或ハ物價ノ高低ニ依リ增額スルコトアルガ如シ此等ノ場合ハ其ノ豫知難《ヨシガタ》キ費途《ヒト》ヲ其儘《ソノマヽ》ニシ物價ノ騰貴《トウキ》ニヨリ增額シタルモノヲ初メ豫算ノ儘《マヽ》ニテ濟スコト能ハザレバ之ガ追加ヲ爲シ之ガ更正ヲ爲サヾルベカラズ而シテ假令少額ナリトモ追加更正ヲ爲スニハ必ズ郡會ノ議決ヲ經テ一旦既ニ定マリタル豫算ノ追加更正ヲ爲スベキナリ而シテ更止トハ既《ステ》ニ定マリタル豫算ヲ改《アラ》メルノ意ニシテ前ノ豫算《ヨサン》ヲ廢《ハイ》スルニ在ルナリ追加トハ費途《ヒト》ノ項目《コウモク》ヲ加ヘルニアレバ其儘前ノ豫算《ヨサン》ヲ用ユルナリ

第九十八條 郡費ヲ以テ支辨スル事件ニシテ數年ヲ期シテ施行スヘキモノ又ハ數年ヲ期シテ其ノ費用ヲ支出スヘキモノハ郡會ノ議決ヲ經テ其ノ年期間各年度ノ支出額ヲ定メ繼續費ト爲スコトヲ得

郡費ヲ以テ支辨スル事件ニシテ數年ヲ期シテ施行スベキモノ即チ其ノ事件ガ四五年モ後ニアラハレバ成功セザルモノヲ云フ又數年ヲ期シテ其ノ費用ヲ支出スベキモノトハ契約《ケイヤク》ニヨリ數年《スウネン》ノ後ニ其費用ヲ支出スベキモノヲ云フ此等ノモノハ郡會ノ議決ヲ經テ繼續費《ケイゾクヒ》ト爲スコトヲ得ルナリ是レ郡ノ經濟上經續費《ケイザイジヤウケイゾクヒ》ト爲スコト利益《リエキ》ナルノミナラズ一時ニ多額ノ支拂ヲ爲スハ大ニ困難ヲ感ズルコトアレバナリ而シテ繼續費ト爲サバ數年

ノ後五万圓ヲ一時ニ支拂フベキモノヲ假ニ五ケ年トシテ一ケ年ニ一万圓ヅヽ支拂フトキハ大ニ便利《ベンリ》ニシテ其ノ負擔《フタン》ニ易《ヤス》カラシムルナリ

第九十九條　豫算外ノ支出費ハ豫算超過ノ支出ニ充ツル爲豫備費ヲ設クヘシ但シ郡會ノ否決シタル費途ニ充ツルコトヲ得ス

豫算外ノ支出若ハ豫算超過ノ支出ハ之レアルベキコトハ固ヨリ覺悟セザルベカラズ然ラバ則チ此ノ場合ノ用意ナカルベカラズ此ノ用意ヲ名ケテ豫備費ト云フ豫備費ハ豫算ノ額何割何歩ト若歩合ヲ定メテ備ヘ置クヲ常トス而シテ此費ニ付テハ郡會ニ於テ費用支出ノ途ヲ否決シタルモノアリヲハ之ガ支出ヲ爲サヽルモノトス又此ノ費用ハ僅少ナルモノナラザルベカラズ若シ多額ナルトキハ豫備費《ヨビヒ》ヲ以テ到底《トウテイ》支出スルコト能《アタ》ハザルヲ以テ豫算ノ追加又ハ豫算ノ更正ヲ爲サヽルベカラズ只豫備費ハ郡會ノ否決セザリシ費途ナルニ於テハ郡會ノ議決ヲ要セズシテ隨意ニ支出ヲ爲スコトヲ得ベク但シ郡會ノ否決シタル費途ニ充ルコトヲ得ズ是レ本條但書アル所以ナリ

第百條　豫算ハ議決ヲ經タル後直ニ之ヲ府縣知事ニ報告シ並其ノ要領ヲ告示スヘシ

豫算ガ郡會ニ於テ議決《ギケツ》セラレヲ成立《セイリツ》シタルモノト雖モ直《タヾ》チニ之ヲ執行《シツカウ》スルコトヲ得ズ

必ズ其監督官タル府縣知事ニ報告シ並ニ其要領ヲ個人ニモ知ラシムル爲メ告示セザルベカラズ而シテ其ノ告示ハ單ニ要領ノミヲ以テスレバ足レリトス蓋豫算ハ必要事務ニシテ監督官《カントククワン》ノ强制《キヤウセイ》ヲ受クル程《ホド》ノモノナルヲ以テナリ

第百一條　郡長ハ郡會ノ議決ヲ經テ特別會計ヲ設クルコトヲ得

特別會計トハ其郡ノ一部分ニ關シテ特ニ財産ヲ有スルトカ營造物ヲ有スル等ノアルヨリ其一部分ヨリ收入スベク又支出ヲ爲スベキコトアル場合ニハ之ガ便宜上ニヨリ特別ナル會計《クワイケイ》ヲ設《マウ》クルコトヲ得ルモノトス然《シカ》レドモ郡長ニ於テ勝手《カツテ》ニ之ヲ設クルコトヲ得ズ郡會ノ議決ヲ經ルモノトス

第百二條　決算ハ翌翌年ノ通常會ニ於テ之ヲ郡會ニ報告スヘシ

郡長ハ決算ヲ郡會ニ報告スル前郡參事會ノ審査ニ付スヘシ若郡長ト郡參事會ト意見ヲ異ニスルトキハ郡長ハ郡參事會ノ意見ヲ決算ニ添ヘ郡會ニ提出スヘシ

決算ハ之ヲ府縣知事ニ報告シ並其ノ要領ヲ告示スヘシ

決算トハ實際支出《ジツサイシシユツ》シタル費用ヲ計算シ收入ト相對照《アヒタイセウ》シ相比較《アヒヒカク》シテ之ガ取調ヲ爲スヲ云フ故ニ前ニモ述ブルガ如ク豫算ヨリ決算ヲ重シトスベキナリ豫算ハ後チ動クコトアル

べキハ豫知スル所ナレドモ決算ニ於テハ實際ニ執行シタルモノナレバ決算ガ其ノ執行ト相違スルトキハ曖昧ニ付シ去ルコトヲ得ベキノ弊アルヲ以テナリ故ニ決算ハ之ヲ郡會ニ報告セザルベカラズ而シテ之ヲ報告スルニハ相當ノ猶豫ヲ與ヘ翌年ノ次ノ年ノ通常會ニ於テ爲スコト丶定メタルナリ是《コ》レ最《モツト》モ緻《チ》密《ミツ》ノ取調ヲ要《エウ》スルガ故《ユヘ》ナリ

決算ハ郡長ヨリ郡會ニ報告スル前ニ尚ホ審査ヲ爲ス爲メ之ヲ郡參事會ニ送リテ審査ヲ爲サシム而シテ郡參事會ノ審査ト郡長ノ意見ト異ナルトキハ郡參事會ノ意見ヲ亦郡會ニ送致《ソウチ》スベキナリ郡長ハ自己《ジコ》ノ決算ト共ニ之ニ參事會ノ意見《イケン》ヲ添付《テンプ》シテ之ヲ郡會ニ提出スベキモノトス決算ハ之ヲ府縣知事ニ報告ヲ爲シ並ニ同時ニ其決算ノ要領即チ肝要ナル大体ヲ一般人民ニ告示シテ明了ナルコトヲ知ラシムルナリ

第百三條　豫算調製ノ式並費目流用其ノ他財務ニ關スル必要ナル規定ハ内務大臣之ヲ定ム

豫算ヲ調製スルニハ一定ノ式アリテ其式ニ從ハザルベカラズ故ニ其式ハ内務大臣ニ於テ之ヲ定ムルモノトス其他《ソノタ》費《ヒ》目流用《モクリウヨウ》即チ豫算ノ費目中ニ融通《ユウヅウ》ニ使用スルコトヲ得ベキコトヲ定メ如何ナル費目ハ之ヲ流用スルコトヲ得ルコト其他財務ニ關スル必要ナル規定ハ内務大臣之ヲ定ムルモノトス是レ財務ハ地方制度ニ於テ重要ナルモノナレバ最上

監督官タル内務臣ノ定ムルコトヽシタル所以ナリ

第百四條 郡吏員ノ身元保證及賠償責任ニ關スル規定ハ勅令ヲ以テ之ヲ定ム

郡吏員ト雖モ悉ク身元保證ヲ立ツルモノニアラズ只財務ニ關スル郡吏員ノミ身元保證ヲ立テシムルナリ是レ財務ヲ取扱フ者ハ往々不都合ノ行爲アルヲ免レザルヲ以テナリ而シテ郡吏員ガ不都合ノ行爲アリタルトキハ其ノ身元保證金ヲ沒收シタル上尚ホ郡ニ損害アルトキハ其賠償ヲ爲サシメザルベカラズ此等ノ責任ニ關スル規定ハ最モ重大ニシテ且ツ一身上ニ關スル事ナルヲ以テ勅令ヲ以テ之ヲ定ムルモノトス

第六章　郡組合

第百五條 特定ノ事務ヲ共同處理セシムル必要アル場合ニ於テハ府縣知事ハ關係アル郡參事會ノ意見ヲ徵シ府縣參事會ノ議決ヲ經內務大臣ノ許可ヲ得テ郡組合ヲ設置スルコトヲ得郡組合ノ廢止若ハ變更ニ付テモ亦同シ

郡組合トハ獨立《ドクリツ》シタル數個《スウコ》ノ郡ガ郡ノ一般ノ事務《ジム》若《モシ》クハ特別ノ事務ヲ共同《キヤウドウ》ニ處理セシムガ爲メニ設クル所ナリ郡ノ一般事務ノ組合ハ沿革上ノ事情等ニヨリ合併シテ一郡ト爲

スコト能ハズ而《シカ》モ其資力《ソノシリヨク》各其ノ公務《コウム》ヲ處理スルノ負擔ニ堪《タ》ヘザルガ如《コト》キ場合ニ於テ各個獨立ノ郡トシ唯其事務ノミヲ共同ニ處理スルモノナリ郡ノ特別事務ノ組合ハ例ヘバ水利土功組合ノ如キ實際ノ便宜上或ル特別ノ事務ノミニ付テ共同シテ之ヲ處理スルモノナリ此場合ニ於テハ府縣知事ニ於テ其ノ關係ノ府縣參事會ノ意見ヲ求メ府縣參事會ノ議決ヲ經タル上且ツ監督官タル內務大臣ノ許可ヲ得タル上ニテ之ヲ設クルモノナリ而シテ郡組合《グンクミアヒ》ノ廢止《ハイシ》若ハ變更ニ付テモ同一《ドウイツ》ノ手續ヲ以テ其ノ廢止《ヘイシ》變更《ヘンカウ》ヲ爲スモノトス

第百六條　郡組合ヲ設置スルトキハ府縣知事ハ關係アル郡參事會ノ意見ヲ徵シ府縣參事會ノ議決ヲ經內務大臣ノ許可ヲ得テ郡組合會ノ組織事務ノ管理方法竝其ノ費用ノ支辨方法其ノ他必要ナル事項ヲ定ムヘシ

本條ハ郡組合ヲ設置《セツチ》スルトキ必要《ヒツエウ》ナル事項《ジコウ》ヲ定ムベキコトヲ示《シメ》シタルモノニシテ說明ヲ要セズ

第百七條　郡組合ハ法人トス

郡組合ニ關シテハ本章中規定スルモノヲ除ク外此ノ法律ノ規定ヲ準用ス但シ勅令ヲ以テ別段ノ規定ヲ設クルモノハ此ノ限ニ在ラス

法人トハ一ノ集合体ニ人格ヲ與ヘタル名稱ナリ郡ハ固法人ナリ法人數個組合シテ特別ナル事務ヲ爲ス是レ法人トスル所以ナリ而シテ郡組合ニ關シテハ如何ナル法律ノ規定ニ定ルベキヤト云フニ本章中規定スルモノヲ除ク外此ノ法律即チ郡制ヲ準用スルモノトス然《シカ》レドモ勅令《チヨクレイ》ヲ以テ別段ノ規定《キテー》ヲ設クルモノハ格別《カクベツ》ナリ

第七章　郡行政ノ監督

第百八條　郡ノ行政ハ第一次ニ於テ府縣知事之ヲ監督シ第二次ニ於テ内務大臣之ヲ監督ス

監督トハ行政上ニ不都合《フツガフ》ナキ樣常ニ注意《チウイ》ヲ加《クハ》ヘルコトニシテ俗ニ目付スルト云フニ同ジ故ニ此ノ監督官ハ何時ニテモ行政事務ノ調査ヲ爲スベキ權アリテ其ノ監督セラルヽ行政機關《ギヤウセイキクワン》ニ於テ油斷《ユダン》ヲ爲サズ注意ヲ爲サシムル爲メナリ而シテ郡ノ行政ハ第一項ニ於テ府縣知事之ヲ監督シ第二項ニ於テ内務大臣之ヲ督監スルモノトス是レ其ノ順序ナリ行政訴願及ビ行政訴訟《ギヤウセイソシヤウ》モ亦監督ノ一方法ナリ町村吏員ノ處分《シヨブン》ニ對《タイ》シテ訴願若クハ訴訟ヲ爲サントスル者ハ國ノ行政ニ關シテハ先ヅ郡長ニ訴願シ次ニ府縣知事ニ訴願シ終リニ内務大臣ニ訴願シ又ハ行政裁判所ニ出訴スルノ順序タリ但一タビ内務大臣ニ訴願シタル者ハ行政裁判所ニ出訴スルコトヲ得ズ町村ノ自治行政ニ關シテハ先ヅ郡參事會ニ訴

願シ次ニ府縣參事會ニ訴願シ終リニ內務大臣ニ訴願シ又ハ行政裁判所ニ出訴スルノ順序タルガ如シ

第百九條　此ノ法律中別段ノ規定アル場合ヲ除ク外郡ノ行政ニ關スル府縣知事ノ處分ニ不服アル者ハ內務大臣ニ訴願スルコトヲ得

此ノ法律ニ規定スル異議若ハ訴願ハ處分ヲ爲シ又ハ決定書若ハ裁決書ノ交付ヲ受ケタル翌日ヨリ起算シ十四日以內ニ之ヲ提起スヘシ但シ此ノ法律中別ニ期限ヲ定メタルモノハ此ノ限ニ在ラス

此ノ法律ニ規定スル行政訴訟ハ裁決書ノ交付ヲ受ケタル翌日ヨリ起算シ二十一日以內ニ之ヲ提起スヘシ

決定書若ハ裁決書ノ交付ヲ受ケタル者ニ關シテハ前二項ノ期間ハ告示ノ翌日ヨリ起算ス

行政裁判所ニ出訴スルコトヲ得ヘキ場合ニ於テハ內務大臣ニ訴願スルコトヲ得ス

此ノ法律ニ規定スル異議ノ決定ハ文書ヲ以テ之ヲ爲シ其ノ理由ヲ付スヘシ

前項異議ノ決定書ハ之ヲ申立人ニ交付スヘシ
此ノ法律ニ規定スル異議ノ申立若ハ訴願ノ提起ニ關スル期間ノ計算竝天災事變ノ場合ニ於ケル特例ニ付テハ民事訴訟法ノ規定ヲ準用ス
異議ヲ申立テ又ハ訴願訴訟ヲ提起スル者アルトキハ行政廳及行政裁判所ハ其ノ職權ニ依リ又ハ關係者ノ請求ニ依リ必要ト認ムル場合ニ限リ處分ノ執行ヲ停止スルコトヲ得

郡ノ行政ニ關スル府縣知事ノ處分ニシテ不當ナルコトアルトキハ此ノ郡制中別段ノ規定アルモノハ之ニ依リ其他ノ場合ハ內務大臣ニ訴願スルコトヲ得ルモノトス是レ前ニ述ベタル監督上《カントクジヤウ》ノ順序《ジユンジヨ》ニ依リタルモノニシテ而シテ此ノ規定《キテイ》ヲ設ケタルハ飽《アク》マデ不平者ニ權利ヲ主張スル道ヲ與ヘタルモノナリ

第二項ハ此法律即チ郡制ニ規定スル異議若クハ訴願ニ付テハ其處分ヲ為シ又ハ決定若ハ裁決書《サイケツシヨ》ノ交付ヲ受ケタル翌日ヲ起算点《キサンテ》トシテ十四日以內ニ之ヲ提起《テイキ》スベシ若シ其期間內ニ提起ヲ為サヾルモノハ其異議若ハ訴願ハ最早之レヲ為サザルモノト看做サレルナリ但シ此ノ法律中別ニ期限ヲ定メタルモノハ其ノ期限ニ依レバ右十四日ノ期間ニ依

ラザルナリ

又法律即チ郡制ニ於テ規定《キテイ》スル行政裁判所《ギヤウセイサイバンシヨ》ニ行政訴訟ヲ提起《テイキ》セント欲《ホツ》スルモノハ其處分決定書若クハ裁決書ノ交付ヲ受ケタル翌日ヨリ起算シ二十一日内ニ提起ヲ為サヽルニ於テハ其所分ニ服シ決定若クハ裁決ヲ至當ナリト為シタルモノト推定セラレ其所分又ハ決定ハ最早確定スルナリ

又決定書ヲ受ケ裁決書《サイケツシヨ》ヲ受ケタルモノニアリテハ前二項ノ規定ニヨリテ其所分《シヨブン》及決定裁決ヲ知ルベシト雖モ若シ此等ノ關係アル者ニシテ其所分及決定書裁決書ヲ受取ラザル者ハ未ダ受取ラザルノ理由ヲ以テ其所分決定裁決ノ効力確定スル時期ナシトスルトキハ際限ナキヲ以テ其ノ受取ラザル者ト雖モ一定ノ期限内ニ異議訴願及ビ行政訴訟ヲ提起《テイキ》セザルニ於テハ其効《ソノカウ》ナケレバ提起スベシト為シタル所以《ユエン》ナリ而シテ其期《ソノキ》間《カン》ハ到底各自ニ別ニ就テ知ラシムルコト能ハザルヲ以テ告示ヲ為スモノトス其告示ヲ為シタル翌日ヨリ起算シテ異議訴願ハ十四日間訴訟ハ二十一日ノ期間内ニ於テ之ヲ提起セザルベカラズ其ノ告示ヲ為シタルトキハ之ヲ知ラザリシト云フコトヲ得ズ是レ告示ハ一般ニ告《ツ》グルノ方法《ハウハフ》ナレバナリ

行政裁判所ニ出訴ヲ為サントスルトキハ己ニ數回ノ決定裁決ヲ經タルモノナルヲ以テ

内務大臣ニ訴願スルハ無益ノ手數ナルノミナレバ此場合ハ最早訴願ヲ爲スコトヲ許サヾルナリ

又此法律ニ規定シアル異議《イギ》ニ對《タイ》スル決定ハ言渡《イヒワタシ》ヲ爲スニアラズシテ文書《ブンシヨ》ヲ以テ尚ホ如何ナル理由ヲ以テ斯カル決定ヲ爲シタルカヲ知ラシムル爲メニ其理由ヲ付セザルベカラズ

前項異議ノ決定ハ必ズ之ガ異議ノ申立ヲ爲シタルモノニ交付セザルベカラザルナリ是レ其申立ヲ爲シタル者ニ交付セザレバ其交付ヲ受ケズトノ理由ヲ以テ本條第四項ノ場合ノ如キコトアレバナリ

此法律《コノハフリツ》ニ規定スル異議ノ申立若クハ訴願《ソクワン》ノ提起ニ關スル期間《キカン》ノ計算幷ニ天災時變《テンサイジヘン》ノ場合ニ於ケル特例即チ期間ノ延長等ニ付テハ民事訴訟法ノ規定ヲ準用スルコトヽセリ而シテ民事訴訟法ノ期間計算トハ同法第百六十五條乃至第百六十七條及第百七十四條第百七十五條ヲ準用スルガ如シ而シテ天災時變ノ場合ニ於ケル特例トハ水火風雨震災ノ如キ又ハ戰爭《センソウ》其他ノ事變《ジヘン》ノ如キ特例《トクレイ》ノコトヲ云ヒ此場合ハ總テ民事訴訟法《ミンジソシヤウハフ》第百七十四條第百七十五條ニ規定スルガ如シ次ニ異議ヲ申立テ又ハ訴願訴訟ヲ提起スルモノアルトキハ行政廳即チ内務省及ビ府縣ノ如キ若クハ行政裁判所ニアリテハ其職權ヲ以テ又

ハ關係者ノ請求スル所ニヨリテ必要ト認ムルトキハ其所分ノ執行ヲ停止スルコトヲ得セシメタリ若シ其停止ノ必要アルニモ拘ハラズ停止セラレザル爲メニ關係者ニ非常ノ迷惑《メイワク》ヲ生《シヤウ》ゼシムルガ如《ゴト》キハ本制ノ主旨《シユシ》ニアラザレバナリ

第百十條　監督官廳ハ郡行政ノ法律命令ニ背戾セサルヤ又ハ公益ヲ害セサルヤ否ヲ監視スヘシ監督官廳ハ之カ爲行政事務ニ關シテ報告ヲ爲サシメ書類帳簿ヲ徵シ竝實地ニ就キ事務ヲ視察シ出納ヲ撿閱スルノ權ヲ有ス

監督官廳ハ郡行政ノ監督上必要ナル命令ヲ發シ處分ヲ爲スノ權ヲ有ス

郡行政ヲ監督《カントク》スル官廳ハ如何ナル權利《ケンリ》アリテ如何ナル手續ヲ爲シテ監督《カントク》スルヤト云ハヽ郡ノ行政ガ法律命令ニ背戾セザルヤ否ヤ又ハ公益即チ廣ク一般ノ利益ヲ害セザルヤ否ヤ等ヲ監視スルニアリ而シテ尙ホ之ガ爲メ行政事務ニ關シテ報告爲サシメ書類帳簿ヲ出サシメ之レニ就ヒテ調査シ加之ナラズ實地ニ就キ即チ郡役所ニ到リ事務ノ執行ヲ視察シ會計事務等ヲ撿閱スルノ權ヲ有スルナリ

又監督《マタカンシ》ガ爲スノ權アルニ依リ其ノ監督上ノ事ニ就《ツイ》テハ必要《ヒツエウ》ナル命令《メイレイ》ヲ發シ尙ホ監督上

所分ヲ爲スノ權アルモノトス盖シ此等ノ權利ナクンバ監督ヲ爲スモ其ノ監督ニ依リ郡行政ノ法律命令ニ背戻シタル塲合ノ矯正ヲ爲スコトヲ得ズ且ツ其ノ適當ノ方針ヲ示スコトヲ得ザルナリ

第百十一條　監督官廳ハ郡ノ豫算中不適當ト認ムルモノアルトキハ之ヲ削減スルコトヲ得

豫算中不適當《フテキタウ》ト認《ミト》ムルモノトハ郡ノ行政《ギヤウセイ》ニ對《タイ》スル收入支出ヲ多額ナリト認《ミト》ムル塲合ヲ云フ此ノ塲合ニハ監督官廳ハ其ノ收入支出ノ額ヲ削減シテ少額ノ豫算ト爲スコトヲ得ルモノトス

第百十二條　內務大臣ハ郡會ノ解散ヲ命スルコトヲ得

郡會解散ノ塲合ニ於テハ三箇月以內ニ議員ヲ選擧スヘシ

解散後始メテ郡會ヲ招集スルトキハ郡長ハ第三十八條第二項ノ規定ニ拘ラス府縣知事ノ許可ヲ得テ別ニ會期ヲ定ムルコトヲ得

郡會ト雖モ之ヲ解散《カイサン》セシムルハ事重大ナルヲ以テ第一項ノ監督官廳《カントククワンチヤウ》タル府縣知事ニ於テモ解散ヲ命ズルコトヲ得ズシテ內務大臣ニノミ此ノ權利アルモノトセリ

郡會ヲ解散セシメタル以上ハ更ニ新ニ郡會ヲ組織セザルベカラズ其ノ期間ハ解散シタ

ルトキヨリ三ケ月以内ニ選擧セザルベカラズ
解散後《カイサンゴ》更《サラ》ニ選擧ヲ爲シテ初メテ郡會ヲ招集《セウシウ》スルニハ郡長ハ本制《ホンセイ》第三十八條第二項ニ依ル普通ノ郡會通常會臨時會ノ開期ニ拘ハラズ府縣知事ノ許可ヲ得テ別ニ會期ヲ定ムルコトヲ得ルノ便宜ヲ與ヘタリ

第百十三條　郡吏員ノ服務紀律ハ内務大臣之ヲ定ム

服務《フクム》規律《キリツ》トハ一言セバ官吏ノ品行《ヒンカウ》ヲ正《タヾ》シクスルノ謂ニシテ官紀振粛《クワンキシンシユク》セシムルニアルナリ即チ吏員ガ其職ニ在ル間ハ職務ヲ汚ス如キ行爲ヲ矯ムル爲メニ設ケタルモノナリ此ノ規律ニ違ヒタル者ハ相當ノ制裁アルベシ

第百十四條　左ニ掲クル事件ハ内務大臣ノ許可ヲ受クルコトヲ要ス

一　學藝美術又ハ歷史上貴重ナル物件ヲ處分シ若ハ大ナル變更ヲ爲ス事

二　使用料手數料ヲ新設シ増額シ又ハ變更スル事

本條ニ掲《カヽ》グル事件ハ國家ニ影響《エイキヤウ》ヲ及ボスベキ重要ノ事タルヲ以テ内務大臣ノ許可《キヨカ》ヲ得ルニ非ザレバ随意ニ郡ニ於テ或ハ處分シ變更スルコトヲ得ザルモノトス玆ニ其說明ヲ爲スベシ

一　學藝美術《ガクゲイビジユツ》又ハ歴史上貴重ナル物件《ブツケン》ヲ處分シ又ハ大ナル變更《ヘンカウ》ヲ爲ス事　例ヘバ宏《コウ》壯輪奐《ソウリンクワン》トシテ建築師ガ殊ニ美術ヲ研《ミガ》キテ建築シタル寺院堂宇《ジインドウウ》又ハ學藝ヨリ成ル所ノ事物等ニシテ我邦ノ歴史上ニ著名ナルモノヲ處分即チ賣買交換等ヲ爲シ又ハ大ヒナル變更ヲ爲シ古ノ學藝美術ヲ失フガ如キコトハ國家ノ歴史ニ關係シ沿革幷ニ國粹《コクスヰ》保存《ホゾン》ノ上ニ影響ヲ及ボスベキヲ以テ內務大臣ノ許可《キヨカ》ヲ受クルニアラザレバ之ヲ爲スコトヲ得ザルナリ

二　使用料手數料ヲ新設シ增額シ又ハ變更スル事　此等ノ行爲ハ國家ノ財源ヲ狹隘ナラシムルト郡ノ財產《ザイサン》ヲ組成スル上ニ於テ變動《ヘンドウ》ヲ生ズルヲ以テ是亦《コレマタ》國家《コクカ》重要《ヂウエウ》ノ事件タリ

第百十五條　郡債ヲ起シ竝起債ノ方法利息ノ定率及償還ノ方法ヲ定メ若ハ之ヲ變更スルトキハ內務大臣及大藏大臣ノ許可ヲ受クルコトヲ要ス但シ第九十五條末項ノ借入金ハ此ノ限ニ在ラス

郡債ヲ起シ之ヲ起ス方法利息ノ定率及ビ償還ノ方法ヲ定ムルハ郡ノ經濟ニ關スル事ナルヲ以テ內務大臣一人ノ許可ヲ受ケテ足レリトセズ大藏大臣ノ許可ヲモ受クベキコトヽシタリ而シテ內務大臣ノ許可ヲ受クルハ何ノ爲メ否必要アリヤト云ハヾ郡債ヲ起ス

モ仍ホ郡ノ施政即チ地方團体ノ制度上ニ關スルヲ以テナリ而シテ單ニ初メテ郡債ヲ起ス場合ニノミ限ラズ既ニ起シタル郡債ニ付テ變更スルコトアルトキニモ之ガ許可ヲ受クベキハ當初ニ許可ヲ受ケタルニ依ル當然ノ理ナリ然レドモ第九十五條ノ末項ノ借入金ハ此ノ限ニアラズ即チ許可ヲ受クルヲ要セズトセリ

第百十六條　左ニ掲クル事件ハ府縣知事ノ許可ヲ受クルコトヲ要ス

一　積立金穀等ノ設置及處分ニ關スル事

二　寄附若ハ補助ヲ爲ス事

三　不動産ノ處分ニ關スル事

四　第九十二條ニ依リ夫役及現品ヲ賦課スル事但シ急迫ノ場合ハ此ノ限ニ在ラス

五　繼續費ヲ定メ若ハ變更スル事

六　特別會計ヲ設クル事

本條ハ第一項ノ監督タル府縣知事ノ許可ヲ受ケザルベカラザル事件ナリ

一　積立金穀等ノ設置《セツチ》及處分ニ關《クワン》スル事　積立金穀ヲ爲ス郡ノ基本財産《キホンザイサン》ヲ貯蓄《チヨチク》スル事ニ屬シ及ビ其積立金穀ヲ處分即チ貸與スル等ノ事ハ重大ナレバナリ

二　寄附若ハ補助ヲ為ス事　是亦郡ノ財産ヲ處分スル行為ニ屬スルヲ以テ郡ノ随意ニ為スコトヲ得ザルナリ

三　不動産《フドウサン》ノ處分ニ關スル事　不動産ノ處分《シヨブン》トハ郡ノ所有《シヨイウ》スル地所建物《チシヨタテモノ》ノ賣渡讓渡等ヲ為スヲイフ此等ハ郡ノ財産中重要ナルモノヲ以テナリ

四　第九十二條ニ依リ夫役及現品ヲ賦課スル事　夫役及現品ヲ賦課スルハ人民ノ身体上ヨリ徴收スス賦課税ナルヲ以テ此等ノ事ヲ郡ノ随意ニ任ズトキハ妄リニ人民ノ負擔《フタン》ヲ重クスルノ弊害《ヘイガイ》アルヲ以テナリ然レドモ急迫《キフハク》ノ場合ニテ金錢ニ算出《サンシユツ》セズシテ夫役ヲ賦課スルガ如キハ格別ニシテ府縣知事ノ許可ヲ待タズシテ徴收スルコヲ得ルナリ

五　繼續費《ケイゾクヒ》ヲ定メ若ハ變更《ヘンカウ》スル事　繼續費ヲ定メルコトハ第九十八條ニ於テ規定《キテイ》ヲ見タル所ナリ此ノ繼續費ヲ定ムルハ郡ノ經濟上ニ關スルヲ以テ之ヲ定メ若ハ一旦定メタルモノヲ變更即チ其支拂時期ヲ伸縮シ及ビ其金額ヲ增減スル等ノ場合ハ府縣知事ノ許可ヲ受ケザルベカラズ

六　特別會計《トクベツクワイケイ》ヲ設クル事　特別會計ヲ設《マウ》クルコトヲ得ルノ規定ハ第百一條ニ於テ規定スル所ナリ郡ノ一部若ハ事實上ニ於テ已ムヲ得ザル時ニ之ヲ設クルモノナレド

モ是亦郡ノ重大ノ事ナルヲ以テナリ

第百十七條　郡ノ行政ニ關シ監督官廳ノ許可ヲ要スヘキ事項ニ付テハ監督官廳ハ許可申請ノ趣旨ニ反セスト認ムル範圍內ニ於テ更正シテ許可ヲ與フルコトヲ得

郡ノ行政ニ關シ監督官廳ノ許可ヲ得ザルベカラザル事ハ上來述ベタルガ如ク甚ダ多シ而シテ郡長ヨリ其許可セラレンコトヲ申請シタルトキ其ノ申請シタル所ノ趣旨ニ反對セザルモノト認《ミト》メタル範圍內《ハンヰナイ》ニ於テ更正《カウセイ》シテ許可ヲ與《アタ》フルコトヲ得ルモノトス蓋《ケダ》シ假令更正スルモ其ノ趣旨ニ於テ反セザルトキハ其ノ申請シタル郡ニ於テモ差支ナキノミナラズ若シ之ヲ更正セザレバ許可ヲ與フルコト能ハザルコトアレバ却テ便ニシ且利益アリト云ベシ

第百十八條　郡ノ行政ニ關シ主務大臣ノ許可ヲ要スヘキ事項中其ノ輕易ナルモノハ勅令ノ規定ニ依リ其ノ職權ヲ府縣知事ニ委任スルコトヲ得

郡ノ行政ニ關シテ主務大臣《シユムタイジン》トハ內務大臣ナレドモ或時ハ大藏大臣《オホクラタイジン》ヲ指シテ云フ場合アリ而シテ此等主務大臣ノ許可ヲ要スベキ事ナルモ其事項中ニテ極メテ輕易ナルモノ必

ズ之ガ許可ヲ受ケザルベカラズトスルトキハ却テ許可ヲ受クルノ價値ナキニ徒ラニ手數ヲ煩ハスノミニ屬スルヲ以テ此ノ塲合ハ勅令ノ規定スル所ニヨリテ其主務大臣ノ職權即チ許可ノ權ヲ府縣知事ニ委任シ府縣知事ヨリ直接許可ヲ與フルコトヲ得セシムルナリ

第百十九條　府縣知事ハ郡吏員ニ對シ懲戒處分ヲ行フコトヲ得其ノ懲戒處分ハ譴責二十五圓以下ノ過怠金及解職トス

府縣知事ハ郡吏員ノ懲戒處分ヲ行ハントスル前其ノ吏員ノ停職ヲ命シ並給料ヲ支給セサルコトヲ得

懲戒ニ依リ解職セラレタル者ハ二年間其ノ郡ノ公職ニ選擧セラレ若ハ任命セラルルコトヲ得ス

監督官廳ハ其ノ監督《カントク》スル所ノ吏員《リヰン》ニ對シ懲戒處分《チヨウカイシヨブン》ヲ行フノ權利《ケンリ》アルナリ而シテ郡吏員ニ對シテハ直接ノ監督官タル府縣知事其ノ懲戒處分ヲ行フモノトス而シテ其ノ懲戒處分ハ輕《カル》キハ譴責《ケンセキ》シ重キハ二十五圓以下ノ過怠金《クワタイキン》及ビ解職ノ三種ニ區別セリ過怠金トハ讀ンデ字ノ如シ吏員ガ職務上不注意怠慢等ニヨリ事務ニ過失アリタル塲合ノ懲戒ナリ而シテ懲戒トハ後日ヲ戒《イマシ》メ他ノ吏員《リヰン》ニ示スノ意味《イミ》ナリ

府縣知事ハ是等ノ懲戒處分ヲ行フ前ニ先ヅ吏員ノ停職ヲ命ジ即チ其ノ職務ヲ執ルコトヲ停メテ爲サシメズ又ハ給料ヲ支給セザルコトヲ得ルナリ蓋シ停職ヲ命ズルハ懲戒處分ヲ行フ前ニモ尚ホ不都合ノ所爲アランヲ慮リテナルベシ

懲戒ニ依リテ解職セラレタル者ハ二ケ年間其郡ニ在リテ公職ニ選擧セラレ又ハ任命セラルヽコトヲ得ズトス是レ解職《カイショク》ハ懲戒ノ最モ重キモノナルニ二ケ年ヲモ經過《ケイクワ》セザル中ニ其郡ニ在リテ公職ニ就《ツ》クガ如キハ畢竟《ヒツキヤウ》懲戒處分ノ効果《カウクワ》ナキモノニシテ其ノ趣旨《シユシ》ニモ違フガ故ナリ且ツ本人ニ於テモ自カラ戒メテ遠慮セザルベカラザルニ却テ法律ニ於テ之ヲ許《ユル》スガ如キ矛盾《ムジユン》ノ理《リ》アランヤ是レ本條ガ此ノ末項《マツコウ》ヲ設ケタル所以《ユエン》ナリ

第八章　附　則

第百二十條　此ノ法律ハ明治二十三年法律第三十六號郡制ヲ施行シタル府縣ニハ明治三十二年七月一日ヨリ之ヲ施行シ其ノ他ノ府縣ニ對スル施行ノ時期ハ府縣知事ノ具申ニ依リ内務大臣之ヲ定ム

此ノ郡制ナルモノハ如何《イカ》ナル場所ニ施行《シカウ》スベキモノナルヤニ付テハ其ノ範圍《ハンイ》ヲ示《シメ》サザルベカラズ即チ此郡制ハ舊郡制ヲ施行シタル府縣ニ施行スベキナリ而シテ其施行スベキ期限ハ明治三十二年七月一日ヨリ之ヲ施行シ其他ノ府縣即チ舊郡制ヲ未ダ實施セザ

リシ府縣ニハ其ノ施行ノ時期ハ土地ノ情況等ヲ斟酌シテ府縣知事ノ具申ニ依リ内務大臣之ヲ定ムルモノトス

第百二十一條　郡内總町村ニ屬スル事業竝其ノ財産營造物ハ小學校ヲ除ク外此ノ法律施行ノ日ヨリ郡ニ移ルモノトス

郡ハ町村ノ自然的團体《シゼンテキダンタイ》ノ上ニ行政ノ便宜《ベンギ》ニヨリ其ノ町村ヲ總括《ソウクワツ》スル區域《クイキ》ヲ設ケタルニ過ギザレバ其郡内町村即チ之ヲ總テ郡ト云フモノナリ語ヲ換ヘテ云ハヾ總町村ヲ以テ郡ナル法人ノ成立シタルモノナリ然レバ則チ郡内ノ總町村ニ屬スル事業並ニ其ノ財産營造物《エイゾウブツ》ハ小學校ヲ除《ノゾ》ク外一ノ法人タル郡ニ屬セシムルヲ至當《シダウ》トス否本條ハ此郡制施行ノ日ヨリ當然郡ニ移ルモノトス

第百二十二條　此ノ法律ノ規定ニ依リ府縣知事府縣參事會ノ職權ニ屬スル事件ニシテ數府縣ニ渉ルモノアルトキハ關係府縣知事ノ具狀ニ依リ内務大臣ニ於テ其ノ事件ヲ管理スヘキ府縣知事及府縣參事會ヲ指定スヘシ

此ノ郡制ノ規定スル所ニヨリテ府縣ノ知事又ハ府縣參事會ノ職權ニ屬スル事件ニシテ一府縣ノミニ止《トヾ》マラズシテ數府縣《スウフケン》ニ渉《ワタ》ルモノアルトキハ其ノ管理《クワンリ》ハ數府縣及數參事會

二於テ處分スルハ不便ナルヲ以テ此場合ニハ其ノ關係アル數府縣知事ハ之ヲ申立テ其申立ヲ正當トスルトキハ内務大臣ニ於テ其ノ事件ヲ管理スベキ府縣知事及府縣參事會ヲ指定スルナリ是レ行政ハ成ルベク便宜ヲ謀ルヲ善トスレバナリ

第百二十三條　島嶼ニ關シテハ別ニ勅令ヲ以テ其ノ制ヲ定ムルコトヲ得

前項ノ島嶼ハ勅令ヲ以テ之ヲ指定ス

島嶼《トウヨ》ノ如キハ内地ト同一ニ人智《ジンチ》ノ進度《シンド》事物ノ開《ヒラ》ケザル所ニシテ内地《ナイチ》ノ制度《セイド》法律ヲ以テ之ヲ施行スルコトヲ得ザルハ辨ヲ待タザルナリ故ニ島嶼ニ關スル所ノ郡ノ行政ニ就テハ到底《トウテイ》本制《ホンセイ》ヲ施クコト能《アタ》ハザレバ島嶼《トウヨ》ニ關シテハ別ニ勅令《チヨクレイ》ヲ以テ其ノ制ヲ定ムルコトヲ得ルナリ而シテ如何ナル場所ヲ島嶼トスルヤハ是亦別ニ勅令ヲ以テ之ヲ指定スルコトヽシ茲ニハ其ノ島嶼ヲ明示セズ

第百二十四條　明治二十三年法律第三十六號郡制ノ規定ニ依リ選擧セラレタル郡會議員郡參事會員ハ此ノ法律施行ノ日ヨリ其ノ職ヲ失フ

本法發布後施行ノ日ニ至ルマテノ間ニ明治二十三年法律第三十六

號郡制ヲ施行シタル府縣ニ於テハ郡會議員ノ改選ヲ要スルコトアルモ其ノ改選ヲ行ハス議員ハ本法施行ノ日マテ在任ス

舊郡制ニ依リテ選擧セラレタル郡會議員郡參事會員ハ本制ノ規定ニ依リテ選擧セラルヽモノトハ其ノ資格上其他ノ事項ニ等差ヲ生ズルコトハ上來説明セル所ニ依リテ明カナリ然ラバ則チ此ノ法律ニ依ルトキハ舊法ニ依リテ選擧セラレタル者ハ此ノ法律施行ノ日ヨリ其ノ職ヲ失フハ當然ナリ

然レドモ此法律《コノハフリツ》施《シ》行《カウ》セザルノ間《アヒダ》ニアリテハ縱《タト》ヒ本制ノ發布《ハツプ》セラレタルモ何等ノ効力《カウリヨク》モナシ故ニ舊法ニ依リ選擧セラレ居ル現在ノ議員ハ猶ホ其ノ資格ヲ失フコトナキモノナリ依テ本法發布セラレタル日ヨリ施行ノ日即チ明治三十二年七月一日マデハ舊郡制ヲ施行セラレ居ル郡ニアリテ郡會議員《グンクワイギヰン》ノ改選《カイセン》ヲ要スルコトアルトキハ舊法ニ依リテ改選セザルベカラザルナリ然レドモ本條ハ特例ヲ設ケテ改選ノ必要生ジタル場合ト雖モ新法施行ノ日マデバ僅《ワツカ》ニ三ケ月許《バカリ》ノ日子ナルヲ以テ其ノ改選《カイセン》ヲ行ハズシテ其儘《ソノマヽ》ニ為シ置クコトヽシタリ是レ此ノ間ニ改選スルモ本法施行ノ日ニハ更ニ改選セザルベカラザルヲ以テ實ニ無益ノ事ナレバナリ

第百二十五條　此ノ法律施行ノ際郡會及郡參事會ノ職務ニ屬スル事

項ニシテ急施ヲ要スルモノハ其ノ成立ニ至ルマテノ間郡長之ヲ行フ

此ノ郡制施行セラルヽノ日ハ郡會及郡參事會ハ更《サラ》ニ新《アラ》タニ成立《セイリツ》セシメザルベカラズ語ヲ換ヘテ言ハヽ郡會議員郡參事會員ヲ選擧セザルベカラズ而シテ新タニ選擧ヲ爲シ郡會及郡參事會ノ成立スルマデハ之ガ職務ニ屬スル事アルベキ場合アリ此場合ハ其職務ヲ行フ者ナカルベカラズ然レドモ至急ヲ要セザル事件ハ其儘ニ捨置クモ差支ナキモ急施ヲ要《エウ》スル事件ノミ郡長《グンチヤウ》ニ於テ其成立《ソノセイリツ》ニ至ルマデ代《カハ》ッテ之ヲ行フコトヲ得《ウル》モノトセリ

第百二十六條　此ノ法律ニ定ムル府縣參事會ノ職務ハ府縣制ヲ施行シ府縣參事會ノ成立ニ至ルマテノ間府縣知事之ヲ行フ

此ノ法律實施《シツシ》セラレタルトキハ府縣參事會ノ爲スベキ職務權限《シヨクムケンゲン》ノ事件多《シケンオホ》キナリ而シテ府縣制ハ此ノ法律ト同時ニ施行セラルベキモノナルモ府縣參事會ノ成立スルニ至ルマデノ間其ノ職務ヲ行フモノナシ故ニ本條ノ規程ヲ設ケテ其間ハ府縣知事代ハッテ之ヲ行フベシトスルナリ

第百二十七條　此ノ法律ニ定ムル直接稅ノ種類ハ内務大臣及大藏大臣之ヲ告示ス

直接稅トハ現行ノモノニ依レバ地租及所得稅營業稅ノ如キヲ云フ然レドモ尚ホ其他ニ種類《シユルヰ》アルカ此ノ法律《ハフリツ》ニ定ムル直接稅《チヨクセツゼイ》ノ種類ハ内務大藏両大臣ニ於テ之ヲ告示《コクジ》スト爲セリ

第百二十八條　明治十一年第十七號布告郡區町村編制法其ノ他此ノ法律ニ牴觸スル法規ハ此ノ法律施行ノ地ニ於テハ其ノ效力ヲ失フ

此ノ郡制ヲ實施スルニ付テハ從來《ジウライ》ノ法律規則《ハフリツキソク》ガ本法ニ牴觸《テイシヨク》スルモノ之レアルベキナリ乃チ此等ノ法律規則ハ其ノ効力ヲ失ハシメザルベカラズ而シテ先明治十一年第十七號布告郡區町村編制法ヲ廢《ハイ》シ其他《ソノタ》此《コ》ノ法律《ハフリツ》ニ牴觸《テイシヨク》スル法規ヲ此ノ法律施行ノ地《チ》ニ限リテ其効力ヲ失ハシメタリ

第百二十九條　此ノ法律ヲ施行スル爲必要ナル事項ハ命令ヲ以テ之ヲ定ム

此ノ法律ヲ施行スルニ付テハ詳細ナル事項即チ施行細則ノ如キモノヲ必要トスルハ當然ナレバ此等ノ必要ナル事項ハ別ニ他日命令ヲ以テ之ヲ定ムルモノトス是レ本法ノミヲ以テ十分ノ運用ヲ爲スベキニアラザレバナリ

改正郡制詳釋　終

參　考

本制ヲ改正スルニ付テ政府ガ其理由《ソノリユウ》トシテ議會ニ提出《テイシユツ》シタルモノヲ得タレバ茲ニ之ヲ參考トシテ附記スベシ

複選制廢止ニ關スル理由

現行ノ複選制《フクセンセイ》ハ之ヲ從來ノ實驗《ジツケン》ニ徵《チヨウ》スルニ其ノ疑點《ギテン》少《スク》シトナサズ依テ此ノ際直接《サイチヨクセツ》選擧ノ法ヲ採用《サイヨウ》シ以テ複選制ニ於ケル一切ノ弊竇《ヘイトウ》ヲ芟除《センヂヨ》シ以テ選擧ノ公平《コウヘイ》ヲ保チ制度ノ完美ヲ期スルハ之ヲ今日ノ機運《キウン》ニ觀テ最モ措ノ宜シキヲ得タルモノナルヲ認ム抑々現行ノ制度ニ於テハ府縣郡會議員ノ選擧《センキヨ》ハ地方議會之ガ直接ノ機關《キクワン》タルカ故ニ選擧ニ關スル勝敗ハ一ニ市町村會議員ノ選擧ニ繫《カヽ》ルヲ以テ競爭ノ熱度《ネツド》之ニ集注《シウチウ》シ務メテ黨同伐異ノ外ニ立チ鄰保《リンポ》緝睦《シウボク》ノ美風ヲ存養スベキ下級團体《カキフダンタイ》ナシテ遂ニ軋轢《アツレキ》ノ燒点《セウテン》タラシムルノ弊《ヘイ》アリ加フルニ下級團体ノ議會《ギクワイ》ヲ以テ上級團体ニ於ケル議會ノ選擧ヲ行フノ機關トナスノ結果ハ其ノ意見往々《ワウ〳〵》ニシテ一方ニ偏倚《ヘンイ》シ汎《ヒロ》ク各種ノ意思ヲ表彰《ヘウシヨウ》セシムルコト能《アタ》ハザルノミナラズ直接ニ民意ヲ反映《ハンエイ》セシムル代議ノ本旨ヲ貫徹《クワンテツ》スル上ニ於テ不備ヲ感スルモノ亦尠《スクナ》シトナサス願《オモ》フニ複選ノ制ハ選擧ノ方法稍簡易《ヤヽカンイ》ニシテ且ツ競爭ノ弊地方全般ニ波及《ハキフ》セザルノ利ナキニアラズト雖モ直接選擧ノ制ヲ採《ト》ルモ本改正案ニ於

ケルガ如ク郡市町村ニ依テ之ガ選擧區ヲ分割《ブンクワツ》スルニ於テハ競爭ノ弊害《ヘイガイ》地方《チハウ》全般ニ涉ルノ虞《オソレ》ナカルベク又選擧人名簿ノ調製ニ於テモ据置《スヱオキ》名簿ノ制ヲ採リ臨時調製ノ煩《ハン》ヲ避クルニ於テハ大ニ選擧手續ヲ簡便《カンベン》ナラシムルノ利アリ矧《イハ》ンヤ又直接選擧ノ制《セイ》ハ郡ニ於テハ事創始《ソウシ》ニ屬スト雖モ府縣ニ於テハ府縣制實施ノ以前ニ於《オイ》テ十數年既ニ府縣會議員選擧規則ニ依テ直接選擧ノ制ヲ行《オコナ》ヒ來レル因襲《インシウ》ノ存ズルアリ之ヲ要スルニ歐洲諸國多數ノ立法例ニ傚《ナラ》ヒ複選制ヲ廢《ハイ》シ直選制ヲ採リ以テ選擧制度ノ完美《クワンビ》ヲ期スルハ地方行政ノ整理《セイリ》ト振張《シンシヤウ》トヲ企圖《キシ》スルノ急ナル今日ノ時運ニ於テ其ノ最モ適當ノ擧ナルヲ信ズ今複選制ヲ非トスルノ要旨ヲ擧グレバ左ノ如シ

一　複選制ニ於テハ直選制ノ如ク一般《イツパン》選擧人ノ意思《イシ》ヲ代表《タイヘウ》スル能ハズ

二　複選制ニ於テハ直選制ノ如ク一般選擧人ノ意思直接ニ表彰セラレズ唯間接ニ反映スルノミ

三　市町村會議員ノ多數ヲ占メザレバ郡會府縣會ニ多數ヲ占ムル能ハザルヲ以テ勢ヒ市町村會議員ノ選擧競爭劇烈ニ至ル

四　選擧競爭ノ弊《ヘイ》ニ伴《トモナ》フテ黨派《トウハ》ノ軋轢《アツレキ》ヲ市町村ノ行政ニ波及スルニ至ル

五　市町村會議員ノ任期間ハ數回府會郡會議員ノ選擧ヲ行フトモ毎ニ同主義ノ者

選擧《センキヨ》セラレ直選制ニ於ケルガ如ク選擧規則ニ於ケル一般《バン》選擧人ノ意思《イシ》ト一致セザル虞アリ

六 複選制ノ結果府縣及郡ノ議事機關ハ直接間接ニ市町村會ノ選出ニ係ルヲ以テ各種ノ地方議事機關《チハウギジキクワン》ノ主義ハ自カラ一方ニ偏倚《ヘンイ》シ從テ各種ノ意見ヲ適當ニ代表セシムルヲ得ズ

七 府縣參事會及郡參事會ハ間接ニ町村會　選擧ニ係ルヲ以テ勢ヒ市町村行政ニ關スル監督《カントク》ヲ厲行《レイカウ》スル能ハサルノ虞《グ》アリ

八 郡會町村會等ニ於テ選擧スルノ結果郡會町村會等ノ不成立若ハ召集ニ應セザルカ爲《タメ》屢《シバ／＼》選擧ヲ結了《ケツレウ》セザルコトアリ

大地主制廢止ニ關スル理由

大地主ノ制《セイ》我地方制度ニ於テハ郡制《グンセイ》ニ始テ之ヲ採用《サイヨウ》シタリト雖モ我邦古來《コライ》ノ沿革《エンカク》ニ於テ大地主ニ特權《トクケン》ヲ附與《フヨ》シタルノ跡《アト》ナキノミナラズ之ヲ從來ノ情況ニ鑑《カンガ》ミルニ之ヲ存セサルヲ得サルノ必要アルヲ認《ミト》メズ況ヤ複選制ヲ廢《ハイ》シテ直選制ヲ採リ一定ノ直接國税ヲ納《オサ》ムル者ヲシテ選擧權被選擧權ヲ享有《キヨウイウ》セシムルニ於テハ地主ノ利害《リガイ》ハ優《イウ》ニ之ヲ議會ニ表彰シテ餘《アマ》リアルヲ以テ更ニ地價《チカ》一万圓以上ヲ有スル地主ニ限《カギ》リ特別ノ參政權ヲ與フ

ルハ毫モ其ノ必要ナキノミナラズ權利ノ分配《ブンパイ》上《ジヤウ》却テ不權衡《フゲンカウ》ヲ招《マネ》クノ嫌《キラヒ》アルヲ免レズ且夫レ大地主ニ關スル現行法規ノ規定タル頗《スコブ》ル不備ニシテ土地ノ所有ニ關シテ一定ノ年限ナク又其ノ所有《シヨイウ》ニ付テハ登記ヲ必要《ヒツエウ》トセサルカ故ニ選擧ニ際《サイ》シ遽《ニハカ》ニ大地主資格ヲ造成《ゾウセイ》シテ依テ以テ競爭ヲ試《コヽロ》ムルノ弊害アルハ一般ノ認識《ニンシキ》スル所ナリ假《カリ》ニ土地ノ所有《シヨイウ》ニ一定ノ年限ヲ附シテ之ヲ制限スルモ大地主ニ特權ヲ付與スルノ制ヲ存スルニ於テハ姑息ノ手段ヲ用ヰテ隱微《インビ》ニ權利ヲ私《ワタクシ》スルカ如キ弊害《ヘイガイ》ハ之ヲ防遏《バウアツ》スルコト容易ナラサルベシ

翻《ヒルガヘ》テ泰西《タイサイ》諸國ニ於ケル現行地方制度ヲ查閱《サエツ》スルニ苟モ納租《ノウソ》ヲ以テ選擧權ノ要素《エウソ》ト爲セルノ國ニ在テハ獨國《ドツコク》二三ノ諸邦《シヨホウ》ニ於ケル郡制ヲ除《ノゾ》クノ外他大地主制ヲ存スルモノアルヲ見ス是等諸邦就中《ナカンヅク》普國《フコク》ニ於テ獨リ此ノ制ヲ採用《サイヨウ》セシハ抑々故ナキニ非《アラ》ザルナリ普國ニ於テハ封建制度《ホウケンセイド》ノ餘勢トシテ領主ノ特權猶《トクケンナホ》未ダ全ク其ノ跡ヲ斂《ヲサ》メス領主ノ莊園《ソウエン》ハ儼然《ゲンゼン》一ノ團體ヲ形成《ケイセイ》シ領主ノ代理者ハ其ノ行政事務ヲ擔任《タンニン》ス之ヲ以テ一般町村ニ於テ郡會議員ヲ選出スル以上ハ其ノ町村以外ニ於テ宛然一箇ノ團體ヲ形成スル私領地ヨリモ亦等シク郡會議員ヲ選出セシメサルヲ得サルニ出ツ然ルニ普國ニ於テモ千八百七十二年ノ改革《カイカク》以《イ》來《ライ》姑《シバラ》ク古來ノ沿革《エンカク》ニ基《モトヅ》キ大地主ノ特權ヲ認ムト雖モ舊制《キウセイ》ニ比《ヒ》スレバ頗ル

其ノ參政《サンセイ》ノ權利ヲ制限《セイゲン》シ又之ト同時ニ多額ノ營業税ヲ納《ヲサ》ムル者ニ對《タイ》シテモ亦特殊《トクシユ》ノ權利ヲ付與スルニ至レリ（仍《ナホ》普國《フコク》ニ於ケル大地主制ノ由來《ユライ》ハ別紙ニ詳《ツマビラカ》ナリ）國史《コクシ》沿革《エンカク》ナキ我國ニ於テ彼ノ普國《フコク》ニ於テ既ニ舊套《キウタウ》ニ屬シ將《マサ》ニ其ノ迹《アト》ヲ絶タントスルノ制ニ摸倣《ボハウ》シ採《トツ》テ以テ我郡制ニ大地主制ヲ存《ソン》ゼントスルハ啻《タヾ》ニ立法ノ根據《コンキヨウ》ナキノミナラス實際《ジツサイ》ニ於テモ亦別ニ此ノ制《セイ》ヲ存スルノ必要ヲ認《ミト》メス況《イハ》ンヤ獨リ之ヲ郡ニ存シ府縣ニ闕《カ》ケルガ如キ立法《リツハフ》ノ主義《シユギ》亦一貫《イツクワン》セザルノ嫌《キラヒ》ナキニ非《アラ》ルヲヤ

以上ノ理由《リユウ》ニ依リ大地主《タイチシユ》ノ制ハ之ヲ廢止《ハイシ》スルヲ以テ最《モツト》モ適當《テキタウ》ノ處置《シヨチ》ナリトム認《ミト》

内務省令第十七號

明治三十二年五月二十日

本年法律第六十四號府縣制第五條第三項ニ依リ府縣會議員ノ配當ニ關スル件左ノ通定ム

第一條　府縣制第五條ニ依リ各選擧區ニ於テ選擧スベキ府縣會議員ノ數ハ人口ヲ標準トシテ之ヲ定ムベシ

特別ノ事情アル府縣ニ付テハ内務大臣ハ別ニ配當標準ヲ加フルコトヲ得

本條ノ人口ハ内務大臣ノ告示シタル最近ノ人口表ニ依ル

第二條　議員配當ノ更正ヲ要スルトキハ改選ノ際ヲ俟テ之ヲ行フ但シ議員ノ定數ニ異動ヲ生シ若ハ選擧區ノ増減アリタル場合ハ此ノ限ニ在ラズ

内務省令第十八號

明治三十二年五月二十日

本年法律第六十五號郡制第五條第四項ニ依リ郡會議員ノ配當ニ關スル件左ノ通定ム

第一條　郡制第四條ニ依リ各選擧區ニ於テ選擧スベキ郡會議員ノ數ハ人口ヲ標準トシテ之ヲ定ムベシ

特別ノ事情アル郡ニ付テハ府縣知事ハ別ニ配當標準ヲ加フルコトヲ得

本條ノ人口ハ内務大臣ノ告示シタル最近ノ人口表ニ依ル

第二條　議員配當ノ更正ヲ要スルトキハ改選ノ際ヲ俟テ之ヲ行フ但シ選擧區ノ增減アリタル場合ハ此ノ限ニ在ラズ

内務省令第十九號

明治三十二年五月二十日

本年法律第六十四號府縣制第十五條第三項ニ依リ府縣會議員選擧投票ニ關スル件左ノ通定ム

第一條　府縣制第十五條第三項ニ依リ二箇以上ノ投票所ヲ設クルコトヲ要スルトキハ府縣知事之ヲ定ム

第二條　前條ノ場合ニ於テハ市町村長ハ投票所ノ一ヲ管理シ他ノ投票所ハ市町村長ノ指名シタル市町村吏員之ヲ管理ス

第三條　市町村長ノ指名シタル市町村吏員ノ管理スル投票所ニ關シテハ府縣制第十六條第十九條及第二十條ノ規定ヲ準用ス

第四條　投票ヲ終リタルトキハ市町村長ノ指名シタル管理者ハ其ノ指定シタル投票立會人ト共ニ直ニ投票函及投票錄ヲ市町村長ノ管理スル投票所ニ送致スベシ

町村長ニ於テ前項ノ送致ヲ受ケタルトキハ其ノ管理ニ係ル投票函及投票錄ト共ニ之ヲ

選擧會場ニ送致スヘシ
第五條　二箇以上ノ投票所ヲ設ケタル市(東京市京都市大阪市ニ在テハ區)ニ於テハ投票函ノ總テ到達スルニ非ザレバ選擧會ヲ開クコトヲ得ズ
第六條　本令ニ規定スル市長ノ職務ハ東京市京都市大阪市ニ在テハ區長之ヲ行ヒ町村長ノ職務ハ町村制ヲ施行セザル地ニ於テハ戶長之ヲ行フ
第七條　本令ニ規定スルモノヽ外必要ナル事項ハ府縣知事之ヲ定ム

内務省令第二十號

明治三十二年五月二十日
本年法律第六十五號郡制第十二條第四項ニ依リ郡會議員選擧ニ關スル件左ノ通定ム
第一條　郡制第十二條第四項ニ依リ擧選分會ヲ設クルコトヲ要スルトキハ郡之ヲ定ム
第二條　選擧分會ハ郡制第十條ニ依リ選擧ヲ管理スル町村長ノ指名シタル町村長其ノ他町村吏員之ヲ管理ス
選擧分會ニ於ケル選擧立會人及投票ノ拒否ニ關シテハ郡制第十三條及第十七條ノ規定ヲ準用ス
第三條　選擧分會ノ管理者ハ選擧錄ヲ製シテ投票ノ顚末ヲ記載シ投票ヲ終リタル後選擧

立會人二名以上ト共ニ之ニ署名スヘシ
第四條　前條ノ手續ヲ終リタルトキハ選擧分會ノ管理者ハ其ノ指定シタル選擧立會人ト共ニ直ニ投票函及選擧錄ヲ選擧本會ニ送致スヘシ
第五條　選擧本會ニ於テハ選擧分會ノ投票函ノ總テ到達スルニ非ザレバ投票ノ點檢ヲ爲スコトヲ得ス
第六條　島嶼其ノ他交通不便ノ地ニ於ケル選擧分會ニ付テハ郡長ハ適宜ニ其ノ選擧期日ヲ定メ選擧本會ノ期日マデニ其ノ投票函ヲ送致セシムルコトヲ得
第七條　本令ニ規定スルモノノ外必要ナル事項ハ府縣知事之ヲ定ム

明治三十二年六月十五日印刷
明治三十二年六月二十日發行

著者　福井淳
大阪市東區安土町四丁目三十八番邸
發行者　石田忠兵衛
大阪市大寶寺町中ノ町
印刷者　堀越幸
大阪市東區安土町四丁目
發賣所　積善館本店
電話東千百三十番
福岡市博多中嶋町
發賣所　積善館支店
廣嶋市塩屋町
發賣所　積善館支店

地方自治法研究復刊大系〔第218巻〕

改正 府県制郡制註釈〔明治32年 第2版〕

日本立法資料全集 別巻 1028

2017（平成29）年3月25日　復刻版第1刷発行　6994-9:012-010-005

著　者　福　井　　淳
発行者　今　井　　貴
　　　　稲　葉　文　子
発行所　株式会社信山社

〒113-0033 東京都文京区本郷6-2-9-102東大正門前
Ⓣ03（3818）1019　Ⓕ03（3818）0344
来栖支店〒309-1625 茨城県笠間市来栖2345-1
Ⓣ0296-71-0215　Ⓕ0296-72-5410
笠間才木支店〒309-1611 笠間市笠間515-3
Ⓣ0296-71-9081　Ⓕ0296-71-9082

印刷所　ワイズ書籍
製本所　カナメブックス
用　紙　七洋紙業

printed in Japan　分類 323.934 g 1028

ISBN978-4-7972-6994-9 C3332 ¥34000E

日本立法資料全集 別巻

地方自治法研究復刊大系

市町村執務要覧 全 第一分冊〔明治42年6月発行〕／大成会編輯局 編輯
市町村執務要覧 全 第二分冊〔明治42年6月発行〕／大成会編輯局 編輯比較研究
自治之精髄〔明治43年4月発行〕／水野錬太郎 著
市制町村制講義 全〔明治43年6月発行〕／秋野沆 著
改正 市制町村制講義 第4版〔明治43年6月発行〕／土清水幸一 著
地方自治の手引〔明治44年3月発行〕／前田宇治郎 著
新旧対照 市制町村制 及 理由 第9版〔明治44年4月発行〕／荒川五郎 著
改正 市制町村制 附 改正要義〔明治44年4月発行〕／田山宗堯 編輯
改正 市町村制問答説明 明治44年初版〔明治44年4月発行〕／一木千太郎 編纂
旧制対照 改正市町村制 附 改正理由〔明治44年5月発行〕／博文館編輯局 編
改正 市制町村制〔明治44年5月発行〕／石田忠兵衛 編輯
改正 市制町村制詳解〔明治44年5月発行〕／坪谷善四郎 著
改正 市制町村制正解〔明治44年6月発行〕／武知彌三郎 著
改正 市町村制講義〔明治44年6月発行〕／法典研究会 著
新旧対照 改正 市制町村制新釈 明治44年初版〔明治44年6月発行〕／佐藤貞雄 編纂
改正 町村制詳解〔明治44年8月発行〕／長峰安三郎 三浦通太 野田千太郎 著
新旧対照 市制町村制正文〔明治44年8月発行〕自治館編輯局 編纂
地方革新講話〔明治44年9月発行〕西内天行 著
改正 市制町村制釈義〔明治44年9月発行〕／中川健藏 宮内國太郎 他 著
改正 市制町村制正解 附 施行諸規則〔明治44年10月発行〕／福井淳 著
改正 市制町村制講義 附 施行諸規則 及 市町村事務摘要〔明治44年10月発行〕／樋山廣業 著
新旧比照 改正市制町村制註釈 附 改正北海道二級町村制〔明治44年11月発行〕／植田鹽恵 著
改正 市町村制 並 附属法規〔明治44年11月発行〕／楠綾雄 編輯
改正 市制町村制精義 全〔明治44年12月発行〕／平田東助 題字 梶康郎 著述
改正 市制町村制義解〔明治45年1月発行〕／行政法研究会 講述 藤田謙堂 監修
増訂 地方制度之栞 第13版〔明治45年2月発行〕／警眼社編集部 編纂
地方自治 及 振興策〔明治45年3月発行〕／床次竹二郎 著
改正 市制町村制正解 附 施行諸規則 第7版〔明治45年3月発行〕福井淳 著
自治之開発訓練〔大正元年6月発行〕／井上友一 著
市制町村制逐條示解〔初版〕第一分冊〔大正元年9月発行〕／五十嵐鑛三郎 他 著
市制町村制逐條示解〔初版〕第二分冊〔大正元年9月発行〕／五十嵐鑛三郎 他 著
改正 市町村制問答説明 附 施行細則 訂正増補3版〔大正元年12月発行〕／平井千太郎 編纂
改正 市制町村制註釈 附 施行諸規則〔大正2年3月発行〕／中村文城 註釈
改正 市町村制正文 附 施行法〔大正2年5月発行〕／林甲子太郎 編輯
増訂 地方制度之栞 第18版〔大正2年6月発行〕／警眼社 編集 編纂
改正 市制町村制詳解 附 関係法規 第13版〔大正2年7月発行〕／坪谷善四郎 著
細密調査 市町村便覧 附 分類官公衙公私学校銀行所在地一覧表〔大正2年10月発行〕／白山榮一郎 監修 森田公美 編著
改正 市制 及 町村制 訂正10版〔大正3年7月発行〕／山野金蔵 編輯
市制町村制正義〔第3版〕第一分冊〔大正3年10月発行〕／清水澄 末松偕一郎 他 著
市制町村制正義〔第3版〕第二分冊〔大正3年10月発行〕／清水澄 末松偕一郎 他 著
改正 市制町村制 及 附属法令〔大正3年11月発行〕／市町村雑誌社 編著
以呂波引 町村便覧〔大正4年2月発行〕／田山宗堯 編輯
改正 市制町村制講義 第10版〔大正5年6月発行〕／秋野沆 著
市制町村制実例大全〔第3版〕第一分冊〔大正5年9月発行〕／五十嵐鑛三郎 著
市制町村制実例大全〔第3版〕第二分冊〔大正5年9月発行〕／五十嵐鑛三郎 著
市町村名辞典〔大正5年10月発行〕／杉野耕三郎 編
市町村吏員提要 第3版〔大正6年12月発行〕／田邊好一 著
改正 市制町村制と衆議院議員選挙法〔大正6年2月発行〕／服部喜太郎 編輯
新旧対照 改正 市制町村制新釈 附 施行細則 及 執務條規〔大正6年5月発行〕／佐藤貞雄 編纂
増訂 地方制度之栞 大正6年第44版〔大正6年5月発行〕／警眼社編輯部 編纂
実地応用 町村制問答 第2版〔大正6年7月発行〕／市町村雑誌社 編纂
帝国市町村便覧〔大正6年9月発行〕／大西林五郎 編
地方自治講話〔大正7年12月発行〕／田中四郎左右衛門 編輯
最近検定 市町村名鑑 附 官国幣社及諸学校所在地一覧〔大正7年12月発行〕／藤澤衛彦 著

信山社

日本立法資料全集 別巻

地方自治法研究復刊大系

参照比較 市町村制註釈 完 附 問答理由 第2版〔明治22年6月発行〕／山中兵吉 著述
自治新制 市町村会法要談 全〔明治22年11月発行〕／高嶋正載 著述 田中重策 著述
国税 地方税 市町村税 滞納処分法問答〔明治23年5月発行〕／竹尾高堅 著
日本之法律 府県制郡制正解〔明治23年5月発行〕／宮川大壽 編輯
府県制郡制註釈〔明治23年6月発行〕／田島彦四郎 註釈
日本法典全書 第一編 府県制郡制註釈〔明治23年6月発行〕／坪谷善四郎 著
府県制郡制義解 全〔明治23年6月発行〕／北野竹次郎 編著
市町村役場実用 完〔明治23年7月発行〕／福井淳 編纂
市町村制実務要書 上巻 再版〔明治24年1月発行〕／田中知邦 編纂
市町村制実務要書 下巻 再版〔明治24年3月発行〕／田中知邦 編纂
公民必携 市町村制実用 全 増補第3版〔明治25年3月発行〕／進藤彬 著
訂正増補 議制全書 第3版〔明治25年4月発行〕／岩藤良太 編纂
市町村制実務要書続編 全〔明治25年5月発行〕／田中知邦 著
増補 町村制執務備考 全〔明治25年10月発行〕／増澤鐵 國吉拓郎 同輯
町村制執務要録 全〔明治25年12月発行〕／鷹巣清二郎 編輯
府県制郡制便覧 明治27年初版〔明治27年3月発行〕／須田健吉 編輯
郡市町村史員 収税実務要書〔明治27年11月発行〕／荻野千之助 編纂
改訂増補鼇頭参照 市町村制講義 第9版〔明治28年5月発行〕／蟻川堅治 講述
改正増補 市町村制実務要書 上巻〔明治29年4月発行〕／田中知邦 編纂
市町村制詳解 附 理由書 改正再版〔明治29年5月発行〕／島村文耕 校閲 福井淳 著述
改正増補 市町村制実務要書 下巻〔明治29年7月発行〕／田中知邦 編纂
府県制 郡制 町村制 新税法 公民之友 完〔明治29年8月発行〕／内田安蔵 五十野譲 著述
市制町村制註釈 附 市制町村制理由 第14版〔明治29年11月発行〕／坪谷善四郎 著
府県制郡制註釈〔明治30年9月発行〕／岸本辰雄 校閲 林信重 註釈
市町村新旧対照一覧〔明治30年9月発行〕／中村芳松 編輯
町村至宝〔明治30年9月発行〕／品川彌二郎 題字 元田肇 序文 桂虎次郎 編纂
市制町村制應用大全 完〔明治31年4月発行〕／島田三郎 序 大西多典 編纂
傍訓註釈 市制町村制 並ニ 理由書〔明治31年12月発行〕／筒井時治 著
改正 府県郡制問答講義〔明治32年4月発行〕／木内英雄 編纂
改正 府県制郡制正文〔明治32年4月発行〕／大塚宇三郎 編纂
府県制郡制〔明治32年4月発行〕／徳田文雄 編輯
参照比較 市町村制註釈 附 問答理由 第10版〔明治32年6月発行〕／山中兵吉 著述
改正 府県制郡制註釈 第2版〔明治32年6月発行〕／福井淳 著
府県制郡制釈義 全 第3版〔明治32年7月発行〕／栗本勇之助 森惣之祐 同著
改正 府県制郡制註釈 第3版〔明治32年8月発行〕／福井淳 著
地方制度通 全〔明治32年9月発行〕／上山満之進 著
市町村新旧対照一覧 訂正第五版〔明治32年9月発行〕／中村芳松 編輯
改正 府県制郡制釈義 第3版〔明治34年2月発行〕／坪谷善四郎 著
再版 市町村制例規〔明治34年11月発行〕／野元友三郎 編纂
地方制度実例総覧〔明治34年12月発行〕／南浦西郷侯爵 題字 自治館編集局 編纂
傍訓 市制町村制註釈〔明治35年3月発行〕／福井淳 著
地方自治提要 全〔明治35年5月発行〕／木村時義 校閲 吉武則久 編纂
市制町村制釈義〔明治35年6月発行〕／坪谷善四郎 著
帝国議会 府県会 郡会 市町村会 議員必携 附 関係法規 第一分冊〔明治36年5月発行〕／小原新三 口述
帝国議会 府県会 郡会 市町村会 議員必携 附 関係法規 第二分冊〔明治36年5月発行〕／小原新三 口述
地方制度実例総覧〔明治36年8月発行〕／芳川顯正 題字 山脇玄 序文 金田謙 著
市町村是〔明治36年11月発行〕／野田千太郎 編纂
市制町村制釈義 明治37年第4版〔明治37年6月発行〕／坪谷善四郎 著
府県郡市町村 模範治績 附 耕地整理法 産業組合法 附属法例〔明治39年2月発行〕／荻野千之助 編輯
自治之模範〔明治39年6月発行〕／江木翼 編
実用 北海道郡区町村案内 全 附 里程表 第7版〔明治40年9月発行〕／廣瀬清澄 著述
自治行政例規 全〔明治40年10月発行〕／市町村雑誌社 編著
改正 府県制郡制要義 第4版〔明治40年12月発行〕／美濃部達吉 著
判例挿入 自治法規全集 全〔明治41年6月発行〕／池田繁太郎 著
農村自治之研究 明治41年再版〔明治41年10月発行〕／山崎延吉 著

信山社

日本立法資料全集 別巻

地方自治法研究復刊大系

仏蘭西邑法 和蘭邑法 皇国郡区町村編制法 合巻〔明治11年8月発行〕／箕作麟祥 閲 大井憲太郎 譯／神田孝平 譯
郡区町村編制法 府県会規則 地方税規則 三法綱論〔明治11年9月発行〕／小笠原美治 編輯
郡吏議員必携三新法便覧〔明治12年2月発行〕／太田啓太郎 編輯
郡区町村編制 府県会規則 地方税規則 新法例纂〔明治12年3月発行〕／柳澤武運三 編輯
府県会規則大全 附 裁定録〔明治16年6月発行〕／朝倉達三 閲 若林友之 編輯
区町村会議要覧 全〔明治20年4月発行〕／阪田辨之助 編纂
英国地方制度 及 税法〔明治20年7月発行〕／良保両氏 合著 水野遵 翻訳
英国地方政治論〔明治21年2月発行〕／久米金彌 翻譯
傍訓 市町村制及説明〔明治21年5月発行〕／高木周次 編纂
鼇頭註釈 市町村制俗解 附 理由書 第2版〔明治21年5月発行〕／清水亮三 註解
市制町村制註釈 完 附 市制町村制理由 明治21年初版〔明治21年5月発行〕／山田正賢 著述
市町村制詳解 全 附 市町村制理由〔明治21年5月発行〕／日鼻豊作 著
市制町村制釈義〔明治21年5月発行〕／壁谷可六 上野太一郎 合著
市制町村制詳解 全 附 理由書〔明治21年5月発行〕／杉谷庸 訓點
町村制詳解 附 市制及町村制理由〔明治21年5月発行〕／磯部四郎 校閲 相澤富蔵 編述
市制町村制正解 附 理由〔明治21年6月発行〕／芳川顯正 序文 片貝正晉 註解
市制町村制釈義 附 理由書〔明治21年6月発行〕／清岡公張 題字 樋山廣業 著述
市制町村制釈義 附 理由 第5版〔明治21年6月発行〕／建野郷三 題字 櫻井一久 著
市町村制註解 完〔明治21年6月発行〕／若林市太郎 編輯
市町村制釈義 全 附 市町村制理由〔明治21年7月発行〕／水越成章 著述
傍訓 市制町村制註解 附 理由書〔明治21年8月発行〕／鯰江貞雄 註解
市制町村制註釈 附 市制町村制理由 3版増訂〔明治21年8月発行〕／坪谷善四郎 著
市制町村制註釈 完 附 市制町村制理由 第2版〔明治21年9月発行〕／山田正賢 著述
傍訓註釈 日本市制町村制 及 理由書 第4版〔明治21年9月発行〕／柳澤武運三 註解
鼇頭参照 市町村制註解 完 附 理由書及参考諸令〔明治21年9月発行〕／別所富貴 著述
市町村制問答詳解 附 理由書〔明治21年9月発行〕／福井淳 著
市制町村制註釈 附 市制町村制理由 4版増訂〔明治21年9月発行〕／坪谷善四郎 著
市制町村制 並 理由書 附 直接間接税類別 及 実施手続〔明治21年10月発行〕／高崎修助 著述
市町村制釈義 附 理由書 訂正再版〔明治21年10月発行〕／松木堅葉 訂正 福井淳 釈義
増訂 市制町村制註解 全 附 市制町村制理由挿入 第3版〔明治21年10月発行〕／吉井太 註解
鼇頭註釈 市町村制俗解 附 理由書 増補第5版〔明治21年10月発行〕／清水亮三 註解
市町村制施行取扱心得 上巻・下巻 合冊〔明治21年10月・22年2月発行〕／市岡正一 編纂
市制町村制傍訓 完 附 市制町村制理由 第4版〔明治21年10月発行〕／内山正如 著
鼇頭対照 市町村制解釈 附理由書及参考諸布達〔明治21年10月発行〕／伊藤寿 註釈
市制町村制詳解 附 理由 第3版〔明治21年11月発行〕／今村長善 著
町村制実用 完〔明治21年11月発行〕／新田貞橘 鶴田嘉内 合著
町村制精解 完 附 理由書 及 問答録〔明治21年11月発行〕／中目孝太郎 磯谷群爾 註釈
市町村制問答詳解 附 理由 全〔明治22年1月発行〕／福井淳 著述
訂正増補 市町村制問答詳解 附 理由 及 追輯〔明治22年1月発行〕／福井淳 著
市町村制質問録〔明治22年1月発行〕／片貝正晉 編述
鼇頭傍訓 市制町村制註釈 及 理由書〔明治21年1月発行〕／山内正利 註釈
傍訓 市町村制 及 説明 第7版〔明治21年11月発行〕／高木周次 編纂
町村制要覧 全〔明治22年1月発行〕／浅井元 校閲 古谷省三郎 編纂
鼇頭註釈 町村制 附 理由 全〔明治22年2月発行〕／八乙女盛次 校閲 片野続 編釈
市町村制実解〔明治22年2月発行〕／山田顕義 題字 石黒磐 著
町村制実用 全〔明治22年3月発行〕／小島鋼次郎 岸野武司 河毛三郎 合述
実用詳解 町村制 全〔明治22年3月発行〕／夏目洗蔵 編集
理由挿入 市町村制俗解 第3版増補訂正〔明治22年4月発行〕／上村秀昇 著
町村制市制全書 完〔明治22年4月発行〕／中嶋廣蔵 著
英国市制実見録 全〔明治22年5月発行〕／高橋達 著
実地応用 町村制質疑録〔明治22年5月発行〕／野田籐吉郎 校閲 國吉拓郎 著
実用 町村制市制事務提要〔明治22年5月発行〕／島村文耕 輯解
市町村条例指鍼 完〔明治22年5月発行〕／坪谷善四郎 著
参照比較 市町村制註釈 完 附 問答理由〔明治22年6月発行〕／山中兵吉 著述
市町村議員必携〔明治22年6月発行〕／川瀬周次 田中迪三 合著